Es / 7.-

GOLDMANN

Autorin

Chris Griscom, Heilerin, Mittlerin von Energien, Vertreterin einer neuen Lebensweise in unserer Wendezeit, die Shirley MacLaine und andere prominente und nicht-prominente Amerikaner in frühere Leben zurückführt sowie ihnen Ausblicke in zukünftige Entwicklungen vermittelt, ist in den letzten Jahren bei uns durch ihre Bücher und ihre Vorträge bekannt geworden. Sie zeigt, wie jeder Mensch neue Bewußtseinsdimensionen und damit neue Lebenskräfte erschließen kann. Das vorliegende Buch ist eine Zusammenfassung ihrer bisherigen Forschungen. Um ihre Arbeit fortführen zu können, unterhält Chris Griscom ein Privatinstitut in Neu-Mexiko, wo sie zusammen mit ihren Mitarbeitern andere Bewußtseinsebenen erforscht und therapeutische Arbeit leistet.

Die Anschrift lautet:

THE LIGHT INSTITUTE OF GALISTEO
Rt., 3, Box 50
Galisteo, New Mexico 87540
U.S.A.

Neben dem Institut leitet Chris Griscom inzwischen in Galisteo die Nizhoui-Schule für kosmisches Bewußtsein.

Von Chris Griscom ist bei Goldmann bereits erschienen:
Zeit ist eine Illusion (11787)
und im Hardcover-Programm:
Die Heilung der Gefühle – Angst ist eine Lüge (30516)
Der Weg des Lichts (30532)

C H R I S

GRISCOM

Die Frequenz der Ekstase

Bewußtseinsentwicklung durch die Kraft des Lichts

GOLDMANN VERLAG

Deutsche Erstveröffentlichung

Aus dem Amerikanischen übertragen von
Brigitte Peterka
Titel der Originalausgabe: »Ecstasy is a New Frequency«
Originalverlag: Bear & Company, Santa Fe, New Mexico 1987
Mit Illustrationen von Angela C. Werneke

Der Goldmann Verlag
ist ein Unternehmen der Verlagsgruppe Bertelsmann

Made in Germany · 5/89 · 2. Auflage
Genehmigte Taschenbuchausgabe

Umschlaggestaltung: Design Team München
Umschlagfoto: Jürgen P. Lipp, Hamburg
Satz: IBV Satz- und Datentechnik GmbH, Berlin
Druck: Elsnerdruck, Berlin
Verlagsnummer: 11838
Herstellung: Heidrun Nawrot/AS
Redaktion: Anja Dihrberg
Lektorat: Michael Görden
ISBN 3-442-11838-7

Damals war der Tod noch ein Unbekannter für mich. Eine fremde Sprache. Seine Laute, seine Gerüche und die Verwüstungen, die er anrichten konnte, hatte ich noch nie erlebt. Nicht im Traum fiel mir ein, daß er dereinst zu einer Wirklichkeit werden könnte, die mein ganzes weiteres Sein bestimmen sollte. Voller Unschuld und Vertrauen stand ich da und hielt das kleine Mädchen in meinen Armen, während ich auf den Besuch des Doktors in unserem Dorf wartete, der sich um sie kümmern würde.

Sie lag still und ruhig in meinen Armen, ohne mir zu zeigen, daß ich eine Fremde für sie war. Vielleicht weilte sie bereits jenseits aller Sorgen und wußte um ihre göttliche Kraft, die sie schon in wenigen Sekunden hinaus ins Meer des kosmischen Bewußtseins tragen sollte, weg aus der begrenzten Wirklichkeit meiner Hände, um nie wieder eingefangen zu werden. Ich sah auf sie hinunter und fragte mich, ob sie mir wohl zuhörte mit ihren klugen Augen, die so aufmerksam mein Gesicht musterten. Die Ohren, von einer seltsamen Pilzerkrankung befallen und darum von einer grünlich-schwarzen Sporenmasse bedeckt, versagten ihr diesen Dienst.

Mein Verstand war noch in vergebliches Grübeln versunken, warum es dem Doktor nicht möglich war, wie mit Zauberhand die Krankheit einfach fortzuwischen, als plötzlich diese lauschenden Augen durch mich hindurch und hinaus in eine unvorstellbare Leere entschwanden, und sie mit einem mir unvergeßlichen Schauder ihres Körpers starb!

In einem Blitz zeitloser Wahrnehmung registrierte mein Gehirn jedes winzige Detail – den Schauder, das Ausstoßen der Luft, den Geruch von bereits verwesendem Fleisch, jene Augen und ein unerklärliches Gefühl der Veränderung des Gewichts in meinen Armen.

Ich hörte mich selbst schreien, als ich sie wahrhaftig in die Arme des Doktors schleuderte und davonrannte. Die professionelle Fassade meiner Peace-Corps-Ausbildung zerbröckelte. Nichts von al-

lem, was ich gelernt hatte, über Nahrung, Gesundheitspflege, Statistiken über Säuglingssterblichkeit, die harten Lebensbedingungen in den kleinen Dörfern von El Salvador, konnte mich auf diese letzte Wahrheit vorbereiten. Mein ganzer Körper krümmte sich zusammen bei dem Versuch, diese einzigartige Erfahrung zu leugnen. »Nicht in meinen Armen, nicht in meinen Armen!« Aber ich konnte den Eindruck nicht auslöschen, ich konnte diesen Augenblick nicht mehr ungeschehen machen. Ein Gefühl, zutiefst verletzt worden zu sein, ergriff mich. Mein jugendlicher Stolz, meine Anmut und Unberührbarkeit lösten sich auf, und ich erwachte wie aus einem Alptraum, erschüttert, um nie mehr diesselbe zu sein.

Wo blieb die Gerechtigkeit? Wie konnte Gott einem unschuldigen Kind gegenüber so grausam sein? Nichts hatte mehr Sinn oder irgendeinen Wert für mich, wenn der bittere Tod unser einziges sicheres Los war. Ich war immer noch befangen in dem Bemühen, Widerstand zu leisten und gegen die häßliche Wirklichkeit des Todes anzukämpfen, die ich nicht wahrhaben wollte, als der Tag für das Begräbnis kam.

Ich hatte nie zuvor einem Begräbnis beigewohnt und nahm an, es handle sich dabei um ein Ereignis, das von den Sitten und Gebräuchen bestimmt wurde. Die Totenfeier fand in der aus einem einzigen Raum bestehenden Lehmhütte der Familie statt, und wir stellten uns alle draußen vor der Tür an, um dann einer nach dem anderen um den kleinen, aus rohen Holzbrettern gezimmerten Sarg herumzuschreiten. Sie lag darin, in ihrem weißen Kleid inmitten von Blumen, und ein Schleier aus weißer Spitze verdeckte gnädig ihre Ohren. Als ich die Hütte betrat, eilte ihre Mutter auf mich zu und umarmte mich mit solcher Heftigkeit, daß es mir vor Überraschung den Atem verschlug. Für sie schien es von großer Bedeutung zu sein, daß ich zu der Totenfeier gekommen war. Freudig nötigte sie mich, näher zum Sarg hinzutreten, und während sie heftig meinen Arm schüttelte, sagte sie: »Gott hat sie zu sich genommen. Sie ist bei Gott!«

Sie war so bestimmt, daß ich wußte, ich erhielt eine Botschaft aus einer inneren Quelle. Ich war verblüfft. Staunend betrachtete ich die hier Versammelten und sah mit meinem Herzen, daß sie alle die Ver-

einigung dieses kleinen Mädchens mit Gott feierten. Es gab Tränen, aber das von Tränen nasse Gesicht der Mutter war voller Licht. Sie war nicht zornig über des Lebens Ungerechtigkeit oder über Gottes Grausamkeit. Sie hatte sich völlig der Erfahrung überlassen, den Tod ihres Kindes als jene Wahrheit zu erleben, die in dem Ausspruch gipfelte: »Sie ist bei Gott.« Es war in diesem Augenblick meines Lebens, in dem ich bewußt zu einer ›Suchenden‹ wurde.

Bis zum heutigen Tag ist der Tod mein bester Lehrer gewesen. Keine intellektuell verbrämte Wahrheit reicht heran an die atemberaubende Kraft der Hingabe, deren Zeuge ich in jenem kleinen Dorf in El Salvador wurde. Als ob das Schicksal meinte, daß ich eine schlechte Schülerin sei, oder Gott mich einfach prüfen wollte, ob ich von meinem Tadel – der Projektion von Ungerechtigkeit – ablassen konnte, war es mir beschieden, noch viele Unschuldige sterbend in meinen Armen zu halten. Mein Herz mußte lernen, seinen Widerstand aufzugeben, nicht um eine Gnadenfrist zu betteln. Doch jede Erfahrung durchbohrte mir aufs neue das Herz, und doch fiel es mir jedesmal leichter, in das Loblied auf die Verschmelzung mit Gott einzustimmen.

Damals lernte ich die Bedeutung des Wortes ›Metamorphose‹ verstehen. Ich beobachtete und erlebte wie Kummer und Schmerz umgewandelt wurde in Verzückung und Ekstase, wie Gesichter zu Licht, zu Gott wurden. Und das Gefährt dieser Verwandlung war die Hingabe.

Der Todesschock hat mich zum Leben erweckt. Mitgefühl wurde zu dem Strom, der mein Wesen speist. Es war alles, was ich zu geben hatte. Die Leute um mich herum waren um vieles reicher an Weisheit und an Erfahrung der göttlichen Liebe als ich. Doch ihre Hingabe machte mir Mut. Tag für Tag, Tod um Tod, lehrten sie mich den Mut zur Hingabe.

Voller Liebe und Dankbarkeit achte und ehre ich sie für das kostbare Geschenk, das sie mir gemacht haben.

TEIL I

1 Strukturen des Bewußtseins

Unsere Seele ist hier, um zu lernen, die ihr durch unsere fünf Sinne und die Welt um uns herum auferlegten Grenzen zu überschreiten.

Hingabe und Widerstand sind miteinander gekoppelte Energien. Linear gesehen kommt zuerst der Widerstand, dann die Hingabe, und schließlich führen beide zur Ekstase. In dem Augenblick, in dem wir uns einer dieser Energien überlassen, entzündet sich die Fackel der Erleuchtung. Es ist möglich, die Quelle des Widerstandes aufzusuchen und aufzudecken, welche Gründe dahinterstecken, um diesen mit den beiden wirksamsten Heilmitteln – Wahrheit und Mitgefühl – zu Leibe zu rücken und sie zu beseitigen. Widerstand ist ein Überlebensmechanismus des Emotionalkörpers. Er wird durch die biochemische Reaktion des Körpers auf Angst hervorgerufen. Auf Grund einer langen Reihe von Erfahrungen setzen wir uns gegen das, wovor wir Angst haben, zur Wehr. Diese Reihe von Erfahrungen erstreckt sich über Raum und Zeit, darum beziehen wir bei der Arbeit in unserem Institut auch vergangene Leben mit ein, um das ansonsten undurchdringliche Labyrinth des Emotionalkörpers zu erforschen.

Der Emotionalkörper benutzt das Widerstreben als eine Technik, die ihm hilft, die Erfahrungen zu kontrollieren und auf jenem Gebiet zu verweilen, das er sich für seine Themen abgesteckt hat. Unser Ego identifiziert sich mit den Erfahrungen, die wir gemacht haben, und selbst wenn diese negativ sind, ist es nicht bereit, diese loszulassen. Damit das Ego überleben kann, benötigt es diese Art der Selbstidentifikation, und diese Selbstidentifikation ist schuld daran, daß wir flache, eindimensionale, in Zeit und Raum gefangene Wesen sind. Aber das sind wir nicht. Das Ego kann aus den Fesseln der Angst befreit werden. Wie? Durch Bewußtseinszustände von Begeisterung und Ekstase kann es sich der göttlichen Energie öffnen. Dann können wir beginnen, das Hologramm des multidimensionalen Selbst zu betrachten. Was wir als Erleuchtung bezeichnen, ist nichts anderes als diese Öffnung des Bewußtseins für die multidimensionale Wirklichkeit.

Von dem Zeitpunkt an, da ich zwei weitere Sprachen, Spanisch und Guarani aus Paraguay, beherrschte, wurde ich von einer Woge fremder Wirklichkeiten und Dimensionen erfaßt, die meine eigene Beziehung zur »Wahrheit« sprengten. Während meines Aufenthaltes bei Völkern fremder Kulturen und Länder wurde ich in deren Wirklichkeit eingeführt, die einen Teil ihres Alltagslebens bildete. Ich lernte von Hexern und Heilern, Kindern und Greisen. Ich erlebte das Unaussprechliche und das Heilige. Das Unmögliche und das Wunderbare prägten mich mit dem Stempel der unleugbaren Wahrheit direkter Erfahrung. Ich sah zu, als meine paraguayische Freundin über einen langen Graben, gefüllt mit glühenden Kohlen, ging, als wäre es das Alltäglichste auf der Welt. Sie hatte sich keineswegs besonders darauf vorbereitet, sondern sie tat es, weil sie es immer einmal im Jahr getan hatte, um sich, wie sie sagte, innerlich zu sammeln!

Jenes erste winzige Geschöpf, das in meinen Armen sein Leben aufgab und mich von einem Herzen befreite, das die anderen nicht wirklich kannte, hatte zwar die Umstände seines Todes für sich selbst ausgewählt, doch den Zeitpunkt für mich. Ich weiß jetzt, daß diese todgeweihten Augen mich kannten, mich erwählt hatten und mir halfen, meine Wahrnehmung auszudehnen, weit über mich hinaus . . . zur Liebe. Ich weiß jetzt über jenes Wesen und die göttliche Rolle, die wir füreinander spielten, Bescheid. Ich habe sie freigegeben, da ich weiß, daß wir die Möglichkeit haben, einander immer wieder zu wählen.

Es ist kein Zufall, daß Sie dieses Buch lesen. Ihre Seele ist hier, um die Begrenzung durch die fünf Sinne zu überwinden und sich über die Grenzen unserer Umwelt hinauszuwagen. Irgend etwas läßt Ihnen keine Ruhe. Irgend etwas treibt Sie an. Wir sind alle multidimensionale Wesen, Lichtseelen, deren Bezugsrahmen weit über ihren Körper hinausreicht, deren Wissen unbeschränkt ist. Tatsächlich ist jeder von uns imstande, sich selbst zu heilen, andere zu heilen, Wunder zu vollbringen.

Unser größtes Wunder ist das Muster, das wir entwerfen und das uns durch unsere Leben trägt. Wir schaffen es aus einem unbegrenzten Bewußtsein heraus, das uns unendliche Freiheit gewährt und uns ermöglicht, das Muster in jeder Art von Umgebung und mit den Seelenfreunden unserer Wahl spielen zu lassen. Wir sagen: »Ja, ich möchte in diesem Leben dieses Muster vollenden.« Aber dabei handelt es sich nicht um ein lineares Muster. Es heißt nicht: »Jetzt fange ich hier an, kämpfe mich da und dort durch, bis ich schließlich sterben werde.« Nein, es gleicht dem Muster, das entsteht, wenn man einen Stein ins Wasser wirft. Es breitet sich wellengleich aus und umfaßt sämtliche Ebenen unseres Bewußtseins. Das Muster hat etwas mit dem Erwecken des Göttlichen in uns zu tun, mit dem Erwecken unserer Schöpferkraft, unserer Fähigkeit, uns in allen Dimensionen zu manifestieren.

Das Institut bildet eine Brücke zwischen dem unmanifestierten, multidimensionalen Wesen und der dreidimensionalen physischen Wirklichkeit dieser Ebene. Wir selbst bilden die Öffnung, durch die sich das, was keine physische Substanz hat, verwirklichen und Zugang finden kann, aus dem großen Strudel göttlicher Kraft hinein in diese Dimension, um zu erwachen und sich zu manifestieren. Die göttliche Kraft erlebt sich und nimmt Form an durch unser Bewußtsein. Hier ist der Ort, wo das Herz durchbohrt werden kann – wie es meinem Herzen vor Jahren in Mittelamerika geschah. Jede Form von Bewußtsein und Kommunikation dient nur dem Zweck, jene Brücke zu bilden, jene Beziehung zu schaffen zwischen dem, wonach das Herz verlangt, und dem, was es erlebt.

Um diesen Prozeß zu verstehen, ist es notwendig, das Gefährt zu spüren, zu dem wir Zugang haben. Spüren bedeutet, daß wir es erkennen, indem wir es erleben. Unser Gefährt, das uns einen multidimensionalen Zugang verschaffen kann, besteht aus vier Körpern: 1) unserem physischen Körper, 2) unserem mentalen Körper, 3) unserem spirituellen Körper und 4) unserem Emotionalkörper. Wir sind im Begriff, eine neue Sprache zu lernen. Eine energetische Sprache, deren holographische Muster uns ermöglichen, uns selbst und die anderen als vollkommene, ganzheitliche Wesen zu begreifen.

Jeder dieser Körper gleicht einem Tanz von Energien. Jedem ist eine niedrige und eine hohe Oktave zu eigen, ein geformter und ein ungeformter oder formloser Aspekt. Es ist der Angelpunkt, die Verbindungsstelle zwischen Geformtem und Ungeformtem, die es zu erspüren gilt, zu meistern, damit wir beginnen können, unser Leben bewußt zu gestalten. Es ist möglich, die Bedeutung jeder Bewegung oder Veränderung zu verstehen, die sich in einem der vier Körper, die auf gleichzeitige und voneinander abhängige Weise funktionieren, abspielt. Wir werden jede dieser Bewegungen zergliedern.

Wir können lernen, daß der physische Körper, zum Beispiel, durch seine Erinnerungen und sein Wissen geprägt ist. Dann können wir einen Blick auf das Gesicht werfen und werden die Geschichte sehen, die Seele und den Weg begreifen. Wir werden jenes Wesen verstehen und die Wahl, die seine Seele auf ihrem Weg durch diese Dimension getroffen hat, die Art, wie es geboren wurde, heranwächst, Freude und Schmerz erlebt, wie es aus seinem physischen Körper in den emotionalen fließt, und von diesem zu seinem mentalen und zu seinem spirituellen Körper. Wir können in jedem Augenblick dieses Hologramm wahrnehmen und den Fluß verstehen, durch den das kosmische Gesetz die Welten erschafft. In dem Augenblick, in dem wir das Universum anhalten, den Kosmos zum Stillstand bringen, stürzen wir ins Chaos, weil wir den Sinn, den Fluß, die Orchestrierung nicht mehr erkennen.

Die vier Körper existieren getrennt und sind doch untrennbar. Wir können jene Luken aufspüren, durch die sie fließen, um sich zu vereinigen und sich wieder zu trennen. Und dieses Wissen wird es uns ermöglichen, sie durch die Berührung unserer Hand oder die Kraft unserer Gedanken oder die Liebe unseres Herzens oder den großen Geist der Schöpfung zurück zu ihrer ganzheitlichen Form zu bringen.

Der physische Körper

Der physische Körper speichert in seiner materiellen Struktur sämtliche Informationen, Botschaften und Symbole, aus denen sich die Geschichte der Emotionen, des Geistes und der Seele ablesen läßt. Die höchste Oktave des physischen Körpers stellt der formlose Lichtkörper dar. Nur durch die bei der Ekstase entstehenden hohen Schwingungen ist eine Umwandlung des dichten physischen Körpers in sein lichtes Gegenstück möglich. Der physische Körper ist das Instrument der Seele. Er ist von der Seele geprägt und sollte für die Rolle, die er bei unserem Wachstum spielt, gebührend gewürdigt werden. Bis zum heutigen Tag wird noch immer an der Lüge festgehalten, daß der Körper an unserem göttlichen Wesen nicht teilhabe. Und dies, obwohl der Augenblick der Empfängnis die Schwelle bildet, die das Göttliche überschreitet, um Gestalt anzunehmen. Unser Körper ist eine Gottesgabe! Haben wir einmal diese kosmische Beziehung verstanden, dann wird es Krankheit und Tod, so wie wir sie heute kennen, nicht mehr geben. Jede Krankheit, jede Zerrung und Verspannung, sämtliche Formen – groß, klein, dick, dünn, schwarz oder weiß – sind Ausdruck der seelischen Entwicklung und müssen erkannt und interpretiert werden. Das Sprichwort »Gesunder Körper, gesunder Geist« ist zutreffend, und wir sollten es uns stets vor Augen halten. Während der physische Körper innerhalb der Grenzen der dritten Dimension existiert, hat seine höchste Oktave, der Lichtkörper, die Möglichkeit, zu ätherischen Bewußtseinsbereichen aufzusteigen. Das Überschreiten dieser Lichtschwelle bildet den Höhepunkt unserer Evolution. Der Lichtkörper weist besondere physikalische Eigenschaften auf, die mit der Erhöhung unserer Frequenz bei der Umwandlung in Lichtteilchen, wie sie durch reines Denken hervorgebracht werden, zu tun haben. Diesen besonderen physikalischen Eigenschaften gilt unsere Arbeit im Institut, wenn wir unseren Klienten helfen, ihr Höheres Selbst in den Körper zu bringen.

Der Mentalkörper

Das Festhalten an unserer Körperlichkeit und dreidimensionalen Wirklichkeit hat dazu geführt, daß wir uns nur mit unserem begrenzten Verstand identifizieren und ausschließlich über den in der linken Gehirnhälfte sitzenden Intellekt einen Zugang zur Wahrheit suchen. Dies hat eine lineare Funktionsweise unseres Bewußtseins zur Folge und hindert uns daran, die Fülle von Daten, die auf uns einströmt, in ihrer Gesamtheit aufzunehmen und mit der nötigen Schnelligkeit zu verarbeiten, wie es in kritischen Situationen von größter Wichtigkeit wäre. Und dennoch ist unser Verstand das mächtigste Instrument, das uns für unser Überleben zur Verfügung steht. Unser Verstand und unsere Vernunft kontrollieren den physischen Körper. Jede unserer Körperzellen ist vernunftbegabt. Der zellulare Verstand ist ein funktionierendes Bewußtsein, vergleichbar einem lebendigen Computer, der die Funktion der Zelle dirigiert. Der in der DNS verschlüsselte Kode bewirkt, daß beim Absterben einer Zelle dieselbe durch eine andere vollkommen gleiche ersetzt und dieser Vorgang endlos wiederholt wird. Der Verstand gibt dem Körper klare Anweisungen für ein einwandfreies Funktionieren und drückt jedem Wesen auch in bezug auf den gewünschten Bewußtseinszustand seinen Stempel auf. Der Körper befolgt aufs genaueste die Befehle des Verstandes, und wir wissen aus Erfahrung, daß der mentale Körper den physischen Körper kontrolliert. Wir können bewußt unsere Herzfrequenz oder unsere Körpertemperatur verändern, ja selbst unsere Schmerz- oder Lustschwelle steuern. Bewußtsein lautet das Schlüsselwort hierzu. In dem Maße, in dem wir lernen, unseren Körper mit unserem Bewußtsein zu erfüllen, wird es uns möglich sein, Wunder zu vollbringen. Es sind nicht unsere Körper, die sich weigern, gesund zu sein. Das Gesetz des Kosmos beweist, daß alle lebenden Wesen zum Heil und zum Licht streben.

Der begrenzte Verstand innerhalb seiner linearen Funktionsweise nutzt nur etwa 10 Prozent der Kapazität unseres Gehirns aus. Die restlichen 90 Prozent liegen brach und warten darauf, von uns entdeckt zu werden. Für diese Erforschung steht uns sehr wohl ein geeignetes Gefährt zur Verfügung, das ich als unseren »höheren Verstand« bezeichnen werde.

Unser höherer Verstand denkt holographisch. Er nutzt sämtliche Möglichkeiten der Wahrnehmung und antwortet darauf mit all seinen ihm zu Gebote stehenden Möglichkeiten. Wir können lernen, den höheren Verstand zu erkennen und Zugang zu ihm zu erlangen. Seine höhere Schwingungsfrequenz ermöglicht uns den Zutritt zu anderen Dimensionen und deren Verständnis. Er bewirkt die Synchronisation der rechten und der linken Gehirnhälfte, was eine tatsächliche Umwandlung der Gehirnstruktur zur Folge hat, so daß wir in einen erweiterten Bewußtseinszustand eintreten. Von höchster Bedeutung ist der Gewinn an multidimensionalem Wissen, der durch den höheren Verstand erzielt wird und in dieser Dimension nutzbringend umgesetzt werden kann. Dies ist die Bewußtseinsoktave des Genies, die für uns alle erreichbar ist.

Holographisches Denken ist der Schlüssel zu unserem Überleben auf diesem Planeten. Wir müssen endlich beginnen, die Zusammenhänge und Vernetzungen zu erkennen, sonst werden wir dem Chaos anheimfallen, das wir durch unsere Illusion des Getrenntseins erzeugen, weil unser begrenzter Verstand nicht in der Lage ist, ganzheitlich zu denken. Wale haben dieselben Gehirne wie wir, nur siebenmal größer. Sie haben den Sprung in das holographische Denken vollzogen. Während wir im Netz unserer Linearität gefangen sind, nutzen sie den Schall als Medium des holographischen Bewußtseins und sind dadurch imstande, eine Fülle von Informationen gleichzeitig zu verarbeiten.

Der spirituelle Körper

Der spirituelle Körper ist der flüchtigste der vier Körper, weil er in diesem materiellen Bereich nicht wirklich verankert ist. Er kommt zu uns in Form von oszillierenden Schwingungen oder Wellen dank der Gnade des Höheren Selbst. Das Höhere Selbst ist das Megaphon der Seele, der »Grenzgänger«, der uns erlaubt, das zu spüren, was hinter unseren physischen Sinnen liegt. Die Zirbeldrüse und die Hypophyse, die beiden »Meisterdrüsen«, haben die Funktion von Radarantennen, die auf die ätherischen Welten ausgerichtet sind, um die entsprechenden Wellenlängen zu empfangen.

Die Anatomie des spirituellen Körpers ist faszinierend. Jeder Versuch ihn zu beschreiben, muß sich mit Umschreibungen begnügen, denn sein Bereich läßt sich nicht linear begrenzen. Das Grenzenlose kann nicht durch den begrenzten Verstand erfaßt werden. Von unserem menschlichen Bezugsrahmen aus gesehen ist er holographisch und multidimensional, und es bedarf daher einer Öffnung unseres Bewußtseins, einer Aktivierung unseres höheren Verstandes, um im Zustand der Ekstase den spirituellen Körper zu erfahren. Mit anderen Worten, unser menschlicher Bezugsrahmen muß selbst holographisch werden.

Wir sprechen von »Geist« und »Seele«, als wären es untereinander austauschbare Verwandte des spirituellen Körpers. Für unsere Zwecke hier trifft das nicht zu. »Geist« ist jene Energie, die sich mit dem materiellen Bereich überlagert und astrale Eigenschaften aufweist. Wenn zum Beispiel aus irgendeinem traumatischen Grund der Übergang beim Tod nicht komplett vollzogen wird, dann kann es vorkommen, daß der »Geist«-Aspekt, der den Stempel der Persönlichkeit trägt, in der astralen Dimension hängenbleibt. Das sind dann die sogenannten »Gespenster«.

Es stimmt, daß manche Wesenheiten durch die astrale Dimension mit den Menschen Verbindung aufnehmen, weil sie den Wunsch haben, ihnen zu helfen. Doch handelt es sich dabei immer um einen karmischen Vorgang, um eine Art Symbiose zu beiderseitigem Nutzen.

Wenn wir von »Geist« sprechen, dann knüpft sich daran die Vorstellung von einem individuellen Bewußtsein, mit dem wir auf eine persönliche Weise verbunden sind. Der »Geist« eines jeden Wesens ist zwangsläufig ein Teil dieses Wesens, selbst nach dessen Tod. Im Gegensatz dazu ist die »Seele« eines Wesens unbekannt und fremd. Wir könnten nie einen Freund an seiner Seele erkennen, während uns sein Geist immer vertraut ist. Er ist eine spürbare Essenz. Der Astralkörper ist für den Geist, was der Lichtkörper für die Seele ist.

Die Seele verleiht uns keine erkennbaren Eigenschaften. Sie hat eigentlich mit diesen materiellen Ebenen nichts zu tun und ist daher auch für das individualisierte Bewußtsein nicht erfahrbar. Statt dessen müssen wir den Harmoniepunkt unseres eigenen Höheren Selbst mit dem eines anderen nutzen.

Die Entstehung des spirituellen Körpers gleicht einem Gerinnungsprozeß, bei dem sich ein Bewußtsein aus dem unendlichen Meer des göttlichen Bewußtseins abspaltet. Stumm wie ein Samenkorn wartet der spirituelle Körper auf den Impuls unserer fernen Erinnerungen, um die Matrix unserer voneinander abhängigen Körper zu durchdringen. Hat er einmal Wurzeln geschlagen, dann beginnt er zu blühen.

Nur auf Grund seiner wahren Schönheit ist es uns möglich, Sinn und Quelle unseres Lebens zu erkennen. Er ist ausschlaggebend für unser Wachstum und unsere Entwicklung in dieser Zeit und das einzige Tor für unser Überleben. Wenn wir uns auf unseren spirituellen Körper einstimmen und zulassen, daß die Frequenz von Liebe, Einheit und göttlichem Bewußtsein unseren Emotionalkörper erfaßt, dann wird sich unser Herz mit Hoffnung und Staunen füllen.

Der Emotionalkörper

Der Emotionalkörper ist ein Körper, den wir vor allem durch seine physischen Ausdrucksmöglichkeiten kennen. Wir haben Zugang zu ihm über seinen Zorn, seine Leidenschaft, seine Angst, über all jene greifbaren Energien, die eindeutig physischer Natur sind und durch den physischen Körper strömen. Er weist Masse und Gewicht auf, und seine Sprache bilden die Spektralfarben und Frequenzen. Wir Menschen auf unserem heutigen Bewußtseinsstand haben erst begonnen, die äußerste Schicht, die Rinde des Emotionalkörpers zu erforschen. Der übrige Teil des Emotionalkörpers ist von großer Tiefe und lebt außerhalb von Zeit und Raum. Wir müssen uns in diese Tiefe hineinwagen und die in den unsichtbaren Bereich hineinreichenden Fäden des Emotionalkörpers aufsammeln, selbst wenn wir sie zur Zeit vielleicht kaum erkennen können. Was bis heute noch immer nicht verstanden wurde, ist die Tatsache, daß der Emotionalkörper eine Ganzheit darstellt, ein integrales Wesen mit eigenem Bewußtsein und eigener Realität.

Die untere Oktave unserer Emotionalkörper unterliegt zur Zeit einer Evolutionsschwingung. In dem Maße, in dem die spirituelle Frequenz die Energien unseres Planeten beschleunigt, werden auch unsere Emotionalkörper beschleunigt, was zur Folge hat, daß sich das spontane Auftreten von ekstatischen Zuständen häuft. Unsere Schwingung wird schneller, unser Bewußtsein erweitert sich, und wir beginnen Farben zu entdecken, die über das normale Spektrum unseres Lichtes hinausgehen. Leuchtende, durchscheinende Farben, die die Essenz des Lichtes bilden und dem Emotionalkörper unseres göttlichen Selbst entsprechen. Unser Höheres Selbst ist die Schwelle, über die wir Zugang zu dieser Energie finden können, um ihr eine Form zu verleihen.

Die Übereinstimmung und die Beziehung zwischen den Körpern sind es, die zusammen das Bewußtsein erschaffen. Der Mentalkörper orchestriert den physischen Körper. Er filtert und gestaltet und bildet jenes Element des physischen Körpers, das für die Auswahl der Krankheiten, Bilder und Vorstellungen und für die Organisation der DNS zuständig ist, um das physische Vehikel zu stimulieren. Wir können den Mentalkörper dazu benutzen, um mit dem physischen Vehikel zu sprechen, es zu kontrollieren oder zu verändern.

Wir neigen dazu, den Mentalkörper als Puffer in allen vier Aspekten unseres persönlichen Hologramms zu verwenden. Dies ist auch der Grund, warum unsere Wahrnehmung in den äußeren Bewußtseinsschichten so linear und begrenzt ist, warum wir nicht imstande sind, die Aura der anderen zu sehen, beziehungsweise einander in unserer Ganzheit zu erfassen. Wir benutzen den Verstand als Puffer aus Selbstgerechtigkeit und der Anmaßung, über andere zu urteilen. Dies sind die Soldaten, die Wächter des Emotionalkörpers.

Doch ist der Mentalkörper keineswegs in der Lage, über den Emotionalkörper zu bestimmen oder ihn zu dirigieren, außer in einer sehr begrenzten, das Verhalten betreffenden Weise. Was wir über unseren Emotionalkörper wissen, gleicht der Spitze eines Eisberges. Wir tun so, als ob er nur aus unseren Tränen, unserem Ärger und unseren Schuldgefühlen bestünde. Aber er ist viel, viel mehr als das. Wir können sagen: »Ich werde mich nicht ärgern«, und verhaltenstechnische Maßnahmen ergreifen, um den Ärger zu unterdrücken, doch die Energie dieser Emotion läßt sich nicht stoppen, einfach aus dem Grund, weil sie dem Energiegesetz unterliegt. Sie wird daher auf anderen Wegen zum Ausdruck kommen. Zum Beispiel könnte es sein, daß wir uns ständig mit Situationen konfrontiert sehen, in denen »andere« Leute Streit und Ärger haben – ein Zeugnis dafür ist die ganze Welt – oder wir leiten den Ärger in die Kanäle selbstgerechter Handlungen um. Solche Handlungen können zwar einen Anstrich von Nützlichkeit aufweisen, sind jedoch letzten Endes äußerst destruktiv, weil sie den Anschein von Trennung und Vorwand aufrechterhalten.

Auf diese Weise läßt sich der Mentalkörper als Mittel zur Veränderung unseres Verhaltens, zu seiner Beschränkung, Kontrolle oder Unterdrückung einsetzen. Zersetzen oder auflösen können wir die Emotionen nicht, weil jener Teil des Mentalkörpers auf bestimmten horizontalen Ebenen mit einer gewissen Linearität arbeitet, die eine emotionale Auflösung unmöglich macht.

Es ist der spirituelle Körper, der mit dem Emotionalkörper tanzt und jene besondere Beziehung schafft, die es dem Emotionalkörper erlaubt, »schneller« zu werden, zu beschleunigen, so daß er aus der langsamen Finsternis in die Form und ins Licht tritt. Es muß uns gelingen, die spirituelle Energie in den Emotionalkörper zu ziehen und mit ihm in einem alchemistischen Prozeß zu verschmelzen. Dann beginnt der Emotionalkörper seine Schwingung zu erhöhen und bringt sich selbst ins Licht. Er beginnt seine negativen Erfahrungen abzuwerfen und die Erinnerung an die langsameren Schwingungen von Zorn, Schuld und Angst zu verlieren. Schuld, Zorn und Angst halten uns gefangen, wenn sich der Emotionalkörper von Angst ernährt und der physische, der spirituelle und der Mentalkörper Gefangene dieser Energie sind. Wenn die vier Körper vollkommen aufeinander abgestimmt sind, dann entwerfen der Mentalkörper und der spirituelle Körper den Plan, und der physische und der Emotionalkörper führen ihn aus und vollenden den Zyklus.

Hier im Light-Institute öffnen wir die Fenster zum Himmel, um jene multidimensionale, spirituelle Energie zum

Vorschein zu bringen. Aber wir können keine verläßliche, belastbare Brücke bauen, solange wir nicht all die subtilen Aspekte des emotionalen Gefährtes, des Emotionalkörpers, verstanden haben. Seine Schwingung muß so erhöht werden, daß der physische Körper frei wird und es uns ermöglicht, uns selbst von den Prägungen des Verstandes, die uns sagen »Mein Körper ist fett«, »Mein Körper ist ausgemergelt«, »Mein Körper ist dunkel«, »Mein Körper ist licht« zu befreien. Das sind Vorurteile, durch die die Seele zu sprechen versucht, Versuche der Seele, zu lehren und ihr eigenes Licht zu finden. Es ist der Emotionalkörper, der jene Wahrnehmungen unseres physischen Körpers kontrolliert. Durch den Emotionalkörper sehen wir die Welt, er hat die Fähigkeit, den Verstand zum Schweigen zu bringen und ist dafür verantwortlich, ob wir heil oder ganz oder krank sind. Den Emotionalkörper können wir nicht umgehen. Wir können zwar vorgeben, keinen Ärger, Schuld, Angst oder Traurigkeit zu spüren, aber letztendlich müssen wir doch durch jene Prägungen hindurch und sie mit Hilfe unseres Bewußtseins auflösen. Um Emotionen auflösen zu können, müssen wir sie uns bewußt machen.

Bei unseren Sitzungen im Light-Institute beginnen wir mit der Schaffung von Raum für die Integration des Höheren Selbst über das Medium des Emotionalkörpers, so daß wir seine Bedürfnisse, seine Absichten und seine Quelle verstehen und seine Energie erleben und mit ihr arbeiten können. Ansonsten wird der Emotionalkörper unentwegt unser Bewußtsein und unsere Fähigkeit, die Wahrheit zu erkennen, beeinflussen, indem er uns in unserer Voreingenommenheit gefangen hält. Er wird uns füttern, so wie Besitztum uns füttert, und er wird uns auf jener Ebene festhalten, an die er gewöhnt ist.

Unsere Emotionalkörper sind Wesenheiten. Wir müssen sie zuerst als unser Eigentum betrachten, so daß wir, wenn wir so weit sind, sie als göttlich zu erkennen, eine neue Oktave in dieser Dimension erreicht haben werden. Wir werden die Oktave der Ekstase, der Verzückung kennenlernen, eine neue Frequenz, die zur Zeit noch nicht Teil unserer Wirklichkeit ist.

Wir müssen den Emotionalkörper formen, indem wir mit ihm zu arbeiten beginnen, so daß wir erkennen können, daß er mehr ist, als jene äußerlichen Ausdrucksformen und Erfahrungen. Es ist die Erfahrung des Emotionalkörpers, die uns durch den physischen Körper festhält und somit Verstand und Körper fest in ihrem Griff hat.

Das Zentrum des Emotionalkörpers ist das Solarplexus-Chakra, das seinen Sitz in der Magengegend hat. Unsere Gefühle werden vom Nervengeflecht des Solarplexus registriert, das seine Impulse zum Sympathikus weiterleitet, jenem Nervensystem, das für unser Angriffs- oder Fluchtverhalten verantwortlich ist. Dies bewirkt eine Veränderung in der chemischen Zusammensetzung unseres Blutes im Gehirn, worauf der Vagus aktiviert wird, was tatsächlich eine Art von elektrischem Schlag hervorruft. Jeder kennt diese Reaktion, die zum Beispiel bei Erlebnissen auftritt, die uns erschrecken – jene Woge von Furcht und Zorn, die uns sofort hellwach werden läßt. Dieser Schlag oder Impuls verursacht wie ein Stein, den man ins Wasser wirft, immer größer werdende Kreise, die sich nach allen Seiten ausbreiten. Der Emotionalkörper wird süchtig nach diesen Schlägen. Er beginnt, nach Menschen und Situationen zu suchen, die für eine Wiederholung des ursprünglichen Impulses sorgen, auch wenn wir uns dessen gar nicht bewußt sind.

Ein Wesen, das sich in der Falle von Selbsthaß oder Selbstgerechtigkeit oder Schuld gefangen hat, beginnt ein Repertoire zu entwickeln, das eine bestimmte Frequenz hat, die wir ertasten oder fühlen können. Wir können dieses Repertoire in den Augen einer Person erkennen oder in ihrem Aurafeld. Wenn wir einmal gelernt haben, es auf verschiedenste Weise zu sehen, dann werden wir die Abhängigkeit des Emotionalkörpers und all seine Süchte begreifen. Wir können ihm helfen, sich von seinen Süchten zu befreien. Der Emotionalkörper lebt nicht in Raum und Zeit, er pulsiert nicht in unserem Takt, er bewegt sich nicht auf lineare Weise. Er beschreibt eine einwärts gedrehte Spirale und ernährt sich ständig von seiner eigenen Energie. Und wenn der Emotionalkörper auf diese Weise in seinen Süchten gefangen ist – und alle Emotionalkörper sind das –, dann hat er ein eigenes Repertoire entwickelt, das er ständig sucht und gleichzeitig neu schafft.

Hat der Emotionalkörper Hunger nach Angst, dann sieht er nur diese, wann immer sie in seiner Umgebung auftaucht, und reagiert entsprechend darauf. Der Emotionalkörper wird sich zusammenziehen, die Angst erkennen, sie ergreifen und sich einverleiben. Der physische Körper aber wird in die Umstände mithineingezogen, vor denen er sich fürchtet, damit der Emotionalkörper genug Nahrung hat.

Und so schließt sich der Teufelskreis. Und selbst wenn der Verstand sagt: »Ich suche Liebe, ich suche Ganzheit«, wird der Emotionalkörper nicht darauf reagieren. Dieses Spiel werden wir immer wieder zu sehen bekommen, wenn wir beobachten, welche Wahl die Spieler in ihrem Leben treffen. Der Mentalkörper sagt: »Ja, diese Person wähle ich. Ich will diese Person. Ich möchte diese Beziehung eingehen.« Aber der eigentliche Meister dieser Wahl ist der Emotionalkörper, der den Verstand am Gängelband führt und ihm etwas vorgaukelt, damit er ihm bei der Befriedigung seiner Süchte behilflich ist.

Aus diesem Teufelskreis gibt es kein Entkommen. Die Konditionierung sorgt dafür, daß wir nur mit jenen Daten gefüttert werden, die ihre Aufrechterhaltung gewährleisten. Doch wir können lernen, jene Dimensionen zu erkennen, so daß wir imstande sind, die Tretmühle anzuhalten und etwas Neues zu schaffen. Wir können uns öffnen und einen energetischen Prozeß in Gang setzen, der es dem Emotionalkörper erlaubt, zu wachsen und neue Oktaven zu erleben, so daß die Seele wachsen kann.

Unser jetziges Leben ist geprägt von den Süchten und Verhaltensmustern des Emotionalkörpers aus vielen Lebenszeiten. Erfahrung ist der einzige Weg, um einen neuen Spielplan zu finden. Vielleicht sagt die Seele: »Du mußt lernen zu verstehen, was kosmisches Einverständnis bedeutet, also geh und töte ein paar Leute, und du wirst das kosmische Gesetz zu begreifen beginnen.« Wir gehen hin und ziehen unser Schwert. Viele von uns sind im Mittelalter steckengeblieben, darum nehmen sie das Schwert zu Hilfe. Doch was geschieht? Wir werden durch diese Erfahrung so geprägt – durch Schmerz und Qual –, daß wir sie nicht mehr loslassen können. Sie bleibt in unserem Emotionalkörper gespeichert, und dann beginnen wir uns selbst zu verurteilen. Wir vergessen die Worte unserer Seele: »Es gibt kein Gut und Böse. Es gibt keine Opfer. Du machst diese Erfahrung nur, damit du lernst zu verstehen, was Erlaubnis ist, um das kosmische Gesetz zu begreifen.« Statt dessen speichern wir Schuld, Angst und Zorn.

Wenn wir uns dann einen neuen physischen Körper suchen, ist der Emotionalkörper bereits vorhanden und prägt mit seiner Erfahrung die DNS des Körpers gleich dem genetischen Kode. Er schafft sich also zuallererst einen Körper, der jene Lebenszeiten repräsentiert, die er noch immer mit sich herumträgt, geprägt von den Erfahrungen, die er durchgemacht hat. Wenn wir uns den Körper oder das Gesicht eines Menschen ansehen, finden wir darin die Erfahrungen aus seinen früheren Leben. Der Körper speichert diese Information, und dann beginnt er jene Gefühle auszustrahlen, die er sich selbst gegenüber hat, und sagt zum Beispiel: »Ich darf keine Macht ausüben, weil ich sie mißbraucht habe. Es ist besser, wenn ich jede Art von Macht meide.« Oder: »Ich verdiene es nicht, geliebt zu werden. Ich bin schuldig.« Über seine Aura sendet der Körper diese Frequenz aus und zieht damit gerade jene Leute und Umstände an, die das spiegeln, wovor wir uns am meisten fürchten und was wir loswerden wollen, was aber eine unwiderstehliche Anziehungskraft auf uns ausübt.

Und so werden wir von dem Thema aus jenem Leben immer wieder von neuem geprägt. Und die Kluft zwischen uns und unserem göttlichen Selbst wird immer größer. Jede Art von Erfahrung drückt dem Emotionalkörper ihren Stempel auf und sperrt ihn ein, so daß er das Flüstern der Seele nicht mehr hören kann, die keine Möglichkeit hat, die Beziehung weiter auszubauen, weil jetzt das Formlose, das noch nicht Manifestierte, von dem Manifestierten getrennt ist. Also sagt der Körper auf der Seelenebene: »Ja, ja, ja, ich muß brennen und morden und vergewaltigen. Ich muß diese Erfahrungen machen, damit ich diese Illusionen verstehen kann.« Aber wenn er es dann tatsächlich tut, schafft er eine Art von astralem Kleister, der sich an den Emotionalkörper heftet und den dieser auf jeden physischen Körper, in dem er sich manifestiert, überträgt.

Nun sagen wir: »Ich will auf einer anderen Ebene arbeiten.« Aber in dem Augenblick, in dem wir Gestalt annehmen, uns verkörpern oder inkarnieren, kommen wir mit unserer Astralenergie in Kontakt, und dies ist entscheidend. Sie ist der Schleier. Der Schleier ist die astrale Dimension, die mit dem Emotionalkörper verbunden ist. Die Astralenergie trägt uns von Leben zu Leben. Und das ist der Grund, warum der Emotionalkörper seinen alten Platz einnimmt und die alten Geschichten wieder aufwärmt. Er legt mittels seiner Astralenergie die Frequenz fest, der physische Körper empfängt sie und gibt die Botschaft weiter, die seine Realität formt. Der Emotionalkörper ist aufgrund seiner Astralnatur der Drahtzieher, der die Show inszeniert.

Es ist wichtig zu verstehen, daß die Astralenergie in die Zellen des Körpers fließt, die dadurch Zugang zu den Erfahrungen des Emotionalkörpers haben. Der Emotionalkörper aber ist der Träger jener Botschaften, jener Eindrücke und Erinnerungen von Furcht und Angst, Zerstörung und Untergang und *nicht* von Glück und Ekstase. Der Emotionalkörper trennt sich von dem Formlosen, dem nicht Manifestierten, er spaltet sich ab und fließt nicht mehr zurück. Ekstase kann den Filter nicht passieren, sie kann nur einen Lichtkörper durchdringen. Ekstase wird vom Lichtkörper erfahren und erfaßt und nicht vom Zellengedächtnis. Wenn jemand zum Gewalttäter wird, dann deshalb, weil seine Seele es eilig hat, nach Hause zu kommen, um sich mit dem Lichtkörper und mit der Gottesquelle wieder zu vereinigen. Die Gesamtheit aller Erfahrungen und Realitäten ist zu einem grandiosen Netzwerk verflochten und verwoben, und jeder Teil davon hat seine Bestimmung. So betrachtet, hat selbst die Gewalt ihren Sinn.

Solange Selbstbeurteilung und Selbstgerechtigkeit nicht mit der Erfahrung verknüpft werden können, bleiben wir auf dieser Seite des Schleiers, der physischen Seite, gefangen und sind von der Gottesquelle, unserer eigenen göttlichen Natur, getrennt. Erst wenn wir willens sind, uns in den Astralbereich zu begeben, um dort aufzuräumen und Klebspuren, die unsere Erfahrungen aus vergangenen Lebenszeiten hinterlassen haben, zu beseitigen und aufzulösen, lüftet sich der Schleier und erlaubt uns, in die reine Form einzugehen. Solange wir diese Klebspuren verbergen, nützt es uns gar nichts, darüber zu reden oder nachzudenken oder Pläne zu schmieden, denn wir können sie nicht erfahren, weil der Emotionalkörper das Gefährt unserer Erfahrung ist. Wir halten den physischen Körper für das Gefährt unserer Erfahrung, aber er ist es nicht. In Wirklichkeit ist es der Emotionalkörper, der die Impulse des Solarplexus auslöst und das Gehirn weckt und sagt: »Hirn, du machst gerade eine Erfahrung!«

Es gibt kein solches Ding wie den rationalen Verstand. Das ist eine Illusion. Und zwar die Illusion, daß wir einen rationalen Verstand haben, der völlig unvoreingenommen und unparteiisch ist. Unser Mentalkörper erstickt förmlich in seiner Voreingenommenheit, und das ist genau der Punkt, an dem das Ego seine Tretmühle in Gang setzt. Das Ego schafft das, was es sehen will, was es wissen will, und nennt es dann »Wahrheit«. Aber es ist von unserem wahren Selbst getrennt. Wir bilden in Wahrheit die molekulare Struktur der

Wirklichkeit, die molekulare Struktur von Himmel und Erde, und erst wenn unser Bewußtsein sich dieser Erfahrung öffnet, werden wir sein.

Rationalität ist einfach das, was die Trennung in uns selbst bewirkt. Und der wahre Grund dafür ist, Schmerz und Lust zu vermeiden – Erfahrungen zu vermeiden. Immer wenn der Verstand sich abzusondern sucht, einer Erfahrung aus dem Weg zu gehen sucht – versucht er eine Erfahrung zu vermeiden, die er bereits kennt. Unsere Blockade besteht darin, daß wir uns in einem Zustand befinden, der dieses Wissen verneint, und es ist unser Emotionalkörper, der diesen Zustand der Verneinung schafft. So etwas wie Furcht vor dem Unbekannten gibt es nicht. Es ist unmöglich, sich vor etwas zu fürchten, für das man keinen Bezugsrahmen hat. Wir fürchten uns nur vor den Einflüsterungen unseres Gedächtnisses, und das Gedächtnis ist in der astralen Dimension eingesperrt.

Wir können den Emotionalkörper, die astralen Bilder, klären, so daß wir die Schleier entfernen und uns öffnen können, denn unser Überleben hängt von der Bildung dieses optimalen Zentrums ab. Wir werden es nie zulassen, daß wir uns bis zu dem Punkt der Auflösung öffnen und ausdehnen. Wir durchschreiten Tod und Leben und Tod und Leben nur, weil es ein Pulsieren ist, kein Ende oder Anfang. Wir können das Zentrum finden und das Selbst erkennen. Wir können uns öffnen, um diese Realitäten, diese Dimensionen, diesen Zuwachs an Informationen zu erkennen, deren Existenz der höhere Verstand leugnet.

Wir wollen die astrale Dimension zuerst nicht wahrnehmen, denn wenn wir sie sehen, dann sehen wir Schmerz und Zorn, Schuld und Freude und alle anderen Erfahrungen. Und da wir noch immer mit ihnen verhaftet sind, vermeiden wir sie. Und darum sind wir in unserem jetzigen Stand der Entwicklung in einer Sackgasse gelandet, denn der Mentalkörper kann uns nicht länger schützen. Er muß sich erweitern. Wir müssen unseren begrenzten Verstand aus seiner

Tretmühle befreien, damit er jene anderen Oktaven erkennt, die Wirklichkeit sind: Ekstase und Verzückung, die Frequenz unserer göttlichen Natur.

Was am schwierigsten zu durchbrechen ist, ist unser Ego. Es ist wie ein Computer, der die Fäden der verschiedenen Körper zieht. Mit anderen Worten, das Ego orchestriert den begrenzten Verstand mittels des Emotionalkörpers. Der Brennstoff für das Ego ist immer die Astralenergie. Es ist der astrale Klebstoff, der eine Form gebildet hat, die wir »Selbst« nennen. Doch dies ist nicht das wahre Selbst, es ist nicht das göttliche Selbst, das wirkliche Selbst. Es ist einfach das Selbst, das der Computer ist, der Architekt jener Form, die wir in der dreidimensionalen Welt angenommen haben. Deshalb steht das Ego in Verbindung mit sämtlichen anderen Egos, die wir während unserer zahlreichen Leben innehatten und die uns immer zuflüsterten: »Du bist immer das Opfer, du verdienst es nicht anders, du solltest besser aufpassen.« Als Ergebnis davon legen wir eine Diskette an, auf der dieses spezielle Verhaltensmuster gespeichert ist und die wir dann in jedes neue Leben mitnehmen.

Sobald das Kleinkind einen Sinn für das Selbst entwickelt, fällt es in das alte Verhaltensmuster zurück. Sobald das Kind beginnt, sich von der Mutter zu entfernen und sich getrennt zu erleben, erst von der Mutter, dann von den anderen Kindern, von Fremden usw., schließt es sich an die astrale Dimension an – den astralen Computer, der ihm sagt: »Hier ist dein Bezugsrahmen. Sieh dich vor! Du bist nicht gut genug. Du hast es falsch gemacht.« Das ist die Art und Weise, wie das Ego funktioniert und die Bahnen der Wirklichkeit infiltriert. Und der physische Körper ist eine der Bahnen der Realität. Wenn das Ego zum Beispiel eine Diskette hat, auf der steht: »Du hast mit deiner Sexualität Mißbrauch getrieben, du hast deinen physischen Körper zu Verführungszwecken eingesetzt«, dann ruft das Ego diese Information ab und berücksichtigt sie beim Bau des Körpers, den es in dieser Lebenszeit entwickeln wird.

Hat das Ego eine Menge von Daten über Selbsthaß oder Schuld in diesem Leben zur Verfügung, dann wird es einen physischen Körper schaffen, der es ihm erlaubt, sein Selbsthaß-Programm fortzusetzen. Es wird für uns einen Körper schaffen, den wir verachten, oder einen Körper, der uns in jene alten Programme zurückstößt. Mit dem Mentalkörper ist es dasselbe, wir haben ein Ego, das die ganze Zeit über schwätzt. Auch das ist wiederum ein Bezugsrahmen, den das Ego dazu benutzt, um zu identifizieren, was das Ego-Selbst ist.

Das Ego ist nicht unbedingt als negative Kraft anzusehen. Das Ego ist einfach das, was uns in der dritten Dimension festhält und uns erlaubt, hier zu funktionieren, aber es ist nur wie eine Scheibe aus dem ganzen Hologramm, und das ist die Schwierigkeit mit ihm. Es blockiert und verschleiert unseren bewußten Zugang zu all jenen anderen Körpern, die wir hatten, zu all jenen anderen Gedankenformen, denen wir nachhingen, und es engt uns ein. Im gleichen Maße, wie unsere Selbsterkenntnis zunimmt, beginnt sich auch das Ego zu erweitern. Es läßt ab von dem Konzept: »Ich bin getrennt von dir, deshalb trete ich mit dir in Wettstreit, urteile über dich, schätze dich ein«, und geht über zu: »Ich bin das, was mit dir verschmilzt.«

Es hat die gleiche Wirkung wie eine Beschleunigung unseres Emotionalkörpers. Wenn das Ego imstande ist, sich auf einer kosmischen, einer universalen Stufe zu erleben, dann wird es zu dem, was dem Formlosen Form gibt. Das Ego ermöglicht uns, jede nur erdenkliche Oktave, die wir in unserem Computersystem einprogrammiert haben, auszuspielen. Das Ego ist jene Stimme, jener Computer, der fortwährend das hervorbringt, was ihm einmal eingegeben wurde. Was auch immer von unserem Emotionalkörper in den Computer einprogrammiert wurde, wird durch unseren begrenzten Verstand gespielt.

Sobald es uns gelingt, Zugang zu unserem höheren Verstand zu gewinnen, erfährt das Ego eine Erweiterung. Wenn wir auch nur einen kurzen Augenblick lang erleben, daß wir ein Baum sind, oder im Wasser schwimmend spüren, daß wir das Wasser sind, dann beginnt das Ego eine Dekristallisation durchzumachen. Es wird zu einer neuen Wesenheit, die bis jetzt noch nicht Fuß gefaßt hatte auf diesem Planeten. Das ist unsere Aufgabe hier im Light-Institute, den Menschen zu helfen, ihr Ego-Bild, ihr Emotionalkörperbild zu erweitern, so daß es eine kosmische Oktave einnehmen und Anschluß an das Allbewußtsein finden kann. Wenn es zum Allbewußtsein wird, wird es zu Gott.

Das Ego residiert in den Gedankenformen des Verstandes. Es wohnt im Emotionalkörper. Es hält sich in den Zellstrukturen des physischen Körpers auf. Es befindet sich auf der Stufe eines kleinen Bewußtseins, das von seiner Gotteszelle getrennt ist. Anstatt zu sagen: »Ertrage dich selbst, und du wirst Gott gleich sein – wenn du das Selbst erträgst, erträgst du Gott«, sagen wir: »Versuche nicht, das Ego zu täuschen, füttere es ganz einfach mit etwas anderem.«

Wenn das Ego einmal das Opfer und dann wieder der Täter ist, wird sich dieses Spiel Leben für Leben fortsetzen. Es muß sich auflösen. Es kann in seiner Erstarrung und Starrheit nicht verweilen, wenn wir ihm einen neuen Weg, ein neues Computerprogramm zeigen. Es läuft in jener Bahn und nicht in dieser, weil es bestimmte Erfahrungen gemacht hat. Also muß es diese fallenlassen, das ist dann der Beginn eines neuen Bewußtseins – unseres göttlichen Selbst.

Wir können das Ego ertasten. Wenn wir einen Körper berühren, können wir spüren, ob in diesem Körper Selbstliebe, Ablehnung oder Selbstbeurteilung zu Hause sind. Unsere Arbeit mit dem Ego ermöglicht es dem Bewußtsein, Verständnis hierfür aufzubringen. Wenn wir die Aufmerksamkeit der betreffenden Person auf jene Stelle lenken – dies geschieht meist durch die Bilder aus einem vergangenen Leben – wird diese Energie freigesetzt. Wenn jemand an einer Selbstbeurteilung festhält, weil er oder sie als Atlanter oder Römerin dies oder jenes tat, dann können wir das Ego ertasten. Oft kommt jemand zu uns mit einem römischen, einem ägyptischen oder atlantischen Körper, und indem wir das Licht des Bewußtseins auf jene Gedankenform oder Kristallisation lenken, können wir ihm helfen, sie aufzulösen. Wir können das Ego verändern, dann hört es mit seinem ewigen Geschwätz auf und beginnt sich auf neue Weise zu bewegen.

Das Ego in Kindern entsteht durch die Betonung des begrenzten Verstandes seitens der Erwachsenen, die zu ihm sagen: »Jetzt lesen wir die Geschichte und finden heraus, wer A, B und C ist.« Indem wir den Kindern unsere lineare Betrachtungsweise überstülpen, hindern wir sie daran, das Astrale innerhalb seiner Beziehung zum Ätherischen zu benutzen. Ein Kind würde keinerlei Prägungen erhalten, es würde einfach im Zorn losschlagen, und der Ärger würde die Blockade lösen, und das Kind wäre befreit davon. Doch wir reden ihm fortwährend ein: »Halt, halt. Dieser Zorn bedeutet dies und das, hat diese oder jene Ursache.« Und das Kind beginnt dann langsamer zu schwingen und jene negativen Urteile aufzuzeichnen – es lernt, sich selbst zu beurteilen. Im natürlichen Zustand lebt das Kind einfach sein ganzes Repertoire aus, es spielt alles, was auf seiner Blaupause aufgezeichnet ist.

Im Alter von einem Jahr beginnt das Kind seinem Lebensplan, der Blaupause, zu folgen. Es nimmt seinen Weg durchs Leben in verschiedenen Tänzen und Haltungen, die allesamt ein Echo derselben Blaupause sind. Aber erst wenn wir dem Kind eine bestimmte Haltung aufzwingen, beginnt es, in einer Form zu erstarren. Ansonsten könnte das Kind die letzten emotionalen Prägungen sehr schnell klären und die ganze Zeit über im Licht sein.

Doch das Licht hat keine Verführungskraft, keine Stofflichkeit. Hier sehen wir wieder den Unterschied zwischen Licht und astralen Energien. Das Licht hat keinen astralen Aspekt. Das Kind beginnt Erinnerungen anzuhäufen, es wird fortwährend von Emotionen stimuliert und wird emotionsmäßig schwerer. Das Gewicht all dieser Emotionen beginnt seine

Aufmerksamkeit zu erregen, und die Verführungskraft der astralen Dimension wird zur persönlichen Realität. Als nächstes kommt die Tretmühle, die Verführungskraft zieht es in die Tretmühle. Dann kommt das Auswählen. Wir suchen es uns aus, überwältigt oder hilflos zu sein, was dann in Verstand und Gemüt eingeprägt wird und kristallisiert. Dann sorgen Verstand und Gemüt dafür, daß der Emotionalkörper stimuliert wird, und das Ganze beginnt von vorn. »Ich bin schlecht. Ich bin hilflos. Ich kann nicht.« Und so geht es immer wieder im Kreis herum. Dann beginnt der Verstand zu bauen, aber was er schafft, ist ein Zugang zur astralen Energie, die dann ausstrahlt und genau das erzeugt, was der Verstand geplant hat.

Und auf diese Weise nimmt der Prozeß seinen Verlauf. Was wir denken, das spielen wir auch. Es ist der alte Grundsatz – was man einem Kind sagt, das es ist, das wird es auch. Das ist die sich selbst erfüllende Prophezeiung. Was wir getan haben, ist, dem Kind unseren Stempel aufzuprägen, unsere ethischen Ansichten und unsere Absichten. Ein Kind weiß nicht, was Eifersucht ist, es hat kein Konzept wie: »Du bekommst mehr Zuwendung als ich.« Auch wenn ein Kind sagen mag: »Ich möchte etwas von dem, was du hast«, verbirgt sich dahinter keinesfalls ein »Du bekommst mehr als ich, daher werde ich etwas tun, um aufzufallen.« Und dann sagt der Erwachsene: »Oh, du bist ja bloß eifersüchtig und versuchst Aufmerksamkeit zu erregen.« Das stimmt aber nicht. Ließe man das Kind in Ruhe oder sagte: »Oh, du möchtest auch etwas«, und gäbe es ihm, würde das Kind nicht lernen, eifersüchtig zu sein.

Das ist eine ganz wunderbare Idee, in der die Essenz unserer Arbeit hier am Light-Institute steckt. Gib dem Emotionalkörper, was er will, und was ihm nicht dienlich ist, laß sein. Wenn der Emotionalkörper es nötig hat, seine Negativität auszuspielen, seine Feindseligkeit, seine Angst, dann laß es zu, diese Gefühle werden auflodern und sofort verbrennen. Nur wenn wir etwas verstecken, kann es sich verfestigen.

Gib dem Kind, was es braucht, und das Kind wird wachsen. Das ist ein kosmisches Gesetz. Führ einer Pflanze die nötigen Nährstoffe zu, und sie wird sich selbst ernähren und es dir mit reicher Blüte danken. Ein Kind oder ein Tier bringt keine Negativität zum Ausdruck, sondern einfach ein Bedürfnis.

Aber wenn wir Kindern unseren Stempel aufdrücken, dann werden sie zu unseren Gefangenen und wir zu ihren. Das ist das karmische Gesetz. Anstatt Karma zu vermeiden, schaffen wir untereinander neues Karma. Darum geht es in unserer Arbeit. Wir lassen den Emotionalkörper haben, was er will. Ein äußerst wichtiger Teil der ursprünglichen Arbeit besteht darin, den Menschen zu helfen, das Unaussprechliche zu erleben, zu verstehen und loszulassen.

Es ist besser, dem Kind zu zeigen, daß es den Zorn überleben kann, daß es Liebe erlangen kann, daß es vielleicht diese oder jene Unausgewogenheiten hat, über die es hinwegkommen muß. Wir sind nicht unsere Unausgewogenheit, wir sind nicht unser Unaussprechliches. Um bei der Formung des Kindes zu bleiben, wenn wir zu unserem Emotionalkörper keinen Bezug haben, dann wird das Kind, anstatt auf unsere Worte zu hören oder unsere Beherrschung wahrzunehmen, sofort unseren Emotionalkörper erspüren und die astrale Energie, die er ausstrahlt. Selbst wenn wir sitzen und meditieren, werden wir Orange und Rot und Negativität ausstrahlen. Das Kind wird sie aufnehmen und widerspiegeln. Die Negativität wird uns stimulieren, so wie sie eine Amöbe stimuliert. Das Kind kennt diese Energie nicht, aber es fühlt sie und wird ein Teil von ihr. Das ist der Spiegel. Das Kind wird ein Teil dieser Energie und lebt sie für uns aus. Dann nehmen wir unsere Reaktionshaltung ein, und das Kind nimmt ebenfalls seine Reaktionshaltung ein, und so geht das weiter.

Die Formung ist ein interessantes Phänomen. Es genügt nicht, unsere Wahl zu formen, wir müssen das Herz formen. Das ist der Grund, warum wir alle hier sind, wir müssen unser Herz zu benutzen lernen, das die Brücke bildet. Um das

Kind zu formen, müssen wir uns zu völliger Ehrlichkeit umformen. Wir dürfen nie so tun, als ob es etwas gäbe, was in Wirklichkeit gar nicht existiert. Wir müssen einfach alles akzeptieren, und dann wird das Kind akzeptieren anstatt beurteilen lernen.

Sobald wir auf einer unbewußten Ebene beginnen, uns Vorstellungen von einem Kind zu machen, wie »Mach dies nicht, tu das nicht, zeig das, zeig das nicht«, beschneiden und begrenzen wir den Lebensplan, die Blaupause, die das Kind hat. Es wird immer uns und andere beobachten, und das wird immer die Blaupause auf die niedrigste Oktave hinunterdrücken. Hier im Light-Institute bemühen wir uns, die höchste Oktave zu formen, und das Kind wird die niedrigste Oktave zeigen. Das geht die ganze Zeit über so.

Aber etwas Wunderbares ist in dieser Lebenszeit geschehen, an diesem Angelpunkt der Geschichte, etwas, das nie zuvor passiert ist. Wir durchbrechen die Barriere, wir durchbrechen die Grenzen des endlichen Verstandes und sind imstande, diesen Fortschritt zu spüren, dieses Pulsieren von Leben/Tod, Leben/Tod, so daß wir dieses Muster zerbrechen können. Wenn wir uns selbst als multidimensionale Wesen erfahren – daß wir schon gelebt haben, daß wir Menschen erkennen, daß wir ihre Gesichter und ihre Herzen kennen –, dann wird es uns gelingen, jene Art von Veränderung herbeizuführen, die es uns ermöglicht, auf der Seelenebene mit unserem göttlichen Selbst zu verschmelzen, dort, wo es weder Gut noch Böse, noch irgendeine Form der Beurteilung gibt. Das heißt, wir können in diesem Leben, zu dieser Zeit, als Meister auf diesen Planeten kommen. Alle Prophezeiungen haben uns vom Anbeginn der Zeiten an verkündet – und tun dies noch –, daß diese Zeit dann anbrechen wird, wenn wir erwachen oder sterben. Als Bestätigung hierfür brauchen wir nur die nächste Zeitung aufzuschlagen und nachsehen, was in dieser Welt passiert. Es sind nicht die Posaunen des jüngsten Gerichts, die auf uns herabtönen, nicht Zerstörung und Tod kommen auf uns zu, obwohl auf der ganzen Welt unser geliebtes Menschenvolk stirbt, weil es Irrwege eingeschlagen hat. Die Menschen um uns herum sind für jeden von uns ein Spiegel und rufen uns zu, aufzuwachen und zu sagen: »Hier bin ich nun. Ich kann erkennen, wer ich bin.« Alles, was wir außerhalb von uns sehen, ist ein Spiegel für das, was in uns geschieht.

Die Weise, wie wir einen Wandel auf dieser Welt herbeiführen – auf diesem Globus, in dieser Familie, in dieser Beziehung, in dieser Arbeit – liegt hier in uns. Wir müssen nur die unzähligen Schleier, die nutzlos für uns sind, entfernen. In uns bergen wir den größten Schatz, die tiefste Weisheit, die uns bei jeder Entscheidung, jeder Erfahrung leiten und ins Licht führen kann, in das, was wir sind. Wir sind nicht Negativität, Unvollkommenheit, Hoffnungslosigkeit. Wir sind keine Opfer. Aber wir erleben das nicht, wir erleben nicht unsere Kraft. Also müssen wir einen Weg finden, um die Barrieren zu durchbrechen, so daß wir mit jener Kraft in Verbindung treten können, sie erkennen und zulassen und uns selbst den Schritt vorwärts ermöglichen. *Es ist Zeit zu werden, was wir sind.*

2 *Verzicht auf Selbstbeurteilung*

Wer keinen Widerstand leistet, kommt nicht zu Schaden.

Der Verstand ist das beste Werkzeug, das wir haben, bloß haben wir keine Verbindung mit unserem höheren Verstand. Wir haben keinen Zugang zu jenem Verstand, der die Entscheidung darüber fällt, ob wir altern, krank werden oder sterben. Der Verstand ist ein wunderbares Werkzeug, und er hat die Kontrolle über unseren physischen Körper.

Wir beherrschen unseren Körper nicht, weil wir zu stark geprägt sind von Krankheit und Tod, die wir selber oder unsere Freunde erlebt haben. Es ist wissenschaftlich erwiesen, daß der Verstand den Körper kontrolliert. Wir können unseren Herzschlag verlangsamen. Wir können fast alles verändern. Wir können jede Empfindung herbeiführen, wenn unsere Intention stark genug ist und die Botschaft vom Verstand an den Körper klar genug sagt: »Ja, ich will, daß du gesund bist.« Wenn wir eine klare Botschaft an den Körper senden, wird er genau das tun, was unser Gehirn ihm befiehlt.

Wenn wir eine Botschaft an unseren Emotionalkörper richten und ihm mitteilen: »Emotionalkörper, ich will nicht mehr zornig sein. Ich fürchte mich vor meinem Zorn«, geschieht überhaupt nichts. Es gelingt uns vielleicht, unser Betragen eine Weile lang zu ändern, was auch sehr nützlich ist, weil wir soziale Wesen sind. Wir sind voneinander abhängig und üben eine Spiegelfunktion untereinander aus. Wir kennen uns selbst nicht, außer jemand sagt uns, wie wir sind, damit wir unser Verhalten ändern können, doch dann verlagert sich die Energie ganz einfach woanders hin. Die Blaupause selbst bleibt unverändert, weil wir uns von dem kleinen Fleck, an dem wir uns sicher fühlen, nicht wegrühren. Frei nach dem Motto: »Wenn ich nur nichts anrühre, dann bin ich in Ordnung, und niemand wird es erfahren, nicht einmal ich selbst.« Was geht hier vor? Der Verstand hat keine Kontrolle über den Emotionalkörper.

Wir müssen unsere Emotionalkörper verändern, damit wir uns in dieser Lebenszeit manifestieren können und genügend Kraft haben, eine Welt um uns herum zu schaffen, die wir tatsächlich verdienen. Der einzige Teil von uns, der unseren Emotionalkörper ändern kann, ist unser spiritueller Körper oder unser Höheres Selbst, das weder Selbstbeurteilung noch negative Gefühle kennt. Wenn es uns gelingt, in diese spirituelle Energie einzutauchen, dann haben wir Zugang zu jener Energie, die viele Dimensionen durchdringt. Wenn wir imstande sind, diese Frequenz in uns aufzunehmen, dann findet eine Wandlung in uns statt. Wir hören auf, jene Strahlung abzugeben, die sagt: »Nimm mich in deine Arme, aber komm mir nicht zu nahe. Liebe mich, aber liebe mich nicht. Ich verdiene es nicht.« Wir werden diese Schwingung los und beginnen eine neue Schwingung auszusenden. Wir ziehen neue Leute an, neue Situationen und werden zu Meistern unseres Schicksals, das wahrhaft einzigartig ist.

Aber wie können wir den spirituellen Körper in den physischen Körper, in diesen Solarplexus bringen? Bei den meisten von uns ist das spirituelle Selbst durch den linearen Verstand ausgeschlossen und blockiert. Mit anderen Worten, wir glauben, wenn wir genügend beten oder meditieren, wird sich das wieder geben. Leider nicht. Wir werden bloß einen Augenblick des inneren Friedens empfinden. Aber wir müssen tatsächlich unsere spirituelle Natur erleben und sie für immer mit den anderen Gefährten vereinen.

Als wir inkarnierten und uns in die Dichte unserer physischen Körper begaben, gaben wir ein Urteil über sie ab. Wir sagten: »Nein, in diesem Körper kann ich es nicht tun«, da wir sofort damit begannen, einander abzuschlachten, lebend und sterbend schufen wir die emotionalen Prägungen dieser Körper. Von all diesen Erfahrungen leitet sich das falsche

Konzept ab, daß diese Körper dicht und schwer, voll von Schmerz, Zorn und Schuld seien. Also nahmen wir unser spirituelles Selbst in die Höhle mit und zogen ein härenes Gewand über. Wir kasteiten unsere Körper auf jede nur erdenkliche Weise bei dem Versuch, aus dieser Erfahrung, diesem Ort herauszukommen und irgendwohin zu gelangen, an einen großartigen Ort, den wir uns nicht einmal vorstellen konnten. Die große Herausforderung für uns in dieser Zeit besteht darin, daß wir es der formlosen Natur unseres wahren Seins erlauben, in unserer physischen Realität anwesend zu sein, so daß unsere Form wahrhaftig zur Form Gottes wird.

Wir müssen akzeptieren, daß wir aus unserem Wissen, aus unserer großen Weisheit und Liebe heraus die Wahl getroffen haben, geboren zu werden – zu den Eltern unserer Wahl, den Geschwistern, den Geliebten, in eine Familie, eine Kultur hinein, zu dieser Welt und aus einem bestimmten Grund. Wir sind gekommen, um etwas zu tun, etwas zu sein, um Energie auszusenden. Wir sind nicht gekommen, um geboren zu werden, uns schlecht und recht durchs Leben zu schlagen und zu sterben. Verstandesmäßig kennen wir nun das Geheimnis von Leben und Tod. Aber wir müssen uns auf jene Ebene erheben, von der aus wir uns für das Leben entschieden haben. Wir müssen endlich begreifen, daß jeder von uns zu einem bestimmten Zweck hier ist, um sich selbst und den anderen und dieser Erde etwas zu geben. Wir müssen diesen Zweck herausfinden, um den Sinn unseres Lebens zu begreifen. Wir müssen aus unserem größeren Wissen, unserem größeren göttlichen Selbst heraus zu erkennen und zu verstehen beginnen, daß jeder einzelne von uns hier zählt und seine Aufgabe hat.

Das ganze Prinzip dieser Arbeit hier beruht auf der Klärung des Emotionalkörpers, indem man ihn sämtliche Prägungen durchspielen läßt. Denn wenn man ihm keine Hindernisse in den Weg legt, wird er sämtliche astralen Prägungen in einem Augenblick durchlaufen. Er wird wie ein Wirbelwind sämtliche Strukturen hinwegfegen. Manche Leute kommen in die Sitzung und bringen jemanden um, den sie von ganzem Herzen lieben, oder befreien sich von einer Schuld, die sie ihr ganzes Leben lang mit sich herumgeschleppt haben. Wenn sie das einmal losgeworden sind, dann passiert als nächster Schritt, daß diese Person auf die höchste Oktave zugeht. Dann wird die spirituelle Natur beginnen, auf den betreffenden Menschen einzuwirken, egal was er oder sie tun mag. Er oder sie wird damit fortfahren, auf jene Oktave zuzustreben.

Unser Mentalkörper ist nicht in der Lage, sich mit unserer Selbstbeurteilung zu identifizieren, das müssen wir dem Emotionalkörper überlassen, und nur der spirituelle Körper kann uns davon befreien. Unser Anliegen ist es aber, über unseren begrenzten Verstand hinaus die Oktave des höheren Verstandes zu erreichen, der über jedem Urteil steht. Und wenn es soweit ist, werden wir das sofort merken, denn es ist wie beim Erlernen einer Sprache, wir mühen uns so lange damit ab, bis wir plötzlich eines Tages in dieser Sprache träumen. Von diesem Zeitpunkt an beherrschen wir sie.

Der Mentalkörper wird sofort versuchen, das Urteil zu identifizieren, während der Emotionalkörper den Hintergedanken hat, es zu vermeiden. Der Emotionalkörper hegt nicht den Wunsch, daß wir uns wandeln oder in irgendeiner Weise seine Diät verändern. Wenn der Emotionalkörper an Selbstbeurteilung oder Selbstgerechtigkeit gewöhnt ist, dann wird er darauf bestehen, diese Erfahrung im Leben zu machen. Er wird uns sogar auf einer ganz rationalen Ebene sagen lassen: »O ja, ich verstehe.« Genau das meint Werner Erhard mit seinem Ausspruch: »Unser Verstand ist der Trostpreis.« Wir sind im bloßen Verstehen steckengeblieben, haben uns im Konzept unseres Verstandes verfangen. Wir müssen die ausgefahrenen Geleise verlassen, und nur unser spirituelles Fahrzeug, das Höhere Selbst, ist dazu imstande. Nur das Höhere Selbst macht es möglich, uns in die Frequenz des Gott-Selbstes hineinzustürzen. Es ist die Kraft, die Energie, die verwandelt und den Emotionalkörper erweckt. Das Höhere Selbst kann einen Wandel unserer Gefühle füreinander bewirken und auch unsere Einstellung und Wahrnehmung der Wirklichkeit verändern. Nur aus diesem Grund sind wir hier – um das Höhere Selbst »einzubringen«. Jeder von uns muß aufwachen und erkennen, daß wir unsere eigenen Lehrer sind, unsere eigenen Heiler und unsere eigenen Priester.

Die Erfahrung des Höheren Selbstes bringt eine große Freiheit mit sich. Wir müssen die Arbeit jetzt tun, denn alle Prophezeiungen sind im Begriff, sich zu erfüllen. Sie werden sich erfüllen gemäß dem Standpunkt, den jeder von uns einnimmt. Werden wir unser göttliches Selbst hier finden? Müssen wir erst lernen, uns auf solche Weise auf dieser irdischen Ebene zu manifestieren? Werden wir imstande sein, Erdbeben zu stoppen, die Erde selbst zum Stillstand zu bringen? Wird es uns gelingen, uns von der Strahlung zu befreien? Oder werden wir es auf eine andere Weise bewerkstelligen? Wir können es auf jeder beliebigen Ebene tun, doch die Tatsache bleibt bestehen, daß eine tiefgreifende Veränderung mit uns vorgeht.

Unsere Arbeit hat mit Energie und nicht mit dem Verstand zu tun. Der Mentalkörper sagt: »Ich werde jetzt den spirituellen Körper benutzen, um den Emotionalkörper zu befreien.« Aber der spirituelle Körper ist formlos und kann nicht auf diese Weise verankert werden. Aus unserer westlichen linearen Sicht scheint dieses Unterfangen ein zweischneidiges Schwert zu sein. Was im Light-Institute dann geschieht, ist, daß wir mit dem beginnen, was wir bewegen oder ertasten können. Wir fangen mit dem Emotionalkörper an, weil wir mit ihm, plus dem physischen Körper, erfahrungsmäßig arbeiten können.

Sobald einmal der höhere Verstand und die höheren Oktaven ins Spiel kommen, ist die Erfahrung zu überwältigend, um noch weiter in der Selbstbeurteilung, die uns gefangen hält, zu verharren. Wir lassen von der Beurteilung ab, weil sie gegen das kosmische Gesetz verstößt. Doch diese Entscheidung können wir erst von der Warte des Höheren Selbst aus treffen, und dies zu begreifen, fällt uns schwer. Logisch und in der Weise, in der wir normalerweise vorgehen, betrachtet, erscheint es wirklich unsinnig, den begrenzten Verstand zu etwas veranlassen zu wollen, das keine Grenzen hat. Der einmalige kosmische Witz dabei ist, daß wir unsere Rationalität dazu benutzen wollen, uns vor etwas zu schützen. Das ist unmöglich, denn der Emotionalkörper kontrolliert die Rationalität und färbt unser gesamtes Denken mittels seiner Voreingenommenheit. Rationalität heißt nur, daß wir etwas in eine Stellung bringen, in der wir vermeinen, es unter Kontrolle halten zu können. Aber das ist alles bloß Illusion.

Kontrolle führt letzten Endes zur Abkapselung der Lebenskraft. Die fortwährenden Ermahnungen: »Nein, das darfst du nicht tun, weil es ein Zeichen von Schwäche ist. Tu dies und tu das nicht!« bewirken, daß wir uns noch mehr abkapseln. Genau dasselbe geschieht mit dem Solarplexus, wenn wir unsere Gefühle kontrollieren. Das ist auch der Grund, warum Kinder so häufig Magenschmerzen oder Bauchweh haben. Sie nehmen den Emotionalkörper der Erwachsenen wahr. Da wir durch den Solarplexus mit unseren Emotionalkörpern sehr vertraut werden, versuchen wir schmerzliche Erfahrungen zu vermeiden, indem wir uns abkapseln, was natürlich einen ungeheuren Druck in unserem physischen Körper erzeugt.

An dieser Stelle möchte ich von einer Erfahrung berichten, die ich in einer Meditationsgruppe während meiner Arbeit für das Peace Corps machte. Für mich war es die erste Meditation, und ich wußte nicht, was auf mich zukam. Wir bildeten einen Kreis, der aus etwa achtzehn Leuten bestand, die alle meine Schüler gewesen waren, doch in diesem Augenblick war ich ihre Schülerin. Die anderen kannten diese Form der Gruppenmeditation bereits, da sie sich gemeinsam mit der Arbeit von Edgar Cayce auseinandergesetzt hatten, die viele Aspekte des Paranormalen miteinschließt. Als sich das Schweigen im Raum auszubreiten begann, wurde ich eines strahlend weißen Lichtes gewahr, das so stark war, daß meine Augenlider auf völlig unkontrollierbare Weise zu zukken begannen. Ich rang nach Luft, meine Kehle wurde nach vorne und mein Kopf nach hinten gezogen, als hielte mich eine unsichtbare Kraft fest. Plötzlich wandelte sich das weiße Licht zu einem Lichtstrahl um, der mich zwischen die Augen traf und durch meinen Kopf fuhr. Ich hatte das äußerst merkwürdige Gefühl, daß mein Kopf gespalten würde und daß anstelle meines Gehirns nichts übrigbliebe als ein riesiger leerer Kanal. Das Licht fegte wie ein weißer Wirbelsturm durch mich hindurch. Dann füllte eine Stimme den leeren Raum aus, deren Botschaft sich mir auf unvergeßliche Weise eingeprägt hat: »Wer keinen Widerstand leistet, kommt nicht zu Schaden.«

Es brauchte einige Tage, bis ich das Gefühl hatte, wieder ich selbst zu sein. Ich erlebte eine Art Schwebezustand, grelle Lichtblitze verbunden mit einer Art von Elektroschock und weiß jetzt, daß ich mich in einem Zustand der Ekstase befand.

Wenn wir unseren Emotionalkörper verändern wollen, so kann dies nicht in unserem Verstand geschehen. Es nützt nichts zu sagen: »Ich werde mir nichts anmerken lassen« oder: »Ich werde mich nicht von meinen Gefühlen übermannen lassen«, denn der Emotionalkörper ist nicht identisch mit unseren Tränen. Er ist nicht unser Ärger oder Zorn, er ist nicht identisch mit den äußeren Emotionsschichten. Er ist eine Ganzheit, eine zusammenhängende Energie, die ein Teil unseres multidimensionalen Wesens ist. Daher können wir seiner nicht habhaft werden, indem wir lernen, nicht zu weinen oder zu schreien. Nur durch die Liebe können wir ihn in den Griff bekommen. Wir müssen ihn auf die höchste Schwingungszahl bringen. Denn wenn der Emotionalkörper schneller zu schwingen anfängt, werden durch die Zentrifugalkraft die schwereren Emotionen, die niedrigeren Energien, ganz von selbst weggeschleudert. Wir können dem Emotionalkörper also helfen, durch die Abgabe von Energie, seine Frequenz zu erhöhen.

Bis jetzt ist es uns auf diesem Planeten noch nicht gelungen, den Emotionalkörper in gebührender Weise zu nutzen, weil wir mit unserem göttlichen Selbst noch nicht in Berührung gekommen sind. Unser Emotionalkörper könnte nach Ekstase, Glückseligkeit und Verzückung süchtig sein, statt dessen ist er süchtig nach Angst und Zorn, weil das sehr langsam schwingende Energien sind. Vielleicht haben Sie selbst schon gemerkt, daß, wenn Sie etwas auf telepathischem Weg aufschnappen, es sich meistens um Meldungen wie: »Der oder die wird bald sterben« oder »Dem oder der wird etwas zustoßen« handelt. Dies ist die Art und Weise, wie unser Emotionalkörper arbeitet, wenn wir ihn telepathisch einsetzen, wir verwenden dann nicht unsere höheren Oktaven. Die meisten von uns erreichen diese höheren Frequenzen der Gefühle nur im Augenblick des Orgasmus. Aber wie lange können wir darin verweilen? Ein paar Minuten vielleicht, und dann schlafen wir ein oder tun etwas anderes, weil wir diese hohen Frequenzen nicht gewohnt sind und nicht mit ihnen umgehen können. Es ist wie ein Elektroschock und jagt uns Angst ein, und wir verspüren den Wunsch, auf die Bremse zu steigen, um langsamer zu werden. Wir verstehen es nicht besser, weil wir nicht daran gewöhnt sind.

Doch nun ist die Zeit gekommen, da wir uns dieser Initiation unterziehen müssen. Wir müssen auf die Schwingung des Orgasmus kommen. Wir haben die Fähigkeit, diese höhere Energiefrequenz zu erreichen und immer mehr und mehr in unserem Körper festzuhalten. Sobald der Emotionalkörper einen Bezugsrahmen für diese neue Energie zu bilden beginnt, wird er danach süchtig werden. Er wird nach Leben anstatt nach Tod hungern. Die Herausforderung für uns ist, daß das Licht oder die höheren Frequenzen keine Anziehungskraft auf uns ausüben, weil ihnen keine Persönlichkeit, kein Ego, kein astraler Klebstoff anhaftet. Sie weisen weder Gewicht noch Materie auf, sie haben keine Substanz, darum erkennen wir sie nicht.

Jedesmal, wenn wir etwas tun müssen, wovor wir ein bißchen Angst haben – wie zum Beispiel mit dem Chef reden –, drängen uns der Emotionalkörper und das Ego in eine bestimmte Haltung des Verteidigungsmechanismus. »Ich muß mich vor... schützen.« Um den Emotionalkörper zu beschleunigen, müssen wir diese Voreingenommenheit fallenlassen. Wir müssen uns hingeben und aufhören, uns darüber Gedanken zu machen, wer wir sind. Dem Ego gefällt dieser Vorgang, der auch »Sterben« genannt wird, nicht. Ein Teil von uns stirbt, wenn wir in das Licht hineingehen, und das Ego fürchtet sich davor. Wir müssen dem Ego helfen zu erkennen, daß es auch dann noch intakt sein wird, wenn es sich in eine andere Dimension hineinbegibt, daß unser begrenzter Verstand bloß eine andere Sichtweise annimmt. Wir werden nicht verrückt werden oder die Orientierung in dieser Welt verlieren, wir werden sie einfach erweitern. Das müssen wir trainieren, und wir brauchen Hilfe.

Wenn wir noch einmal auf die Technik zurückkommen, dann genügt es, wenn wir das Prinzip verstehen. Das Prinzip ist, daß wir die Energie aus dem Solarplexus ausstrahlen müssen. Die Technik besteht darin, uns einfach vorzustellen, daß wir durch den Scheitelpunkt am Kopf weißes Licht einziehen und es durch den Solarplexus ausströmen lassen. Wenn wir also ein Gespräch zu führen haben und schon von vornherein eine gewisse Befangenheit spüren, dann genügt es, einen Augenblick lang die Energie aus unserem Solarplexus ausströmen zu lassen, und keine andere Energie wird in uns eindringen und uns in irgendeiner Weise manipulieren können. Wenn wir das zu tun beginnen, werden wir bald merken, wie die Leute anfangen, uns auf eine andere Weise zu behandeln und zu sehen. Zwingen wir sie, eine bestimmte Rolle in unserem Film zu spielen, dann dürfen wir uns nicht wundern, wenn sie den Bösewicht spielen. Strahlen wir aber weißes Licht aus und brauchen den Bösewicht nicht mehr, dann sind sie frei. Sie sind frei und wir sind frei.

Wir brauchen uns nicht zu schützen vor unseren Liebsten, unseren Kindern, der Regierung oder was auch immer. Wir müssen verstehen, daß Widerstand zwecklos ist. Wir können nachgeben, wir können uns hingeben, denn wenn wir uns hingeben, gibt es keine astralen, emotionalen Verhaftungen, die uns verlangsamen und eine bestimmte Position einnehmen lassen, so daß wir sagen: »Ich bin so und so.« In Indien lebt ein großer Guru namens Sai Baba, der die verschiedensten Manifestationen hervorbringt, von Asche bis zu Juwelen usw. Wenn ihn die Leute fragen, wie er das mache und welche Technik dahinterstecke, antwortet er: »Es ist ein Teil des Verstandes, und wenn du die gesamte Schöpfung liebst, dann kannst du es tun, weil es deine Schöpfung ist.« Wo es keinen Widerstand gibt, gibt es keinen Schaden. Wir müssen aufhören, Widerstand zu leisten und eine expansive Haltung einnehmen, so daß wir zu einem Energie- und Lichtkanal werden und Energie oder Licht aufnehmen und über den Solarplexus ausströmen lassen, anstatt ihn zu kontrahieren. Wenn wir diese Energie aus dem Solarplexus entweichen lassen, befreien wir die Nervenfasern von den emotionalen Verhaftungen, dem astralen Klebstoff und allem, was seinen Ursprung in der astralen Dimension und im Emotionalkörper hat.

Diese Arbeit können wir nicht im Kopf verrichten, sondern nur im Bauch. Wir müssen auf unseren Solarplexus hören – am besten gleich in der Früh beim Aufstehen – und versuchen herauszufinden, was wir tatsächlich machen, ob wir verspannt oder offen sind. Beginnen wir, den Solarplexus abzutasten, indem wir mit den Fingern einen leichten Druck ausüben. Das Solarplexus-Chakra erstreckt sich über den gesamten mittleren Körperbereich, die Leber auf der einen und die Milz auf der anderen Seite. Es ist wichtig, die Bedeutung unserer Körpermitte zu verstehen, weil wir diese Selbstgewahrsamkeit brauchen.

Wenn wir einen wirklichen Bezug zu unserem Solarplexus haben, hilft uns das in unserer Körperlichkeit. Versuchen Sie einmal, drei Tage lang immer wieder Druck mit den Fingern auf den Solarplexus auszuüben. Pressen Sie vom Nabel hinauf zum Brustbein, um die Energie zu öffnen. Drücken Sie den Solarplexus so lange fest hinein, bis es Ihnen unangenehm wird. Dann loslassen und wieder drücken, damit Sie feststellen können, an welchem Punkt Ihr Körper sich abschottet und der Solarplexus sich schließt. Der Solarplexus ist häufig zusammengezogen, weil wir irrtümlicherweise glauben, uns auf diese Weise schützen zu können. Immer wenn etwas auf uns zukommt, ziehen wir uns zusammen, um uns davor zu schützen. Solange wir in dieser Position verweilen, können wir unsere Aufgabe als Meister nicht erfüllen. Der Solarplexus muß ausstrahlen.

Die Gefühle haben ihren Sitz im Bauch, dem Sitz des Emotionalkörpers, und werden von dort aus gesteuert. Wenn wir unsere Aufmerksamkeit darauf richten, können wir die Unterschiede bemerken. Was ist der Unterschied zwischen physischem Hunger – wenn uns der Magen knurrt – und nichtphysischem Hunger? Versuchen Sie den Unterschied zwischen emotionalem Hunger – wenn Sie etwas brauchen – und körperlichem Hunger zu erkennen. Beginnen Sie, für sich selbst alle Aspekte Ihres Solarplexus zu erspüren, und beobachten Sie dann, was geschieht, wenn Sie einen Supermarkt oder eine Bank betreten.

Der Emotionalkörper ist unwillig, einen Zustand aufzugeben. Er will seinen Schmerz, seine Verspannung und Angst nicht loslassen. Während wir beginnen, den Emotionalkörper in unserem Solarplexus zu umreißen, können wir feststellen, was Angst körperlich gesehen bedeutet, und herausfinden, was Hunger, Spannung oder Lockerheit auf der emotionalen Ebene bewirken. Einfach einmal anfangen zu erkennen, daß es da etwas gibt im Solarplexus, das ertastet und erspürt werden kann, das wir betasten müssen, damit wir etwas über den Emotionalkörper lernen. »Das ist hart oder das ist weich.« Wir können dasselbe Abtasten auf einem emotionalen Niveau vornehmen: »Das ist Zorn«, oder »Das ist Liebe«, oder auf einem höheren Niveau: »Das ist Strahlung«, oder »keine Bewegung«. Indem wir unsere Aufmerksamkeit auf den Solarplexus richten, können wir alle Arten von Daten erhalten. Wir können unsere Finger als Verlängerung unserer Aufmerksamkeit benutzen oder unser Herz. Wir müssen ein harmonisches Zusammenspiel zwischen diesen Körpern erreichen, damit wir uns nicht in einem Körper isolieren und ein Ungleichgewicht schaffen.

Nur aus Schutzgründen schließen wir uns in einem Körper ein. Wir können zum Beispiel in unserem Mentalkörper leben und alle Gefühle rund um uns herum negieren. Es ist möglich, uns in unserem Mentalkörper abzukapseln, um vor unserem Emotionalkörper Schutz zu suchen. Auf diese Weise sabotieren wir uns selbst – wir sind alle Meister in dieser Kunst, und dennoch erleiden wir immer einen Rückschlag. Selbst wenn der Verstand sagt: »Ich denke nicht daran, mir deswegen die Haare auszuraufen und mich auf diese Emotionen einzulassen«, werden wir es doch tun, weil etwas dabei herausschaut. Darum dreht sich die Arbeit in unserem Institut. Wir nehmen dem Astralkörper nicht seine Wünsche und Begierden, sondern beschleunigen seine Schwingung, damit er auf eine höhere Oktave gelangt.

Das Tor zu unserer Multidimensionalität, zu all diesen verschiedenen Körpern, aus denen wir uns zusammensetzen, bildet unsere Wahrnehmung. Die Wahrnehmung ist das Netzwerk der Realität, der Plan der Wirklichkeit. Die Struktur, die die Grenzen bestimmt, die Form, den Puls, die Farbe und das Gewebe der Wirklichkeit. Da jede Seele eine Realität schafft, hängt die Entscheidung, ob diese Realität eine Erfahrung von Liebe, Licht und Gott oder eine Erfahrung von Angst, Zorn und Tod ist, vom Wahrnehmungs- und Entscheidungsvermögen jedes einzelnen ab. Die Wahl wird dann stimmen und einem erleuchteten Zustand entsprechen, wenn sie eine Realität schafft, die in Einklang mit den

Bedürfnissen der Seele steht und diese zum Ausdruck bringt und manifestiert.

Unser Wahrnehmungsvermögen wird durch unsere »Positionalität« – unter diesem Begriff fasse ich unsere Prägungen, unsere Verhaftungen und Vorurteile zusammen, die uns zur Einnahme einer bestimmten Haltung oder Stellung bewegen – beeinflußt und bestimmt. Es ist unsere Erfahrung, die unsere Positionalität schafft. Und was wir durch diesen Filter wahrzunehmen gewillt sind, ist nur unser eigenes Repertoire. Der Zweck der Arbeit hier am Institut ist es, die Schlakken der Positionalität aufzulösen und unser Repertoire und unseren Blickwinkel zu erweitern. Dies geschieht, um ein Fließen der Energie durch den Körper in seiner Ganzheit, durch die multidimensionalen Aspekte des Seins herbeizuführen, ohne jede Behinderung, Abtrennung oder Stagnation aufgrund der Positionalität.

Positionalität entsteht aus der astralen Dimension, aus Erfahrung und aus Selbstbeurteilung. Hier im Institut benutzen wir das Werkzeug der Wahrnehmung, um die Aspekte der Positionalität zu entdecken, die das Wachstum behindern. Wir helfen, jene Aspekte zu finden, die ein Fließen und Wachsen ermöglichen. Wir sind dabei behilflich, Zeit und Raum für eine Öffnung zur Ganzheitlichkeit, zum Hologramm, zu schaffen.

In unserer Arbeit schmieden wir das Werkzeug, um die Schlacken zu erforschen, die unseren Entscheidungen zugrunde liegen, damit unsere Wahrnehmung ein Spiegel des Lichts werden kann. Das Hologramm muß von allen Fesseln befreit werden, um sich ausdehnen zu können. Es muß mit derselben Energie nach außen strahlen, die die Seele benötigt, um all das auszugleichen, was auf der astralen, emotionalen und materiellen Ebene erfahren wird – alles, was wir wissen, und gleichzeitig auf der Suche nach neuen Ausdrucks- oder Schöpfungsmöglichkeiten. Die Verwandlung, die Transformation selbst wird dann zum Tanz der Schöpfung. Das ermöglicht jeder Seele, unendliche Möglichkeiten zu entfalten, unbehindert von jeglicher Positionalität, jener Erfahrung, die ihren Fluß hemmt und ihre Entscheidungen beeinflußt.

3 *Erhöhung unserer Schwingungsfrequenz*

Unser Überleben hängt von unserem Bewußtsein ab.

Wir erleben auf der emotionalen Ebene eine tiefgreifende Veränderung. Wie viele Ihrer Beziehungen stimmen zum Beispiel jetzt in diesem Augenblick noch? Seit drei oder vier Jahren stimmen die Beziehungen nicht mehr. Warum? Weil wir etwas falsch machen? Nein, weil unsere Schwingungsfrequenz zunimmt! Wir fangen an, uns zu »beschleunigen«, so schnell wir können, weil jetzt unsere Zeit gekommen ist. Wir müssen Verständnis dafür aufbringen, nicht aus einem »O nein, was kommt da auf uns zu!« heraus, sondern aus einem »Hmm, schaun wir uns an, wofür wir uns da entschieden haben«, damit wir mit unserem ganzen Sein, mit all unserer Weisheit und unseren Fähigkeiten, die wir auf einer göttlichen Ebene besitzen, in den Tanz einstimmen können.

Die Beziehungen stimmen deshalb nicht mehr, weil die Energie mit einer Botschaft auf uns einwirkt, die besagt: »Du wirst es von niemand anderem mehr bekommen.« Wir werden auch nicht mehr imstande sein, es zu spiegeln: Es ist in uns drinnen. Wir haben uns jeden, der uns auch nur einmal über den Weg läuft, schon einmal ausgesucht. Jeden. Wenn wir beginnen, uns unserer Multidimensionalität bewußt zu werden, uns unsere früheren Leben anzusehen, dann werden wir die Erfahrung machen, daß wir keine Fremden füreinander sind, sondern alle an dieser Energie teilhaben, alles aus ihr wählen. Wenn wir das erleben, dann geschieht etwas sehr Wichtiges. Die Geschichte selbst, der Inhalt unserer früheren Leben verliert seine Bedeutung, was zählt, sind die Themen all unserer Erfahrungen, sie allein sind für unsere Überlebensfähigkeit ausschlaggebend.

Unser Körper setzt sich aus all jenen Gedankenformen zusammen, die jeder einzelne von uns auf einer seelischen Ebene gehabt hat, und aus den Gedankenformen aller Seelen, die zur gleichen Zeit wie wir selbst inkarniert sind. Wenn ich eine Erfahrung mache, so ist diese Erfahrung allen von uns zugänglich. Die Prägung ist da, weil wir nicht voneinander getrennt sind. Wenn wir also in irgendeinem Leben eine Erfahrung gemacht haben, dann wirkt diese Prägung weiter. Wenn wir das erkennen und sagen: »Aha, hier ist die Geschichte, hier ist das Thema«, dann können wir dieses Thema aus der Molekularstruktur unserer Körper herauslösen. Selbst wenn es sich um ein »gutes und starkes Leben« gehandelt hat, müssen wir es loswerden. Es bildet jetzt ein Hindernis, das wir aus dem Weg räumen müssen.

In der Sekunde, in der wir loslassen und alle Themen freigeben, beschreibt die Energie einen Kreis und kehrt als Essenz in ihrer reinsten Form zurück, frei von den Prägungen vergangener Erfahrungen. Damit dieser Prozeß wirkt, ist es nicht unbedingt nötig, an Reinkarnation zu glauben. Alles, was wir als Kind erlebt haben, die Muster, die wir uns ausgesucht haben, damit sie uns kulturell, emotional und verstandesmäßig prägen, bestimmen immer noch unser Leben. Kindern im Teenageralter bereitet es große Schwierigkeiten, zu ihren Eltern zu sagen: »Ich weiß nicht, wer ich bin, aber ich bin nicht du!« Der Grund dafür ist: Sie *sind* wir. Die Prägung zwischen Elternteil und Kind ist so stark, als ob sie eins wären. Das Kind sucht sich den Elternteil aus, um zurechtgeschliffen zu werden, und der Elternteil wird zurechtgeschliffen durch das Großziehen des Kindes.

Wir haben uns unsere Eltern ausgesucht. Mit diesem Wissen könnten wir die Welt revolutionieren, denn jeder von uns hat in seiner Familie klebriges astrales Zeug, weil unsere eigene Familie unser eigenes Karma darstellt. Unsere Eltern, Geschwister und Kinder sind die Seelen, mit denen wir schon viele Reisen unternommen haben.

Ein Psychiater sagte einmal, 90 Prozent aller Ehen wären

einzig und allein aus Rachegründen geschlossen worden. Hat er recht? Was wir jetzt tun wollen, ist, ein kosmisches Lächeln in die ganze Sache bringen. Wir stecken hier nicht fest, wir können es ändern, aber nur dann, wenn wir uns selbst ändern. Wir müssen die Emotionalkörperprägung ändern, die nach außen in die Umwelt strahlt.

Wir erleben unglaubliche Bilder und Vorstellungen in dieser Zeit, Vorstellungen von unserer möglichen Vernichtung. In sozialer Hinsicht haben wir große Schwierigkeiten mit unserer Sexualenergie, und wir sehen neue und alte Krankheiten, die eine Botschaft für uns sind. Wir brauchen gar nicht sehr weit zu gehen, um zu sehen, was wir klären müssen. Sehen wir uns doch einfach um. Nehmen wir zum Beispiel den Krieg. Was hat er uns zu sagen? Er sagt: »Hört auf damit, das ist keine Lösung. Versucht etwas anderes.« Das ist wirklich schon ein uraltes Spiel, und es wird immer gefährlicher. Entweder fangen wir ein neues Spiel an, oder es wird niemand mehr von uns hier übrig bleiben.

Wir müssen einen Blick auf unser physisches Fahrzeug werfen. Wir benutzen unseren physischen Körper nicht in der Weise, wie er von unserem göttlichen Selbst konzipiert wurde. Es ist unser Geburtsrecht, durch Wände zu schreiten. Die molekulare Struktur unserer Körper besteht aus Licht. Zur Zeit schwingen wir noch sehr, sehr langsam. Wir haben Schwierigkeiten mit Beziehungen und verschwenden unsere Sexualenergie. Es bleibt mir nichts übrig als zu wiederholen, daß es einen himmelhohen Unterschied gibt in der Weise, wie all diese Probleme, diese »Unaussprechlichkeiten«, diese Tabus zu bewältigen sind.

Wir wollen diese Tabus jetzt so schnell wie möglich aufdecken. Sehen wir sie uns doch einmal an, und nehmen wir sie so wahr, wie sie wirklich sind. Was wollen sie uns denn tatsächlich vermitteln? Wenn Sie meinen Ausführungen über die Wahl der Eltern gefolgt sind, dann sind Sie nicht das Opfer Ihrer »leichtsinnigen Mutter« oder Ihres »strengen Vaters«. Wir sind keine Opfer – das ist eine sehr wichtige Feststellung. Wenn Sie das nur einen Augenblick lang erfahren und spüren könnten, Sie würden beim Lesen dieser Worte noch sofort erleuchtet werden. Es gibt keine Opfer.

Zu den bedeutsamsten Dingen, die ich während der vielen Jahre meiner Arbeit mit Menschen gelernt habe, gehört die Tatsache, daß, wenn jemand mißhandelt oder mißbraucht worden ist, wir zurückgehen und nachsehen können, wer die betreffende Person ist. Die Leute fragen: »Warum ist das passiert? Warum ist das gerade mir oder meinem Kind oder meinem Liebhaber oder meinem Vater passiert?« Und was sie dann herausfinden, ist erstaunlich. Wenn sie jetzt das Opfer sind, dann waren sie in einem früheren Leben der Täter, der sich an derselben Seele vergangen hat. Über dem linearen Ausgleich hängen die beiden Waagschalen: Du tust es für mich, und ich werde es für dich tun, und wir werden das bis in alle Ewigkeit fortsetzen.

Und es gibt sogar etwas, das noch nachdenklicher stimmt: Die Seele, die Sie in diesem Leben »verletzt«, ist eine Seele, mit der Sie schon immer unterwegs sind – keine andere Seele würde sich dazu bereit erklären. Niemand würde sich sonst die Hände schmutzig machen, nur um Ihrer Vorstellung, bestraft werden zu müssen, Genüge zu tun. Unser Gegner wird uns nicht töten, das verspreche ich. Unser Feind bewegt sich auf das Licht zu und wird unseretwegen nicht ins Dunkle oder Böse zurückkehren. Es braucht eine tiefe Liebe zu sagen: »Hast du wirklich das Gefühl, daß du etwas lernen kannst, wenn du von mir mißhandelt wirst?« Es gibt nichts als die Liebe – alles, was wir tun müssen, ist, die Verbindung in uns mit ihr herstellen, dann werden wir auch außerhalb von uns nichts anderes sehen.

Der Emotionalkörper erhält seine Impulse durch das Ego, das uns in der dreidimensionalen Welt festhält. Das ist sehr nützlich, aber wir müssen achtgeben, weil das Ego immer sagt: »Nimm dich in acht vor dem. Ich mag seine Schwingungen nicht. Meinem Gefühl nach sind sie gefährlich.« So mekkert es andauernd herum. Wir haben alle diese Flüsterstimmen, die fortwährend in uns plappern. Diese Stimmen verhindern es, daß wir einander in liebevoller Weise begegnen – in kosmischer Weise im dritten Auge. Wenn wir von der Ebene des dritten Auges aus sehen, dann haben wir die Möglichkeit zu wählen. Wir alle, die wir uns in dieser Zeit auf diesem Planeten aufhalten, tragen in uns die physische, psychische und die spirituelle Fähigkeit, das dritte Auge zu benutzen. Das ist kein Hokuspokus. Wir besitzen alle eine Zirbeldrüse, in der sich die Zellen des dritten Auges befinden. Wir können die Wahrheit auf einer inneren Ebene sehen. Doch der Ansatzpunkt unseres Emotionalkörpers ist immer die Angst. Wir gehen immer von der Angst aus.

Das ist der Planet des Herzchakra. Wir sind hier, um das Herz zu öffnen. Wir sind gekommen, um Polarität und Gefühle zu erleben. Wir müssen erkennen, daß wir diese Gefühle nicht überall in unserem multidimensionalen Selbst haben. Wir stecken hier mitten in einer Erfahrung, an der wir arbeiten müssen, um zu lernen, mit diesem erweiterten Verständnis, der Fähigkeit zu sehen, umzugehen. Wenn ich zum Beispiel vor Ihnen keine Angst habe, kann ich Sie sehen. Habe ich Angst vor Ihnen, dann verschließe ich mich, so daß ich Sie nicht in Ihrem ganzen Wesen wahrnehmen oder sehen kann. Das ist der Grund, warum wir alle mit einem riesigen Knoten im Magen herumgehen. Es ist, weil wir unser Solarplexuschakra verschließen. Ich habe bemerkt, daß sich manche Kleinkinder bereits im Alter von zwei Jahren emotionell verschließen und dann immer Schmerzen im Magen- oder Bauchbereich haben. Sie tun das, weil sie das Aurafeld der Erwachsenen in ihrer Umgebung wahrnehmen. Sie spüren, was wir erleben und nehmen es durch den Solarplexus in sich auf. Die Angewohnheit, zuerst zu sehen, ob wir sicher sind oder nicht – wen wir mögen und wen nicht – lernen wir schon sehr früh im Leben. Wir verspannen und verkrampfen uns im Solarplexus. Dann senden wir die Fäden unseres Emotionalkörpers aus, der seinen Sitz im Solarplexus hat, um zu erkunden, ob wir sicher sind, was die anderen fühlen, und dann saugen wir alles in uns hinein. Wenn wir Angst haben und unser Emotionalkörper nach Angst süchtig ist, werden wir uns ein wenig »Angst« suchen, denn sie ist ein biochemischer Stimulus, genau wie eine Droge. Angst ist ein Aufputschmittel, sie gibt uns für eine Weile das Gefühl, lebendig zu sein.

Wenn wir Angst spüren, dann reagiert unser Solarplexuschakra, und die Nervenzellen des Solarplexus lösen einen Reflex in unserem autonomen Nervensystem aus. Alle Drogensüchtigen kennen diese Art von Reiz, der einem Orgasmus ähnelt. Es handelt sich buchstäblich und physiologisch gesehen um einen orgasmusähnlichen Reiz, und unser Emotionalkörper ist süchtig danach geworden. Er braucht seine Droge, und wir hungern nach ihr, denn ohne sie fühlen wir uns, als ob wir sterben müßten. Also schaffen wir uns eine Wirklichkeit, die auf unserem Hunger nach diesem Reiz basiert und nicht auf dem, was und wer wir wirklich sind. In dieser Realität geht es nur darum, wer mit uns dieses Spiel spielen will, so daß wir zu unserer Droge kommen.

Wir müssen dieses Reaktionsprinzip entdecken, damit wir einander befreien können. Es ist an der Zeit, daß wir untereinander aus unseren Gesichtern jene Vertrautheit herauslesen, die Erkenntnis und das Begreifen, daß wir zusammen hergekommen und jetzt hier sind, um gemeinsame Erfahrungen zu machen. Wir wollen aufsteigen zu der Ebene des höheren Verstandes, des Hologramms. Wir müssen einander helfen, uns auf diese Weise verstehen und begreifen zu lernen, da uns der hierzu nötige Bezugsrahmen noch fehlt, weil wir uns in den niedrigeren Chakras so festgefahren haben. Deshalb muß auch alles, was in unser Bewußtsein dringt, zuerst durch den Filter des Emotionalkörpers laufen, wodurch es begrenzt und herabgezogen wird. Wir müssen lernen, uns der Wahrheit ohne diesen Filter hinzugeben und sie zu empfangen. Wenn wir dazu imstande sind, dann haben wir unsere Mitte gefunden und uns endlich entfernt aus dem Zustand, der durch das Prinzip der Reaktion ausgelöst wird und mit unserem Überleben nichts zu tun hat. Im Gegenteil, erst dann leben wir in der Essenz unserer eigenen reinen Seinsform.

Das ist die große Lektion auf diesem Planeten in dieser Zeit. Unser Überleben hängt von unserem individuellen Bewußtsein ab. Darum müssen wir eine Frequenz erreichen, die hoch genug ist. Denn wenn es zu radioaktiver Strahlung kommt und die aus unserer Angst geborenen Schreckensbilder wahr werden, dann wird nur unser reines Bewußtsein unser Verbündeter und stark genug sein, das Negative, das wir geschaffen haben, zu verwandeln.

Es sind nur die von uns selbst ausgedachten Spiele und die von uns selbst angefertigten Schleier schuld an der Trennung, Selbstbeurteilung und Selbstgerechtigkeit. »Oh, ich bin zu diesen Leuten immer so und so, aber wenn ich in diese Uniform schlüpfe, bin ich ganz anders.« Wir müssen diese Verkleidungen fallenlassen und endlich beginnen, auf holographische Weise zu funktionieren, das heißt auf eine Weise, die unserem ganzheitlichen, multidimensionalen Wesen entspricht.

Dann beginnt ein neues Zeitalter für die Menschheit. Alle willkürlich von uns errichteten Begrenzungen, Beschränkungen oder Trennungen sind nicht real. Darum ist es so wichtig für uns zu erkennen, daß wir tatsächlich Aurafelder wahrnehmen und Energie spüren. Wir müssen die Tatsache, daß wir das tun – und zwar mit großer Richtigkeit –, anerkennen und würdigen. Wenn wir sagen können: »Ich kann dich sehen. Ich kenne deine Gedankenformen. Du kannst mich sehen«, dann werden wir aufhören, mit den anderen nur unser Spiel zu treiben. Wir werden die anderen auf wirkliche Weise erkennen.

Die Welt ist hungrig, und wir haben beschlossen, sie mit dieser Nahrung zu versorgen. Das ist der Unterschied zwischen dem erwachenden Bewußtsein und den alten Mustern und Strukturen des Verstandes. Selbst die Religion, die die Möglichkeit hatte, ein Muster zu schaffen, das am besten geeignet gewesen wäre für unsere Rückbindung, ist in ihrer Form dermaßen erstarrt, daß in ihren Ritualen kein Leben mehr ist. Das paßt ausgezeichnet, denn wir müssen jetzt alle Rituale weglassen und auf Mittelsmänner in jeder Form verzichten. Wir brauchen keine Kostüme und keine Rollen mehr.

Bei unserer Arbeit im Light-Institute geht es darum, sämtliche Abteilungen unseres Emotionalkörpers zu räumen, damit wir uns davon lösen und uns ausdehnen können, hinein in die anderen 90 Prozent des Gehirns, die wissen, was vorgeht. Dann werden wir auf keiner Oktave mehr von etwas überrumpelt werden können, ob es sich dabei nun um Radioaktivität oder etwas anderes handelt. Wir unterscheiden uns nicht von der Heuschrecke oder dem Vogel, wir haben dies bloß vergessen. Wir besitzen dieses Stammhirn, dieses universale Wissen. Irgend etwas liegt in der Luft, eine Erinnerung kehrt zurück, irgendwo entsteht etwas. Wir müssen dieses ewige Geplapper loswerden, damit wir hören können. Wir müssen nach innen gehen und hören.

Unsere Aufmerksamkeit muß unerhört scharf sein, damit wir diese eine Stelle, an der die Haut dünn ist, finden und das Herz durchbohren können. Alles, was ich lehre, beruht auf Informationen, die ich von anderen Menschen erhalten habe – von ihren Körpern, nicht von ihrem Verstand. Der Körper lügt niemals. Der Körper beschreibt ganz genau die Qualität der Emotion, er sagt nicht bloß: »Das ist Ärger«, sondern gibt Ärger in 27 verschiedenen Oktaven an: spirituellen, physischen und mentalen Ärger. Wenn wir uns von unseren Körpern leiten lassen, ist es möglich zu erkennen, was wirklich vorgeht. Manchmal lassen wir etwas beiseite, weil es nicht wichtig ist, und manchmal schenken wir einem Wink des Körpers größte Beachtung. Alles ist ein Teil des Informationssystems, das das Hologramm erschafft, aber wir müssen wissen, welche Saite wir anzuschlagen haben. Unser Erfolg hängt davon ab, ob wir aufmerksam genug sein können, um die richtige Saite zu finden. Zupfen wir an der falschen

Saite, dann bekommen wir keine oder fast keine Antwort. Wir achten auf jeden Wink, er könnte von Vibrationen in unseren Fingern kommen, von Wärme, die vom Körper aufsteigt, von einem Schmerz, der irgendwo im Körper gefühlt wird oder von Farben oder Szenen, über die uns berichtet wird. Wenn wir jeden Wink beachten, dann werden wir automatisch jene Saite anschlagen, die die Veränderung auslösen wird, die Bewegung, die zur Durchbohrung führt.

Wenn wir mit einer Person zusammen sind, erkennen wir, daß alles sich einfügt und daß es verschiedene Abteilungen gibt. Es gibt kein Chaos. Alles will uns dasselbe sagen. Schließlich beginnen wir voller Freude zu verstehen, wie einmalig der Körper ist, denn der Körper wird uns die Wahrheit auf jede nur erdenkliche Weise vermitteln – der Emotionalkörper wird sie uns sagen, der physische Körper und der Mentalkörper. Aus jedem Aspekt dieser Person werden wir dieselbe Geschichte herauslesen. Wir wissen tatsächlich bereits sehr viel. Wir stehen gerade im Begriff, uns der Fähigkeiten und Talente, die wir besitzen, bewußt zu werden.

Hier im Institut suchen wir uns irgend jemanden aus und hören zu. Wir alle erhalten laufend eine Menge Daten übermittelt, wenn wir jemandem begegnen, aber im allgemeinen stoppen wir diesen Prozeß und bringen ihn nicht ins Bewußtsein. Wir können wählen, ob wir ihn abschalten und nichts wissen wollen, oder ob wir ihn uns bewußt machen und erkennen, daß es sich dabei um eine ganz spezielle Sprache handelt. Wir kennen alle die Bedeutung der Farben. Nur wenige Menschen können tatsächlich die Farben der Aura sehen, aber wir kennen alle das Aurafeld und wissen, daß es da ist. Nehmen Sie einfach ein Gefühl, das Sie von irgend jemandem bekommen, schließen Sie die Augen und sehen Sie, welche Farbe es hat. Wenn Sie bei jemandem Rot wahrnehmen, wüßten Sie, daß Rot Energie oder Zorn anzeigt. Ob es Zorn ist, können Sie an der Kraft spüren. Die Yang-Energie, die aggressive männliche Kraft, wird zuerst durch Rot repräsentiert. Wenn wir Rot bei einer Person wahrnehmen, sind wir imstande es abzutasten, um zu sehen, ob es sich um Zorn, also eine Emotion, handelt oder um die Lebensenergie. Farben sind miteinander verbunden, so wie die Körper miteinander verbunden sind. Farben sind Botschaften des Körpers, der Emotionen. Die Farben im Aurafeld sind universal, sie können interpretiert werden und sind nicht mit unserer kulturellen Selbstdarstellung verknüpft. Sie haben universale Bedeutung, weil die Wellenlänge der Schwingungsfrequenz die Ursache der Farben ist. Wir wollen lernen, es dem anderen zu ermöglichen, auf der Ebene der Schwingungsfrequenzen mit uns zu kommunizieren, einfach indem wir unsere Aufmerksamkeit darauf richten. Es ist ein guter Trick, die Aufmerksamkeit völlig auf eine Person zu richten und nicht auf das, was zwischen dieser Person und uns vorgeht.

Durch den Prozeß, den wir im Light-Institute entwickelt haben, sind wir in der Lage, mit den inneren Vorgängen in Berührung zu kommen. Wenn jemand ein früheres Leben durchläuft und an einen kritischen Punkt gelangt, sind wir imstande, den thematischen Faden aus einer bestimmten Emotion oder Sache herauszuziehen, die durch einen Geruch oder eine Farbe angedeutet wird. Unsere Anwesenheit ermöglicht es, diesen Faden weiterzuspinnen. Unsere Aufgabe ist es, zu schützen und uns nicht einzumischen, sondern nur zu leiten. Wir mußten eine Form der Orchestrierung erlernen, die nicht manipulativ ist und nicht von unserer eigenen Interpretation ausgeht, sondern es der betreffenden Person erlaubt, ihre eigene Wahrheit zu finden.

Das Netzwerk der Körpersprache muß entwickelt werden, denn wenn wir in der Lage sind, es zu durchdringen, können wir die Fahne hissen. Wenn wir nicht darüber nachdenken und es nicht analysieren, wenn es uns gelingt, einfach wahrzunehmen, wenn Menschen sich in eine bestimmte Richtung bewegen, dann werden wir imstande sein, sie dorthin zu geleiten, wohin sie gehen müssen, ohne etwas zu forcieren. Wir vermeiden es, sie zu manipulieren oder »den Zeugen zu beeinflussen«. Wir versuchen nur, eine Atmosphäre zu schaffen, in der sie sich sicher und frei genug fühlen, um hinzugehen und mit Rot zu spielen, was vielleicht ihre Sexualenergie stimuliert, ihren Zorn oder ihren Schmerz. Und wir erlauben ihnen weiterzumachen, weil es ihnen gelingen wird, das große »Aha-Erlebnis« zu erfahren.

Versuchen Sie, Ihren Emotionalkörper zu spüren. Wenn Sie ein Leben voller Angst führen, was wir normalerweise tun, ist der einzige Weg, diesen Angstzustand zu überwinden, der Kontakt mit unserer spirituellen Energie, das Hereinziehen des Höheren Selbst in diesen Körper, damit er schneller zu schwingen beginnt. Alle Farben sind Schwingungen, alles schwingt.

Wenn wir schnell genug schwingen und nach außen strahlen, kann nichts in unseren Solarplexus hineinkommen. Schließlich ist es an der Zeit, abzuheben und heimzukehren. Unser Heim ist nicht irgendwo anders, es ist unsere Frequenz, unsere Lichterfahrung. Es ist ganzheitliches Wissen, die Erkenntnis, durch die wir unsere beschränkte Sicht auf diesen einen winzigen Teil von uns selbst verlieren, dieses »Ich«, das wir in dieser Dimension geschaffen haben.

Wir müssen mit dem Jetzt in diesem Leben in Berührung kommen, um aus der karmischen Tretmühle ausbrechen zu können. Karma ist keine Strafe. Wir haben die Wahl, hier zu sein als Meister. Wir können heute noch Meister werden – nicht morgen, nicht erst nach dem Lesen weiterer zehn Bücher, nicht durch die Bemühung, »gut zu unseren Kindern zu sein«, einfach durch die Erkenntnis, wer wir sind. Wer ist das Selbst, das dieses Körpergefährt benutzt, um in dieser Dimension zu sein? In dieser Dimension findet jetzt eine tiefgehende Veränderung statt. Die Erde schwingt schneller, die Schwingungsfrequenz dieser Dimension erhöht sich. Wir können jetzt unsere Fähigkeit zur Erkenntnis dazu benutzen, die Wellen aus unserem Emotionalkörper ausströmen zu lassen, damit wir uns größer, schneller und klarer erfahren. Die Lichterfahrung ist nicht etwas von uns Getrenntes, wir brauchen einfach nur hier zu sein.

Wir haben ein Anrecht auf Spiritualität von Geburt an. Wir können sie nicht woanders suchen, weil wir mit ihr geboren wurden, genau so wie wir mit diesen unglaublichen Gehirnen geboren wurden. Wir besitzen ein Reptil- oder Stammhirn, woran wir uns noch immer erinnern, denn als Kinder funktionierten wir mit Hilfe unserer Reptilgehirne. Dieses Reptilgehirn ist der animalische Teil von uns, der uns sekundenschnell sagt, wenn Gefahr droht. Die radioaktive Wolke aus Tschernobyl brauchte nicht Stunden oder Tage oder Wochen, um in die Vereinigten Staaten zu gelangen, nein, die Strahlung war hier sofort zu spüren. Menschen und Kinder auf der ganzen Welt haben sie wahrgenommen. Sie wurden von einer sehr schnellen Vibration getroffen. Das Verhalten dieser Schwingung ist ähnlich wie bei Krebs. Wenn die Zellen einmal getroffen sind, dann beginnen die Elektronen in ihnen nach jeder Richtung zu strahlen. Am Tag von Tschernobyl haben wir unsere Reifeprüfung abgelegt. Es gibt nicht mehr »wir« und »die anderen«. Was den anderen geschieht, geschieht auch uns.

Wir können uns auf unser Reptilhirn, diesen urzeitlichen, instinkthaften Teil von uns selbst, einstimmen. Dazu braucht es keine besonderen Fähigkeiten, aber wir müssen vorsichtig sein. Wir sind alle mit dem Reptilhirn ausgestattet und könnten unsere Wahrnehmung sehr erweitern, würden wir unsere Aufmerksamkeit darauf lenken. Diese Erweiterung der Wahrnehmung findet nicht nur auf der emotionalen Ebene statt – »Kann ich diese Person leiden?« oder »Kann ich diese Person nicht leiden?« –, sondern erstreckt sich auch darauf, ob der Winter kalt sein und ob es eine Seuche geben wird. Wir zollen den möglichen wirklichen Gefahren in unserer Realität sehr wenig Aufmerksamkeit, weil wir uns als Einzelwesen fühlen. Wir haben uns in unserem Emotionalkörper verfangen, der fragt: »Sehe ich gut aus? Bin ich so gut wie du?«, anstatt die eigene innere Frequenz zu kontaktieren. Wir müssen diese Frequenzen benutzen, alle Aspekte dieser telepathischen Kommunikation, und zwar immer. Wir nehmen die Aurafelder untereinander nur deshalb nicht wahr, weil wir nicht wissen, daß wir dazu in der Lage sind. Das Aurafeld eines anderen wird uns alles über diese Person erzählen. Wir brauchen bloß unser Bewußtsein zu öffnen, um dazu fähig zu sein. Wir müssen das, was wir haben, auch nutzen. Unsere Körper sind etwas Kostbares, sie sind bereits mit allen Aspekten von telepathischer Kommunikation ausgestattet, die wir brauchen. Wir müssen aufhören, sie zu verurteilen und zu bestrafen. Wir müssen aufhören zu sagen: »Nein, ich kann mich nicht freuen. Ich kann nicht in Ekstase fallen.« Die Wahrheit ist, daß Freude und Ekstase ein Teil unseres noch nicht ausgeschöpften Potentials sind.

Unser Bewußtsein bestimmt unsere Realität, aber wir sind unserem Kummer und unseren Sorgen verhaftet. Wir können lernen, unsere Sicht von uns selbst auf eine Weise zu erweitern, die über diese beschränkte kleine Wirklichkeit hinausgeht. Wir verändern unsere Wahrnehmung durch das Verständnis des Emotionalkörpers. Wie? Indem wir uns einfach dorthin begeben, wo er tatsächlich lebt, und er lebt in Kummer und Sorge. Er lebt in unseren Eingeweiden und vergiftet sich selbst mit seinen Sorgen. Also müssen wir einfach seine Aufmerksamkeit und Intention auf etwas anderes richten und ihn mit etwas anderem füttern. Lernen wir zu sehen, wo wir tatsächlich überleben. Was ist die Oktave unserer Realität? Was bildet die Substanz und den Inhalt unseres Überlebensmechanismus'? Hier im Institut vermitteln wir den Menschen eine neue Oktave der Ernährung, anstatt sie an irgendeinen mysteriösen Ort des Nicht-Wissens zu entsenden, an dem sie keine Gelegenheit haben, sich selbst zu erfahren. Wir helfen ihnen, ihren spirituellen Körper herabzuziehen und zu verankern, so daß der Emotionalkörper mit einer neuen Energie gespeist wird. Anstatt sich weiterhin in Kummer und Sorge zu ergehen, erlebt der Emotionalkörper eine neue Frequenz: Ekstase. Erst wenn wir uns selbst kennen und in eine neue Beziehung mit uns selbst getreten sind, wird sich auch unsere Beziehung zur Außenwelt ändern.

Viele Menschen betrachten das Problem aus der Sichtweise ihrer Kindheit oder der Beziehung zu ihren Müttern, ohne die ursprüngliche Quelle der Energie zu suchen. Sie sehen nur die Spitze des Eisbergs. Sie stecken tief in einer emotionalen Identifikation mit ihrem Liebhaber oder ihrem Kind oder ihrer Mutter. Erst wenn sie die Identifikation mit der Mutter, dem Kind oder dem Liebhaber loswerden, kommen sie in Kontakt mit sich selbst. Und wenn sie dann noch einen Schritt weiter gehen, finden sie heraus, daß sie und die anderen eins sind, was eine grundlegende Veränderung in ihnen hervorruft. Unser begrenzter Verstand kann es nicht fassen, daß wir eine Energie sind, daher tanzen wir hier unsere Erfahrung des Voneinander-Getrenntseins. Das eigentliche Trennungserlebnis und unser Zorn darüber stammen aus der Trennung von unserem Höheren Selbst, unserem göttlichen Selbst.

Da wir uns dessen aber nicht bewußt sind, tragen wir es untereinander aus. Der kritische Punkt ist der, daß der einzige Platz, wo wir unsere Einheit, unser Einssein, erkennen können, in unserem Emotionalkörper liegt, weil der Emotionalkörper die Kontrolle über unsere Gedanken hat. Der Emotionalkörper hilft uns, für das, was er als real erlebt, rationale Erklärungen zu finden. Der Schlüssel zu der Form von Bewußtsein liegt in der Beschleunigung des Emotionalkörpers. Zu wissen, daß er eine Wesenheit mit Bewußtsein ist, ist ein großer Vorteil, denn damit wissen wir, wer unsere Erfahrungen und Entscheidungen kontrolliert. Sonst bleiben wir für immer allem ausgeliefert, was wir fühlen oder heraufbeschwören. Die Wahrheit ist einfach, daß der Emotionalkörper den Mentalkörper kontrolliert. Gefühle herrschen über unsere Gedanken.

Physiologisch gesehen aktivieren die Nervenzellen des Solarplexus unser autonomes Nervensystem, den Sympathikus. Sie bestimmen, was wir im Gehirn als Kampf oder Flucht wahrnehmen, jene äußerlichen Emotionen, die die Außenschale des Emotionalkörpers bilden. Das verändert die Zusammensetzung des Blutes im Gehirn, das unsere Antwort kontrolliert. Das ist der Mechanismus, der unser Urteil und unsere Selbstgerechtigkeit beherrscht. Es ist das Abwägen unseres Emotionalkörpers: »Bin ich ebensoviel wert wie diese Person? Ist diese Person stärker als ich?« Er trifft die Entscheidung über andere auf energetische Weise und speist dann diese Entscheidung dem Gehirn ein. Ausgeworfen wird schließlich das Urteil, die rationale Erklärung, doch die eigentliche Kontrolle liegt beim Solarplexus, dem Sitz des Emotionalkörpers. Solange wir diesen Prozeß nicht verstanden und keinen Zugang zum Emotionalkörper haben, wird sich an der Vorherrschaft des Solarplexus nichts ändern. Meistens liegt der Emotionalkörper bereits auf der Lauer, wenn wir die Reise nach innen antreten. Und wenn wir dann die Verbindung mit ihm aufnehmen, setzt eine Veränderung ein. Durch das Vordringen nach innen füttern wir ihn mit neuer Energie.

Im Light-Institute sind wir in der Lage, mit dem Höheren Selbst in Verbindung zu treten, was uns hilft, die richtigen Fragen zu stellen oder die Klienten zur rechten Zeit an der richtigen Stelle zu berühren. Doch die Wandlung müssen sie selbst herbeiführen. Der Grund, warum die Menschen bei dieser Arbeit größere Klarheit erlangen, liegt darin, daß wir ihnen die Tür öffnen, die hineinführt zu ihrem eigenen inneren Wissen. Aber es ist alles ihre Arbeit, nicht wir tun es, sondern sie selbst. Wir helfen ihnen, mit ihrem Selbst in Beziehung zu treten – das erste Mal in ihrem Leben als Erwachsene.

Liebe und Klarheit sind unsere Helfer hier im Institut. Wir schaffen eine energetische Atmosphäre, weil wir möchten, daß sich die Menschen dem Wissen ihres eigenen Höheren Selbst überlassen. Wir möchten ihnen helfen, die Gedankenform zu finden, die sie im Augenblick brauchen und die völlig verschieden sein mag von dem, was sie zu tun glauben. Es kann zum Beispiel sein, daß jemand kommt und sagt: »Ich habe mit dieser Beziehung Schwierigkeiten und möchte wissen, warum.« Während der ersten fünf Sitzungen taucht dann die betreffende Person überhaupt nicht auf. Er oder sie hat ungeheuer viel Energie auf jene Person projiziert, und wir als Helfer können an die Person nicht herankommen, ehe wir nicht zu den inneren Schichten vorgedrungen sind. Wir bilden eine Art Kanal für die universale göttliche Energie, indem wir eine Atmosphäre schaffen, die es den Leuten ermöglicht, den Tunnel der Initiation zu passieren.

Eine Energieübertragung zwischen uns und unseren Klienten findet nie statt. Wenn jemand zum Beispiel sagt: »Danke, ihr habt mir das Leben gerettet«, antworten wir: »Wir danken dir, daß du so gute Arbeit für dich geleistet hast.« Wir geben alles sofort zurück. Viele Menschen glauben, daß sie nicht zu sich selbst finden können, wenn sie keine Anerkennung oder Wertschätzung von Außenstehenden erfahren. Es ist ein echtes Problem für sie, wenn dies nicht der Fall ist. Wir führen sie zu einer tieferen Ebene, wo sie nie zuvor gewesen sind und wo sie die Möglichkeit haben, mit ihrem Höheren Selbst in Verbindung zu treten. Wenn dies geschieht, dann geben sie uns automatisch frei. Sie in ihrer Arbeit zu ermutigen und zu bestärken, ist unsere Aufgabe, und wenn wir dabei nicht unser Bestes geben, dann haben wir versagt. Wir befreien die Menschen, indem wir ihnen helfen, die durch ihre Verkörperung auf der materiellen Ebene eingetretene Trennung von Gott zu überwinden oder besser gesagt zu heilen. Die einzige Energie, die sie für diese Verbindung und diese Arbeit brauchen, ist die göttliche Kraft ihres Höheren Selbst, ihrer eigenen Seele.

Wir sind nur der Wegweiser, der da steht und sagt: »Schau dir das hier noch ein bißchen genauer an.« Die Arbeit müssen sie schon selber tun. Es steht uns nicht zu, uns in ihr Karma einzumischen, wir sind einfach nur da, um sie aufzuwecken, damit sie erkennen, daß sie die Möglichkeit der freien Wahl haben und von dieser auch Gebrauch machen, denn sie sind Herr ihres eigenen Karmarades. Wir ermöglichen ihnen einfach nur, ihr ganzes Wesen holographisch zu sehen und Zugang zu allen Oktaven zu gewinnen, so daß ihr Wissen sich dermaßen vertieft, daß ein »Ausverkauf« oder eine Preisgabe desselben schier unmöglich wird. Wenn unser Emotionalkörper zwar etwas weiß, der Mentalkörper aber sagt: »Ja, aber das wird nicht in diese Welt passen«, dann werden wir uns diesem Entschluß beugen. Wir werden unsere Emotionen unterdrücken, um so zu sein, wie es unser Mentalkörper als für unser Überleben notwendig erachtet. Unsere Spezies muß danach trachten, von bloßen Überlebensstrategien zur Ebene der kreativen Selbstverwirklichung vorzustoßen, denn nur auf dieser kann sie sich ihrer Angst entledigen.

Wir lehren unsere Klienten, ihr Aurafeld zu steuern, wodurch sie zu Wesen werden, die sich frei entscheiden und damit ihre eigene Gesundung oder »Heil-Werdung« herbeiführen können. Diese Gesundung muß in ihrem eigenen Emotionalkörper erfolgen. Es ist nicht möglich, jene negativen Energien und Besetzungen durch die bloße Feststellung »Ich bin ein Kind Gottes« oder »Ich bin ein guter Mensch« loszuwerden. Die rationale Erkenntnis allein genügt nicht, weil sie auf unseren Verstand beschränkt bleibt, negative Energien und Besetzungen jedoch nicht. Wir verordnen dem Emotionalkörper eine neue Diät. Ohne ihn zu zerstören, zu erschrecken oder ihm etwas wegzunehmen, lernen unsere Klienten ganz einfach, ihrem Emotionalkörper etwas Natürliches zuzuführen, das er lieber hat. Sobald ein Klient sich der spirituellen Energie öffnet, beginnt die Negativität zu schmelzen.

Das Visualisieren stellt einen Weg dar, um mit dieser neuen Energie zu arbeiten. Das Höhere Selbst ist das Fahrzeug der Multidimensionalität, und das Visualisieren ist der Weg in andere Dimensionen. Visualisieren ist das Werkzeug, es ist nicht das, was mit der Energie in Verbindung tritt, denn das Visualisieren kommt aus dem Verstand. Wenn das Bewußtsein zu visualisieren beginnt, übernimmt das kosmische Gesetz die Führung. Es handelt sich nicht darum, etwas zu tun oder zu schaffen oder zu definieren, sondern einfach darum, das Einströmen des kosmischen Wissens zuzulassen. Wir erkennen das Visualisieren durch die Instrumente des Verstandes, aber nur durch das Bewußtsein ist es möglich, unser Höheres Selbst in unserem Leben zu manifestieren.

An einem bestimmten Punkt gehen wir über das Visualisieren hinaus, es ist ein sehr kreatives Schwellenwerkzeug. Je mehr wir das Öffnen, die Kreativität, zulassen, desto besser weiß der Körper, was zu tun ist – das ist ein kosmisches Gesetz. Alles Leben strebt nach Vollendung. Alles Leben strebt nach Gesundheit, Ganzheit und nach dem Guten. Begrenzung ist eine Illusion.

4 *Entfernung des Schleiers*

Die Erfahrungen aus unseren früheren Leben bilden ein Meer von Schwingungen, einen Ozean lebendiger Energie, von dessen Wogen unser Selbst umspült wird.

Das Betreten jenes Bereichs, den wir als unsere früheren Leben bezeichnen, ist nichts anderes als ein Entfernen des Schleiers, eine Vertiefung unserer Beziehung zum Unbewußten, zu den inneren Quellen, den inneren Bezugspunkten der Erfahrung, die es der Seele ermöglichen, unsere Kräfte des Lichts, von Leben und Tod, zu verstehen.

Im Light-Institute bereiten wir die Menschen darauf vor, dieses Reich zu betreten, und lassen sie erkennen, daß ihre Erfahrungen aus früheren Leben ein Meer von Schwingungen, von lebendiger Energie sind, von denen ihr physischer Körper und ihr Emotionalkörper bewegt wird. Sie können diese Quelle sofort anzapfen, um mit ihrem Höheren Selbst in Verbindung zu treten und in den großen Lebensplan Einsicht zu nehmen. Das ist der Sinn und Zweck unserer Arbeit mit früheren Leben. Es geht darum, das Repertoire unseres Ego zu erweitern, sein Selbstverständnis zu vergrößern. Durch diesen Vorgang wird die aus unseren Vorurteilen und festgefahrenen Gedankenformen gebildete Kruste entfernt, die uns in bestimmten Verhaltensmustern festhält. Diese Muster sind oftmals sehr hinderlich auf dem Weg zu unserer Erleuchtung, da sie es dem Emotionalkörper erlauben, blind an seinem Diktat bestimmter Erfahrungen festzuhalten, anstatt aus ihnen zu lernen und sich daraus zu befreien.

Ich habe beobachtet, daß die Menschheit nie aus der Geschichte gelernt hat. In mancher Hinsicht aus dem Grund, weil die Prägung durch unsere eigene Geschichte so stark ist, daß der Emotionalkörper die Oberhand gewinnt und die gleichen Themen unaufhörlich in immer neuen Variationen wiederholt. Wenn wir Menschen darauf vorbereiten, in Erfahrungen aus früheren Leben hineinzugehen, damit sie sich in erweiterter Sichtweise wahrnehmen, dann möchten wir befruchtend auf sie einwirken, damit sie das Verständnis für die Erweiterung ihres Bewußtseins aufbringen können.

Die Arbeit mit früheren Leben stellt das Gefährt dar, mit dem wir einen Teil von uns erforschen, der Erlebnissen und Erfahrungen nachhängt, die wir uns in unserer derzeitigen Inkarnation nicht gestatten könnten. Sehr oft ist diese Grauzone zwischen Hell und Dunkel angefüllt mit sexuellen Zwängen, mit Einflüsterungen aus den niedrigeren Chakras. Es ist die Frage: »Wer bin ich?«, im Sinne von »Ich bin vielleicht kein guter Mensch.« Diese Zone ist voll von den Abdrücken, die der Emotionalkörper hinsichtlich seiner Wertvorstellungen hinterlassen hat. Es ist die Zone von Selbstbeurteilung und Schuldgefühlen, die immer wieder aufflakkern. Sie haben zwar keinen Namen, keine Zeit und kein Gesicht, doch sie sind immer da und energetisch so lebendig, daß wir ständig sehr viel Energie darauf verwenden müssen, sie ins Unbewußte hinabzudrücken. Wir unterdrücken sie, um zu verhindern, daß auch nur ein Funken davon, der uns nützlich sein könnte, an die Oberfläche steigt. Es ist jener Teil von uns, der Angst vor dem Schreien hat, da er beim Schreien die Beherrschung verlieren könnte.

Am Beginn der Arbeit mit Erfahrungen aus früheren Leben steht die Auseinandersetzung mit dem »Unaussprechlichen«. Erst wenn es uns leicht fällt, über das Unaussprechliche zu reden, ist es auch leichter zu akzeptieren, daß wir alle diese Energie in uns tragen, ja daß sie ein Teil unserer Existenz ist. Es ist ein Teil von dem, was unsere Entscheidungen und Bedürfnisse lenkt und unsere Lust am Abenteuer, unseren Forscherdrang begrenzt. Wir müssen den Menschen helfen zu verstehen, daß, wenn sie auf etwas stoßen, das sich wie das Unaussprechliche anfühlt, sie zu einer entscheidenden Wende gekommen sind, an der es ihnen möglich ist, Verbindung mit der Seelenebene aufzunehmen.

Und zwar geschieht es auf folgende Weise. Wenn wir jenen Bereich durchschreiten, wo wir unsere Schuldgefühle, Angst und Selbstbeurteilung festhalten, werden wir erlöst und sind fähig, das Hologramm unserer Wahl zu sehen. Wir sehen es nicht aus der Sicht unserer Positionalität – bedingt durch unsere Nöte und Zwänge, Emotionen und Leidenschaften –, die uns in jene Erfahrung hineintrieb, sondern aus der Sicht unserer allwissenden formlosen Seele, die zu uns sagt: »Vorwärts! Mach diese Erfahrung! Geh und töte ein anderes Wesen!« Durch diese Tat wird die Seele das kosmische Gesetz zu verstehen beginnen, daß Opfer und Täter eins sind und daß es keine Trennung zwischen uns gibt. Wenn wir in irgendeinem früheren Leben die Erfahrung des Tötens gemacht haben, dann wird etwas in unserem eigenen Körper aktiviert. Es spricht darauf an, und wir sind mit der Tatsache konfrontiert, daß diese Erfahrung ein Teil von uns ist.

Wenn wir ihr oder ihm das Leben nehmen, so hat dieser gewaltsame Trennungsversuch zur Folge, daß wir die Last ihrer oder seiner Seele Leben für Leben mit uns mitschleppen. Es ist unbedingt notwendig, diese Gesetze zu verstehen, wenn wir zur schöpferischen Kraft durchstoßen wollen. Wenn wir uns geradewegs in eine Erfahrung hineinbegeben, die wir bis dato blockiert haben, dann werden wir imstande sein, den Schleier beiseite zu ziehen, um das Unaussprechliche zu sehen. Dann begeben wir uns durch die Astralenergie in das Bewußtsein dieser Person in dieser Zeit und werden die Tat immer aus der Sicht und dem Bewußtsein des Opfers beschreiben. Wir werden es nicht mehr von unserem jetzigen Standpunkt aus beschreiben, sondern eher aus der Positionalität jener Person. Indem wir uns zurückbegeben in die Position des Wesens, das diese Erfahrung gemacht hat, werden wir uns dann automatisch von unseren Schuldgefühlen lösen.

Wir trafen diese Wahl einst aus freien Stücken, weil es eine der Möglichkeiten war, die wir hatten. Sobald wir uns in das ehemalige Szenario zurückversetzen und unsere Rolle aus der Sicht jenes Bewußtseins durchspielen, haben wir die Gelegenheit, die Schuld loszuwerden. Es gleicht dem Entfernen einer Membran, die eine Einkapselung in kristallisierter Form enthielt. Sobald wir es wieder aus der Positionalität heraus spielen, beginnen wir automatisch mit der Seele zu verschmelzen. Wir stoßen wieder auf die Blaupause, den Lebensplan, so wie er ursprünglich von unserer eigenen Seele angefertigt wurde. Wir können ablassen von unserer Selbstbeurteilung, der Beschränkung und Voreingenommenheit unseres Emotionalkörpers, der mit dem physischen Körper, dem Handlungsträger, fest verbunden war. Es ist ein tiefes Erlebnis, uns der Erkenntnis zu öffnen, der Spieler zu sein, der eine Tat vollbrachte, die unserem jetzigen Bewußtsein als etwas Unaussprechliches oder Unerlaubtes gilt. Es findet automatisch eine Befreiung von Schuld statt, und der Weg der Seele wird erhellt, was der Seele erlaubt, einen Riesensprung vorwärts zu machen.

Wenn wir bereit sind, in jene Tiefen hinabzusteigen, in denen wir uns über unsere früheren Leben informieren können, dann wurden wir zuvor darauf vorbereitet, dem Unaussprechlichen zu begegnen. Wenn dies geschieht und wir es aus unserer Positionalität heraus sehen – von den Wahlmöglichkeiten her, die uns in der fraglichen Zeit und Situation zur Verfügung standen –, dann werden wir fähig sein, die Fesseln, den Kleber, die Beziehung zwischen den beiden Spielern zu erkennen. Wir werden imstande sein zu erleben, wie sich der Täter der einen Inszenierung im Netz jener Erfahrung verfängt und das nächste Mal selbst zum Opfer wird. Und wenn wir diesen Tanz beobachten und zu erkennen beginnen, daß wir ihn von allen Seiten des Hologramms her spielen können, dann wird sich unsere Verhaftung lösen. Unsere Fähigkeit, unser eigenes Selbst zu empfangen und zu akzeptieren, vertieft sich. Es ist ein sehr tiefes Erlebnis, sich selbst mit einem Verstehen zu umfangen, das von den klebrigen Rückständen jener Erfahrungen und der daraus resultierenden Selbstbeurteilung gereinigt wurde.

Wir benutzen dieses Szenarium, das wir »früheres Leben« nennen, als Fahrzeug, um mit unserem eigenen Selbst in Berührung zu kommen, mit unserem eigenen Wissen, unserer eigenen Erfahrung von Leben und Tod, Liebe und Haß, Wut und Angst, und um unseren Emotionalkörper davon zu befreien. Dann kann der Emotionalkörper schneller schwingen und die Frequenz des Göttlichen, die höheren Oktaven von Energie, Ekstase und Verzückung beibehalten.

Ein Szenarium aus einem früheren Leben zu erleben, das nicht auch im Jetzt stattfindet, ist noch nie irgend jemandem geglückt. Unser Emotionalkörper sucht sich die Themen und Probleme heraus, an denen wir noch immer arbeiten, die noch immer unser Repertoire füllen und unsere Entscheidungen beeinflussen. Da unser Verstand auf lineare Weise funktioniert, sehen wir diese Abläufe als zeitliche Abfolge. Wir sehen Höhlenmenschen, andere Planeten, das Mittelalter und andere historische Sequenzen und bezeichnen sie als Vergangenheit. Doch die Energie dieser Visionen gehört in keiner Weise der Vergangenheit an, sondern ist immer ein Teil unseres derzeitigen Repertoires.

Dafür spricht auch, daß wir die Inszenierung immer wieder mit denselben Seelen aufführen. Sobald wir mit den Seelen zusammenkommen, mit denen uns eine bestimmte Erfahrung verbindet, beginnen wir das betreffende Stück zu inszenieren. Der emotionale Gewinn bei diesem Stück ist sehr hoch und verführt den Emotionalkörper dazu, es immer wieder und wieder zu spielen, und zwar möglichst mit derselben Energie und demselben Wesen, das bereits in der Uraufführung mitwirkte.

Auf diese Weise entsteht unsere karmische Sammlung von persönlichen Spielern, die sich über die ganze Erde erstrekken kann. Alle Seelen, die sich in dieser Zeit hier auf diesem Planeten befinden, sind ein Teil des gleichen kollektiven Repertoires und beschäftigen sich mit ähnlichen Themen. Ihre gemeinsame Inkarnation hat zum Ziel, sozusagen auch noch den letzten Tropfen Energie aus diesen Themen herauszupressen, um daraus die Wirklichkeit zu formen und sie auszuspielen.

Oft kommen Leute zu uns, die an folgendem Denkschema festhalten: »Ich möchte herausfinden, was in meinem Leben nicht stimmt, aber ich glaube nicht an Reinkarnation.« Die Ursache dafür, daß sie nicht daran glauben, kann in ihrem Verstand liegen oder in Zusammenhang mit ihrer Religion stehen, doch ihre Körperenergie besitzt ein Wissen, und dieses Wissen schafft das Verlangen, mit sich selbst in Berührung zu kommen. Hier im Institut fühlen wir, daß es unwichtig ist, was der Verstand denkt oder glaubt, er denkt, weil auf ihm gespielt wird: vom Emotionalkörper, vom physischen Körper und vom molekularen Kode, Leben für Leben.

Es spielt keine Rolle, ob wir diese Szenarien wahrhaftig als frühere Leben ansehen oder als Erfindungen unserer Vorstellungskraft, denn unsere Vorstellungskraft wird aus unserer eigenen inneren Quelle gespeist. Jede Information aus der Außenwelt ist nichts anderes, als ein Reflex des Spiegels in unserem Innern. Wenn wir ein Buch lesen und eine Erfahrung darin berührt uns, dann ist der Grund dafür ganz einfach in unserer Verbundenheit damit zu sehen, unser Höheres Selbst zupft uns sozusagen am Ärmel und fragt: »Spürst du das?« und löst dadurch eine Antwort aus, die aus unserem inneren Wissen kommt, aus gelebten Erfahrungen. Es gleicht einer Spirale, die sich in immer größer werdenden Kreisen um sich selbst dreht. Es ist ein geschlossener Kreislauf, denn was auch immer der Emotionalkörper spielen will, ist für ihn Wirklichkeit. Spielt er das Szenarium in der Weise durch, in der er es sich ausgesucht hat, dann ist dieses Thema für ihn erledigt.

Wenn Menschen im Rahmen des Dramas, das sie entfalten, in die Synchronizität der Erfahrung kommen, erkennen sie, daß es wahr ist. Das bringt uns zu einem wichtigen Punkt, nämlich zu der Art und Weise, wie wir vom Institut an dieser Inszenierung teilnehmen. Wir sind uns darüber klar, daß sich das Unbewußte durch Symbole und Bilder ausdrückt. Wenn zum Beispiel jemand eine ganze Sitzung damit verbringt, eine bestimmte Einrichtung in einem Haus zu beschreiben, dann hat diese Fähigkeit, mit einem Bild zu verschmelzen, sehr viel gemeinsam mit einem Traum. Manche Menschen begeben sich in ein früheres Leben hinein und gehen es dann komplett durch, vom Anfang über die Mitte bis zum Ende, mit allen Details. Manche gehen nicht weiter als bis zum materiellen Aspekt, wie zum Beispiel der Zeitzone oder der besonderen Einzelheiten. Manche erfahren ihr früheres Leben auf der Basis von Emotionen, manche hören es, und manche sehen das Ganze wie einen Film ablaufen.

Es ist gleichgültig, wie sie zu der Erfahrung kommen oder sie durchleben, weil jeder Teil, der ins Bewußtsein dringt, gleich einer Saite mit dem sich drehenden, formlosen Unbewußten verbunden ist, das die Erfahrung in ihrer Gesamtheit enthält. Auch wenn sie nur einen Teil davon an die Oberfläche ziehen, setzen sie damit etwas innerhalb dieser kreisenden, unsichtbaren Masse in Bewegung, das sie auf den Pfad bringt, der zur Klärung dieser Erfahrung führt.

Im Light-Institute sind wir uns bewußt, wie wichtig es ist, dieses Prinzip zu verstehen. Nur dann können wir jedem helfen, der sich in diesen Oktaven bewegt, weil jeder dies auf verschiedene Weise tut. Manche Menschen verbringen ihre ganze Zeit damit, jedes kleine Detail zu beschreiben, ohne je zu einem Schluß zu kommen. Das spielt keine Rolle. Wir lehren sie, irgend etwas auf holographische Weise herauszupikken und es dann von selbst einen Kreis formen zu lassen und somit von selbst zu Ende zu bringen. Wenn wir zu einer linearen Vorgangsweise neigen beim Heraufbringen eines früheren Lebens, dann kann es geschehen, daß wir die Menschen daran hindern, das zu bekommen, was sie brauchen. Alles was der- oder diejenige tun muß, ist nach dem einen Faden greifen, um ihn in sein Hologramm zu ziehen.

Wenn eine Person sich zum ersten Mal in jene Tiefe des

Emotionalkörper-Repertoires begibt, kommt es oft vor, daß er oder sie zu »kaleidoskopieren« beginnt, wie wir das bezeichnen. Einzelbilder flimmern dann über den inneren Bildschirm. Die betreffende Person sieht zum Beispiel einen Indianer, dann einen Elefanten und dann einen Berggipfel. Das bedeutet einfach, daß das innere Selbst dieser Person so begierig ist, all diese Themen zur Sprache zu bringen, daß es keine Trennung vornimmt, weil die Themen sehr stark miteinander verflochten sind. Wenn es uns gelingt, den Film in Zeitlupe zu wiederholen und jedem Bild zu ermöglichen, seine ganze Geschichte, sein Thema, zu erzählen, werden wir entdecken, daß jedes dieser Bilder (der Elefant, der Berggipfel usw.) während einer bestimmten Lebenszeit spielte, in der die Person ein bestimmtes Thema erlebte. Der nordamerikanische Indianer lernte zum Beispiel dieselbe Erfahrung kennen, die auch in der Energie oder Umgebung, in der der Elefant lebte, hätte stattfinden können. Es ist daher gut und richtig, wenn jemand auf diese Weise »kaleidoskopiert«, weil er sich ganz einfach im Kreis seines Hologramms bewegt und dieses zum ersten Mal abtastet. Es ist für das Nervensystem ungemein aufregend, mit jenen Frequenzen in Kontakt zu kommen, die so lange Zeit im genetischen Kode begraben waren, weil der Mensch ganz einfach nie gelernt hat, wie man damit umgeht.

Das größte Geschenk, das die Menschen im Light-Institute erhalten, ist zu lernen, wie man die Bilder scharf einstellt und gleichzeitig der Emotion freien Lauf läßt. Die Energie im Universum ist ständig in Bewegung und pulsiert, und so müssen auch wir lernen, frei zu assoziieren. Und während wir uns so voranbewegen, werden wir erkennen, wie eng der Schnappschuß aus der einen Zeitperiode mit dem aus der anderen in Verbindung steht. Wir haben nichts dagegen, wenn die Leute am Beginn der Arbeit »kaleidoskopieren«, auch wenn wir wissen, daß sie es vielleicht tun, um etwas zu vermeiden, was in irgendeinem Leben passiert ist. Sie haben ein Gespür für das »Unaussprechliche«, für die Gefahr, das von ihrem

Ego ausgeht, das zu ihnen sagt: »Steig besser nicht dort hinunter«, denn das Ego erinnert sich daran, was beim letzten Mal geschah, als es dort hinunterstieg – es verlor sein Leben oder machte eine unangenehme Erfahrung. Also ist das Ego nicht gewillt nachzugeben, weil die Prägung so tief ist.

Es geht eigentlich darum, es den Menschen zu ermöglichen, sich in die Richtung dieser Energie zu bewegen, ohne daß sie von uns irgendwelche Hinweise erhalten, daß sie blockiert sind oder daß Ängste ausgelöst werden, daß sie ihr Ziel nicht erreichen könnten. Sie müssen begreifen, daß jedes einzelne Bild, das aus ihrem Unbewußten aufblitzt, ein großes Geschenk ist, das zu ihrer Erlösung dient, dann wird es ihnen immer besser gelingen, ihr Bewußtsein klar genug einzusetzen, um ein ganzes Szenarium zu sehen. Wenn sie das in ihrer Arbeit mit früheren Leben tun, werden sie es auch in der jetzigen Existenz tun. Und wenn sie es in ihrer derzeitigen Existenz tun, dann werden sie selbst zu Schöpfern werden und etwas Neues und Einzigartiges schaffen.

Wir müssen lernen, den bewußten Verstand in einer Weise offen zu halten, daß er sämtliche Informationen aus dem Zentrum aufnehmen kann. Das ist die Art und Weise, wie unser Gehirn funktionieren sollte, wenn wir ihm erlauben, sich seiner natürlichen Multidimensionalität zu bedienen. Das zu tun, haben wir noch nicht gelernt. Doch wir führen nicht nur die Menschen in ihre früheren Leben zurück, um den Emotionalkörper zu klären, wir bringen auch ihre Seele weiter, weil wir ihnen ermöglichen, alle Arten von Information in ihrem Bewußtsein zu speichern, die ihnen normalerweise in diesem Umfang auf allen Oktaven nicht zugänglich ist. Ihr äußerer Verstand verzeichnet auf eine sehr lineare Weise, was geschehen ist, und gleichzeitig machen sie die Erfahrungen und Assoziationen mit dem, was jetzt in ihrem Leben passiert. Außerdem lernen sie, ihr Bewußtsein zu öffnen, um mehrere Oktaven auf einmal aufnehmen zu können. Im eigentlichen Sinn findet eine Umwandlung ihrer Gehirnfrequenz statt. Schlösse man eine Person während der

Arbeit mit ihren früheren Leben an eine geeignete Maschine an, dann würde diese Maschine die Veränderung aufzeigen, die beim Eintritt in die tieferen Schichten des Bewußtseins einsetzt und zur Befreiung von der Linearität oder Begrenzung desselben führt.

Das Höhere Selbst verhält sich bei dieser Arbeit überaus weise. Es wird die Person nur mit den Bildern, Gefühlen und Erkenntnissen konfrontieren, die zu diesem Zeitpunkt angemessen für sie sind. Es ist sehr wichtig zu erkennen, daß ein Fehlschlag praktisch ausgeschlossen ist, da alles, was wir bekommen, von unserem allwissenden Höheren Selbst für uns ausgewählt wurde. Das Höhere Selbst sagt: »Wenn wir diesen Aspekt von uns erkennen, werden wir imstande sein, diese und diese Korrekturen vorzunehmen, um in der Folge tiefer zu gehen und befreit zu werden.«

Manchmal sind die Menschen frustriert, weil sie mit einer Serie von Leben konfrontiert werden, in denen sie geboren wurden, sich abmühten und starben. Sie waren Bauern oder einfache Leute, und nichts geschah. Wenn sie diese Leben jetzt noch mal durchgehen und sozusagen »löschen«, dann beginnen sie zu verstehen, welch ein tiefes Erlebnis es für eine Seele ist, aus freier Wahl herzukommen und eine Erfahrung zu machen, die mit dem Erleben bestimmter Zeitabläufe zu tun hat. Es könnte eine horizontale Ebene gewesen sein, die es erlaubte, mehr traumatisches und dramatisches Material in dieser Dimension zu assimilieren. Wenn sich die Menschen zwischen den verschiedenen Graden von Intensität in ihren früheren Leben hin- und herbewegen, dann beginnen sie die vorhandenen Themen zu begreifen, das Netz von Verbindungen, das sich zwischen den verschiedenen Lebenszeiten erstreckt und auch zwischen ihnen selbst und den anderen Wesen, die sich in diese Lebenszeiten einschalteten.

Wenn wir begreifen können, daß sie nur das sehen, was sie sehen wollen, was ihr Höheres Selbst für sie inszeniert, dann werden wir imstande sein, ihnen bei ihrer Arbeit zu helfen. Dann kann der Emotionalkörper einfach kommen und sich selbst begegnen, so daß er erlöst werden kann. Solange er draußen und immer unentschlossen ist, kann er nicht befreit werden. Die Menschen müssen verstehen lernen, warum sie diese Dinge erleben.

Im allgemeinen unterteilt das Höhere Selbst die Reinkarnationssitzungen in zwei Hauptkategorien. In die erste Kategorie fallen jene Menschen, die zuerst ihren Mißbrauch von Macht erforschen. Sie stürzen sich sozusagen Hals über Kopf in starke körperliche Erfahrungen, die mit Mord und Totschlag verbunden sind und daher auch entsprechend starke Verhaftungen und Schuldgefühle aufweisen. Sie suchen ohne Umschweife die dramatischsten Aspekte dieser Erfahrungen auf und setzen sie sofort frei. Das heißt, daß sie wirklich bereit sind, sich selbst zu vergeben und von jeder Selbstbeurteilung abzulassen. Sie sind gewillt, sich einer Art Todesprozeß zu unterziehen, denn sobald sie sich selbst die Erlaubnis erteilen zu erkennen, mit welchen Vorurteilen sie behaftet waren, stirbt tatsächlich ein Teil von ihnen. Dies führt zu einer tiefgreifenden Veränderung ihrer derzeitigen Realität, auch der dreidimensionalen Realität. Kommen sie aus einer solchen Sitzung, in der es um den Mißbrauch von Macht ging, heraus, dann haben sich ihre Fähigkeit, mitfühlend zu sein, und ihr eigenes Selbstverständnis vollkommen gewandelt.

Diese Menschen mögen mit negativen Gefühlen über ihre alltägliche Realität zu uns kommen, und dann entdecken sie, daß sie großen Machtmißbrauch betrieben haben. Und plötzlich geschieht etwas Wunderbares, sie erleben sich selbst im Umgang mit Macht, auch wenn es ein mißbräuchlicher gewesen sein mag. Und sobald sie zu erkennen beginnen, daß sie in jener Zeit sowohl Macht als auch freie Entscheidungsgewalt hatten, wird der Mißbrauch zur Nebensache, und diese Macht beginnt wieder in ihnen zu pulsieren, weil sie ihr Repertoire erweitert haben. Sie können sich mit der Opferrolle, die sie in ihrem jetzigen Leben innehaben, nicht mehr voll identifizieren. Ihre Wahrnehmung der äußeren Welt hat sich sofort und unwiderruflich geändert. Dann gehen sie nach Hause und fangen an, ihre Familie anders zu behandeln, und ihre zwischenmenschlichen Beziehungen ändern sich. Vorher waren die anderen Familienmitglieder für sie nur die Bauern in ihrem Schachspiel, die Darsteller in ihrem Film, die die ihnen zugedachte Rolle zu spielen hatten. Auch sie werden bis zu einem gewissen Grad von ihrem Rollenverhalten befreit werden und fähig sein, die übrigen Familienmitglieder anders zu behandeln.

Die zweite Kategorie unserer Reinkarnationssitzungen bilden jene Menschen, die sich während ihrer früheren Lebenszeiten zuerst einmal als »Opfer« erfahren. Wenn wir sehen, wie zäh sie an dieser Opferrolle festhalten, können wir ziemlich sicher sein, daß sie unbewußt mit dem Unaussprechlichen stark im Bunde sind und keineswegs immer in den hinteren Reihen des Lebens standen. Um das nicht zugeben zu müssen, nehmen sie freiwillig die härtesten Strafen auf sich. Sie wollen viel lieber das Opfer sein, als sich selbst einzugestehen, daß sie auch der Täter sind. Aber wenn sie lange genug wiederholt haben: »Ich bin das Opfer, ich bin das Opfer, ich bin das Opfer«, wird die daraus entstehende Energiespirale schließlich bewirken, daß sie mit dem Täter in Kontakt kommen.

Opfer und Täter sind eins, und wir haben es nicht nötig, uns an eine der beiden Polaritäten zu binden. Besser sollten wir uns dem Griff einer jeder dieser Rollen entziehen und den Beschränkungen, die sie uns auferlegen, denn schließlich handelt es sich um Rollen, die sich alle Spieler selbst ausgesucht haben – in freiwilliger Übereinkunft. Es ist sehr befreiend, diese Tatsache auch energetisch auf der Körperebene wahrzunehmen. Wenn jemand an der Opferrolle festhält, braucht er besonders viel Unterstützung und Geduld, weil wir es hier mit einem sehr besitzergreifenden Ego zu tun haben, das gelernt hat, sich selbst von jeder Wahrheit abzuschirmen, die es nicht erfahren will. Wahrscheinlich sehen wir sehr klar, wo die Wahrheit liegt, und doch müssen wir warten und warten, auch wenn das Warten sehr lange dauert. Diese Person muß gemäß ihrem eigenen Rhythmus umsorgt und befreit werden – innerhalb des Plans, den ihr eigenes Höheres Selbst entworfen hat, denn nur das allein weiß, was dieser Mensch absorbieren und assimilieren kann – was diese Person zu wissen bereit ist.

Eine Variation der Opferthematik stellt die Rolle des »guten Kerls« dar. Dabei handelt es sich meistens um eine Nebenrolle, das ist der Preis, den man dafür zu zahlen hat. Die Rolle lautet einfach: »Ich bin etwas Besonderes, ich bin anders, daher gehöre ich nicht dazu.« Fühlt ein Mensch sich immer dazu berufen, der Erlöser, der Priester oder der Gute zu sein, dann versteckt sich unter diesem Mantel das höchste Maß an Schuld. Es ist sehr wichtig, diesem Menschen zu erlauben, sich auf diese machtvolle Art zu erleben, denn immer, wenn sich jemand als Priester sieht, läuft darunter auch eine Botschaft von Machtlosigkeit: »Ich muß jemand Besonderer sein, sonst werde ich sterben.« Bei dieser Thematik gibt es kein Überleben. Dieses Ego befindet sich ständig in einem Zustand der Angst, es handelt sich daher um einen bloßen Überlebensmechanismus, wenn jemand immer wieder als Priester oder als »der Gute« auftritt. Außerdem weist es darauf hin, welche Überwindung es die Seele kostet, sich auf diese Oktaven des Emotionalkörpers einzulassen, denn der Priester oder Erlöser steht ja selten mit beiden Beinen im Leben. Priester- oder Erlöserfiguren verschanzen sich meistens hinter einem Ritual oder sind dermaßen in irgendwelche Regeln oder Verhaltensmuster verstrickt, daß sie fast als Gefangene zu bezeichnen sind und niemals irgendwelche Entscheidungen selbst zu treffen haben. Das wollen sie auch gar nicht, da sie Angst vor ihren eigenen Entscheidungen haben.

Wenn wir es mit Menschen zu tun haben, die sich immer auf diese Weise sehen, dann bedeutet das, daß sehr viel Leid und Schmerz vorhanden ist. Das Höhere Selbst führt ihnen auf sehr liebevolle Weise ihre Macht vor Augen, so daß sie im Laufe der Zeit beginnen werden, diese Macht und Kraft zu verströmen. Dann werden sie die in ihnen zum Priester kristallisierte Form selbst zerbrechen. Die Essenz dieser Kraft aber kehrt durch sie zurück, so daß sie in ihrem dreidimensionalen Leben diese Macht und Kraft verwirklichen können. Das meine ich, wenn ich von einem geschlossenen Kreislauf spreche.

Der Emotionalkörper beginnt dann, das Stigma der Machtlosigkeit abzustreifen. Dies ist auch ein Weg, um den tiefen Schmerz, den eine Seele empfunden hat, zu heilen. Wir als Helfer und Führer dürfen nicht einschreiten oder etwas wegziehen wollen, wir müssen nur zulassen, daß die Menschen auf ihrem Weg weitergehen und sich selbst auf diese Weise wahrnehmen. Sehr vorsichtig und sanft können wir dann dort stützen, wo die Verbindung zur eigenen Kraft möglich und eine Freisetzung des Schmerzes gewährt ist.

Zu den schönsten Dingen, die bei der Arbeit mit früheren Leben vorkommen, gehört, daß, wenn wir unsere Mutter, unseren Partner, unser Kind oder unseren Chef als den »Bösewicht« oder den »Guten« sehen, dieser Jemand in unserem Film – auf einer inneren Ebene – befreit wird. Daher fragen wir immer: »Wer ist das? Ist das jemand, den Sie in diesem Leben getroffen oder gekannt haben?« Wir möchten das wissen, denn es befreit uns von den Schablonen und Vorurteilen, die wir uns über die Menschen machen. Dann können wir endlich aufhören, dasselbe alte Spiel zu spielen. Sobald wir diese Person erkennen, geben wir sie frei, und sie weiß das auch. Sie braucht nicht mehr als Darsteller in unserem Film mitzuwirken, und ihre Seele ist erlöst. Das ist wundervoll und kann eine dramatische Veränderung hervorrufen.

Im allgemeinen geschieht folgendes mit den Menschen, die im Mittelpunkt unseres Lebens stehen: Sie ändern entweder ihr Verhalten uns gegenüber, oder sie verschwinden aus unserem Leben. Viele wollen nicht, daß jemand aus ihrem Leben verschwindet, sie möchten lieber im alten Trott fortfahren – besser so als gar nicht.

Wir ziehen das Opfer in uns deshalb an, weil es das ist, was wir außerhalb von uns sehen. Wir müssen verstehen, daß wir hier auf diese Welt mit einem Karma gekommen sind. Wenn es unser Karma ist, ein Sozialarbeiter zu sein, oder jemand, der in irgendeiner Weise Einfluß auf seine Umwelt ausübt, ob sich das nun auf seine Stadt, sein Land oder die ganze Welt erstreckt, dann ist es eben unser Karma, das zu tun, und wir tun es für uns selbst. Wenn wir das begriffen haben – daß wir es für uns selbst tun –, dann werden wir unsere Wirkung auf die anderen nicht verfehlen. Wenn wir aber immer noch spielen: »Hier sind die Guten und dort die Bösen, und ich muß mich aufopfern, um das in Ordnung zu bringen«, dann befinden wir uns im Irrtum.

Die erste Lektion, die ein Heiler zu lernen hat, ist, daß wir kein Recht haben, einem anderen Wesen Krankheit oder Tod wegzunehmen. Das liegt nicht in unserer Macht. Ein Heiler darf dem Kranken Energie »leihen«, und dessen Seele kann dann selber ihre Wahl treffen. Wir bieten nur die Energie an, die eine klare Entscheidung unterstützt.

Diese Lektion war sehr hart für mich, damals in El Salvador, als ich das sterbende Baby in meinen Armen hielt. Irgend etwas in mir schrie damals: »Wo in aller Welt steckt Gott mitsamt seiner Gerechtigkeit? Und wieso kann das hier passieren? Warum müssen diese unschuldigen Babys hier sterben?« Das war ausschlaggebend für einen Entwicklungsprozeß, der mir jetzt erlaubt, meiner aus tiefstem Herzen kommenden Überzeugung Ausdruck zu verleihen, daß es keine Opfer gibt. Sobald wir imstande sind, das karmische Hologramm eines Menschen zu sehen, die Akasha-Aufzeichnungen einer menschlichen Seele, werden wir begreifen, warum dieses Baby sich dafür entschieden hat, geboren zu werden, um zu sterben. Alles, was wir tun können, ist, diese Entscheidung zu respektieren und nicht blindlings zu versuchen, sie zu mißachten oder wegzunehmen.

Es ist sehr wichtig, daß wir verstehen lernen, was Mitgefühl oder Mitleid ist. In unserer Gesellschaft werden wir dazu erzogen, Mitleid zu haben. Aber das ist das Schlechteste und

Verkehrteste, was man für einen Emotionalkörper tun kann. Fühlen wir diesen Unterschied. Wenn jemand krank ist oder ein schreckliches Erlebnis hatte, und wir sagen: »Das ist entsetzlich. Das hätte dir nicht passieren dürfen«, dann tun wir nichts anderes, als den Emotionalkörper jenes Menschen in seiner starren Vorstellung von sich selbst, daß er zum Opfer geboren sei, noch zu bestärken. Was folgt, ist, daß der Emotionalkörper eine Energie schafft, die an jenem Vergehen, was immer es auch gewesen sein mag, festhält. Er wird in seiner Haltung, seinen Vorurteilen gegenüber diesem Vergehen bekräftigt, was dazu führt, daß dieser Mensch davon nicht mehr ablassen kann und will. Wir haben ihn also in diese »Positionalität« hineingedrängt. Wenn wir jemanden ermutigen, sich auf diese Weise zu verhärten, dann ist eine Heilung sehr unwahrscheinlich, und der Täter hat hohe Schulden bei diesem Emotionalkörper.

Anstatt Mitleid zu üben, sollten wir lernen, Mitgefühl zu entwickeln. Wir müssen eine Haltung einnehmen, die besagt: »Du hast dir das selbst ausgesucht und kannst auch damit fertigwerden.« Wir sind hierhergekommen, um Lösungen zu finden. Wir sind hier, um durch das Erkennen dieser Art von Wahrheit den karmischen Zyklus zu durchbrechen. Wenn wir den Menschen helfen wollen, dann müssen wir ihnen helfen zu begreifen, daß sie selbst eine Wandlung herbeiführen können und daß es keine Strafe gibt. Bestrafung ist nicht unser Schicksal. Wir leiden und sterben nicht, um bestraft zu werden, sondern um zu wachsen – nur für unser seelisches Wachstum erleben wir diese Dinge. Wir selbst suchen uns den Film aus und können ihn jederzeit auswechseln, sollte es uns zu viel werden. Die Menschen müssen verstehen, daß sie nicht Opfer von irgendwem oder irgendwas sind.

Wir können weder unseren Vater noch die Regierung, noch den Atommüll ändern, aber die Bedeutung für uns können wir ändern. Wir können fragen: »Was ist meine Lektion daraus? Welche Lehre steckt darin für mich?« Das ist das einzige, was zählt – nicht was es für die Gesellschaft oder die Welt bedeutet, sondern für uns, denn wir tragen das alles in uns selbst.

Wenn Sie diese Perspektive einnehmen, dann können Sie sehen, was ich meine, wenn ich sage: »Ich werde das klären. Wie kann ich mir das zunutze machen? Wie kann ich das zurechtfeilen?« Denn wir *können* es schmieden oder zurechtfeilen. Wir können die schrecklichste Negativität verstehen, die Eltern, die uns einhämmern: »Du verdienst keine Anerkennung, du bist nicht klug genug.« Wir sind es, die sie schmieden. Zurechtschmieden oder -feilen heißt nicht, die Negativität zu akzeptieren, sondern sie statt dessen für unser Wachstum zu benutzen. Wir sind alle süchtig nach Negativität auf diesem Planeten, einfach aus dem Grund, weil wir jede Menge »Astralkleister« in unserem Emotionalkörper mitschleppen. Wir haben die Negativität erlernt. Wir müssen endlich erkennen, daß Negativität nur ein Prozeß ist, durch den wir wachsen können.

Der Trick dabei ist zu verstehen, daß wir keine Opfer sind. Nehmen wir einmal an, daß irgend etwas Schreckliches in unserem Leben passiert, zum Beispiel, daß jemand stirbt, den wir lieben. Wir haben darüber keine Kontrolle, und es gibt einen Teil in uns, der Widerstand leistet. Wir wollen nicht, daß das geschieht. Wir wollen keine Veränderung. Wenn jemand stirbt, dann entsteht ein Loch in unserem Film. Es wird uns nicht gelingen, diese Person zu ersetzen. Niemand kann den Platz unserer Mutter einnehmen. Auch wenn unser Vater wieder heiratet und wir eine neue Mutter bekommen, die nach außen hin die Mutterrolle übernimmt, ist es für uns eine Umbesetzung, denn sie wird nicht dieselbe Energie haben. Niemand kann den Platz einnehmen, den diese eine Person innehatte. Anstatt also den unersetzbaren Verlust wettmachen zu wollen, müssen wir verstehen lernen, daß wir jede Erfahrung, die auf uns zukommt – ob wir sie nun als negativ, bedrohlich oder wie auch immer betrachten – in uns hineinlassen können.

Wie ich schon beim Solarplexus ausführte, müssen wir unsere Energie in diesen Teil unseres Körpers lenken, und sie darauf verwenden zu sagen: »Was soll ich daraus schaffen? Was kann ich damit anfangen?« Wenn wir unsere Arbeit verlieren, dann suchen wir uns doch einfach eine andere. Es gibt einen Ausspruch, der lautet: »Wenn die Tür zufällt, geht das Fenster auf.« Das bedeutet, daß einzig und allein unser Höheres Selbst dafür verantwortlich ist, wenn eine Tür zufällt. Warum? Nur zum Zwecke unseres Wohlbefindens und Wachstums!

Wir sind Gewohnheitstiere, wir kleben tatsächlich an unseren Gewohnheiten fest und fallen auch aus diesem Grund in Schlaf. Manchmal zaudern und trödeln wir zu lange und wiederholen vielleicht zu viele Lebenszeiten lang dasselbe Thema. Bis schließlich unser Höheres Selbst sagt: »Nein, du hast diese Zutat hier vergessen, diesen Aspekt des Hologramms, und ich werde dir dazu verhelfen.« Also beschließen wir, was ich den »kosmischen Tanz« zu nennen wage. Der Grund dafür liegt darin, daß wir das Thema umfangen und begreifen wollen, zu unserem eigenen Heil.

Manche Leute sagen einfach: »Ich weiß schon, daß ich es bekommen kann.« Aber vielleicht sollen sie gerade dieses Thema nicht bekommen. Wenn wir beginnen, auf unser inneres Selbst zu hören, dann haben wir vorerst keine Ahnung, was wir bekommen sollen, also ist die Anstrengung nutzlos. Sämtliche Ego-Verhaftungen zu der Frage, wie wir uns selbst finden können, fallen dann weg, und wir beginnen immer klarer zu sehen. Wir werden fähig, klarere Entscheidungen für uns selbst zu treffen, weil wir sie in erster Linie eben jetzt nur für uns treffen. Das Höhere Selbst sagt uns einfach: »Nutz die Gelegenheit!« Wir dürfen nicht einschlafen und sagen: »O Gott, ich bin das Opfer, und das ist immer so, obwohl ich es hasse.« Statt dessen müssen wir uns fragen: »Wohin führt mich das? Ist es nötig, daß ich mich verändere?«

Wir haben so viele Werkzeuge und benutzen sie nicht.

Wenn wir in der Stadt, in der wir leben, nicht glücklich sind, dann ist es vielleicht notwendig herauszufinden, ob dieser Ort die richtige Frequenz für uns hat. Vielleicht ist es nötig, daß wir an einen anderen Ort ziehen. Lassen wir doch einfach los. Wir können niemals irgendwen verlieren. Wenn jemand stirbt oder wir beschließen, mit einer Person nicht mehr weiterzuleben, oder eine Person beschließt, nicht mehr mit uns zu leben, verlieren können wir sie nicht. Sie ist immer ein Teil von uns, weil sie ein Teil der Wahl ist, die unsere Seele getroffen hat. Dieses Verständnis muß greifbar für uns werden, anstatt daß wir zürnen und grollen, weil uns jemand zurückgewiesen hat. Lassen wir sie gehen. Lassen wir es zu, daß sie aus der Kristallisation des physischen Körpers in die Essenz gehen, in die Form ihrer Gottseele, und dann werden wir einander nah sein, und es wird keine Trennung geben.

Wir müssen die Schleier erkennen, die wir durch unser linear begrenztes Bewußtsein geschaffen haben. Wenn wir erst einmal beginnen, uns in den kleinen Dingen der Führung unseres inneren Selbst anzuvertrauen, dann werden wir aus einem anderen Blickwinkel wahrnehmen, was wir uns ausgesucht haben und worum sich unser Leben dreht. Eine der Hauptsachen, die immer wieder vorkommen, ist, daß wir uns an etwas klammern und daß dieses Festhalten nicht gut für uns ist. Weder für uns, noch für die Menschen, die mit uns zusammen sind. Wir sagen: »Oh, ich liebe meine Mutter so sehr, ich kann es nicht verkraften, daß sie nicht mehr da ist.« Meine Mutter starb vor einigen Jahren, und als sie starb, kam sie in mein Haus, und das ganze Haus füllte sich mit Licht.

Dies ist der Planet des Herzchakra. Es ist nicht der einzige Planet, es ist nicht der einzige Aspekt der Wirklichkeit, aber wir sind hier, um uns mit dem Herzchakra zu befassen. Sich damit befassen heißt, daß wir das Wissen, das uns in der Kehle steckt, ein Stück hinunterbringen müssen. Wie viele von uns sprechen aus, was ihnen auf dem Herzen liegt? Wie viele haben den Mut zu sagen, was sie im Innersten fühlen und wissen? Ihre Selbstbeurteilung und Selbstgerechtigkeit stehen ihnen im Weg, und diese Energien haben ihren Sitz in der Kehle.

Es ist sehr verführerisch für uns, als »die Guten« dazustehen, dafür verzichten wir gerne auf unsere Macht und unsere Wirklichkeit. Das ist es, woher unsere Selbstgerechtigkeit kommt. Selbstgerechtigkeit stammt tatsächlich aus einem unbewußten, unaussprechlichen Ort in uns, an dem wir uns schuldig fühlen. Und um diese Schuld zu verdecken, spielen wir die Guten. Dann klopfen wir uns selbst lobend auf die Schulter und sagen: »Schaut her, ich bin nicht der Bösewicht, ich bin der Gute. Der Böse steht dort draußen.« Es ist ein Überlebenstrick. Nicht mehr und nicht weniger, bloß ein Trick zum Überleben, auf den wir verzichten können.

Selbstgerechtigkeit ist genauso ein Überlebensmechanismus wie Zorn. Zorn ist nicht mehr als ein Verteidigungsmechanismus, und darunter versteckt sich immer die Angst. Wir brauchen uns bloß die Menschen in unserem Leben näher anzusehen, die gerne losbrüllen und oft zornig werden. Wenn wir unseren Emotionalkörper beiseite lassen und uns an sie herantasten, werden wir ein feinfühliges und schmerzerfülltes Wesen vorfinden, das einfach nur lernen müßte zu verstehen, daß niemand es auffressen will. So agiert der Verteidigungsmechanismus.

Mit der Selbstbeurteilung ist es genau dasselbe. Selbstbeurteilung ist einfach ein Mißverständnis, eine Begrenzung des Bewußtseins. Selbstgerechtigkeit und Selbstbeurteilung gehen immer Hand in Hand. Es ist diese voreingenommene Haltung von »Ich werde das schon in Ordnung bringen. Ich bin gut, und die anderen sind die Bösen, die ihr Urteil verdienen, weil sie alles falsch gemacht haben.« Ich weiß, daß es sich um ein schwer zu akzeptierendes Konzept handelt, aber die anderen haben wirklich nichts getan, wozu wir ihnen nicht unsere Zustimmung gegeben hätten. Eine andere Vorgangsweise wäre aus kosmischer Sicht völlig unmöglich. Und sobald wir uns mit der Erkenntnis vertraut machen, daß wir lebten und starben, daß wir lebendig sind und daß wir manifestieren, werden wir den Verteidigungsmechanismus nicht mehr brauchen.

In einem meiner früheren Leben war ich ein ägyptischer Priester. Ich muß immer lachen, wenn mir die Leute selbstgerecht und stolz berichten, daß sie im alten Ägypten oder in Atlantis gelebt haben, weil beide Orte aus meiner Sicht einfach Schmelzpunkte von großem Mißbrauch persönlicher Macht gewesen sind. In diesem speziellen Leben war ich ein junger Priester, ein junger Pharao, von jedermann geliebt. Ich hatte viele außerordentliche Fähigkeiten. Ich konnte mit den Tieren und Pflanzen sprechen und sie verstehen. Diese Kenntnisse und Erfahrungen hatte ich in davorliegenden Leben gewonnen, in denen ich bereits Initiationsprozesse durchlaufen hatte, und sie in dieses Leben mitgebracht. Ich erkannte von Anfang an, daß es mir bestimmt war, ein großer Pharao zu werden, dazu ausersehen, mein Volk zu neuen Höhen des Wissens zu führen.

Voller Zuversicht sah ich meiner letzten Initiation entgegen. Ich hatte einen Lehrer, der mich von frühester Kindheit an unterrichtet hatte und den ich von ganzem Herzen liebte. Er hatte mich alles gelehrt und stand mir immer zur Seite. Ich war diesem Lehrer gefühlsmäßig sehr verbunden.

Als die Zeit für meine Einweihung gekommen war, wurden meine Augenlider kunstvoll mit Türkis- und Lapislazulistaub bemalt, um meine »Vision« zu schützen und zu lenken. Ich wurde in den Einweihungsraum gebracht und erklomm rasch die Stufen der Initiation bis zur letzten entscheidenden Prüfung, die darin bestand, den richtigen Weg zu wählen. Es gab zwei Wege, und ich mußte mich für einen entscheiden. Mein Herz wußte sofort, als ich den linken Pfad sah, daß dieser der richtige war. Just in dem Augenblick, als ich sagen wollte: »Es ist der linke Pfad«, tauchte das Gesicht meines geliebten Lehrers vor mir auf und sagte: »Es ist der rechte Pfad.« Mein Lehrer war mir so teuer wie mein Leben, auf emotionaler Ebene war er in jenem Leben meine einzige Assoziation mit Liebe. Ich vertraute seiner großen Weisheit völlig und sagte daher sofort: »Es ist der rechte Pfad.« Das Ergebnis war Tod.

Worum geht es in dieser Geschichte? Wir müssen auf unser eigenes inneres Wissen vertrauen, auch wenn niemand da ist, der uns bestätigt, daß es die richtige Antwort hat. Dieser Lehrer hatte mein ganzes Leben lang darauf hingearbeitet, mich auf diese Weise kaltzustellen, weil ich dazu bestimmt war, ein religiöses Verständnis zu entfachen, das für jene Zeit zu fortschrittlich war. Also wurde ich beseitigt, weil sie wußten, daß ich meine Macht gezielt einsetzen würde. Das eigentliche Problem war nicht meine Liebe für diesen Lehrer, sondern daß ich ihn als Quelle der Weisheit, als Gott ansah, statt mich selbst. Ich hatte die Antwort gewußt.

Als ich jenes Leben sah, geschah etwas in mir, und ich hörte auf, mir über die Meinung anderer Leute Gedanken zu machen, ob ich dies oder das wäre oder ob ich die nötige Ausbildung und erforderliche Autorität hätte. Es war nicht nötig, es auszuprobieren. Es war kein Verteidigungsmechanismus. Es stoppte mich einfach, mein Körper wußte es. Mein Körper hatte den Tod erlebt, und es war kein sehr erfreulicher. Es geschah, weil ich darauf verzichtete, mein Wissen zu gebrauchen.

Das zeigt, auf welche Weise diese Arbeit uns hilft. Wenn wir ein Thema sehen und erkennen, wie wir es in dieser Lebenszeit durchgespielt haben oder noch immer spielen, hört es auf. Ich brauchte es nicht auszuprobieren. Es hörte auf, und ich muß mich nicht mehr damit beschäftigen. Ich bin gewillt, etwas Falsches zu tun und auf die Nase zu fallen, denn ich weiß, daß, selbst wenn die Antwort anderen falsch erscheinen mag, sie mich doch über meine göttliche Natur belehren wird. Ich akzeptiere jetzt diesen Weg, es ist meine eigene Entscheidung.

Ich empfehle Ihnen nicht, sich allein an die Arbeit mit früheren Leben zu machen. Dafür gibt es einen guten Grund. Jede unserer Lebenszeiten entwickelt eine emotionale Dynamik, und diese emotionale Dynamik aktiviert etwas, das wir spüren und abtasten können. Es ist Astralenergie, und wenn wir unsere Hand in das Aurafeld stecken, können wir sie spüren. Sie ist wie Kleister, das ist das beste Wort dafür. Sie ist klebrig und besitzt Masse, Gewicht und Energie. Sie müssen mir glauben – sie hat Energie. Wenn Sie nun auf eigene Faust in ein früheres Leben hineingehen, dann könnte es vorkommen, daß Sie Ihren »unaussprechlichen« Dingen begegnen. Sie könnten eine Astralenergie entfesseln, mit der Sie vielleicht nicht umgehen können. Warum sollten Sie das riskieren, außer vielleicht, um Geld zu sparen oder um niemandem erzählen zu müssen, wer Sie sind?

Alles geht und kommt wieder zurück – das ist ein kosmisches Gesetz – ob es sich nun um Geld, Macht oder Liebe handelt. Wir müssen es ziehen lassen, sonst bekommen wir es nicht. Mit dem Unaussprechlichen ist es dasselbe. Wenn wir uns selbst so weit geklärt haben, daß wir gewillt sind, zu schauen und zu erkennen, daß wir einander sehen, dann werden wir uns nicht mehr voreinander verstecken, dann werden wir tatsächlich in das neue Zeitalter eintreten. Sie werden nicht einfach dasitzen und an Ihren negativen Gedanken festhalten, wenn Sie wissen, daß ich Sie wirklich sehen kann. Sie werden etwas unternehmen. Sie werden die notwendigen Änderungen vornehmen, und das ist es, was wir tun sollten. Jeder von uns muß sich erforschen, sich öffnen und seine Schwingungsfrequenz erhöhen, mit welcher Hilfe und auf welche Weise auch immer. Diese Arbeit steht jetzt an: herauszufinden, wer wir sind.

Unsere früheren Leben sind kein Ort, an dem wir allein herumgehen können, weil es so etwas gibt wie die astrale Dimension. Sie unterliegt nicht der Zeit- und Raumdimension, die astrale Dimension ist ein Simultanraum. Die astrale Dimension umgibt Sie, wenn Sie dieses Buch lesen. Alle Ihre früheren Leben schauen daraus hervor, sie stecken überall. Die astrale Dimension ist Energie, sie ist voller Gedankenformen, voller Wesenheiten, Poltergeistern und anderen Dingen. Da gibt es diese alten Märchen vom Schwarzen oder vom Butzemann. Die Kinder lieben ihn, weil sie wissen, daß er wirklich ist. Er ist wirklich. Wenn Sie also in die astrale Dimension hineingehen, dann setzen Sie sich all diesen Energien aus, ob es sich nun um Gedankenformen oder astrale Wesenheiten handelt. Sie sind da, und sie sind real, und wenn Sie sich vor etwas besonders fürchten oder sich zu etwas besonders hingezogen fühlen, dann werden Sie wahrscheinlich genau diese Energie anziehen. Sie werden diese Energie aus der astralen Dimension hinein in dieses dreidimensionale Zeit- und Raumkontinuum ziehen, und das wird Ihnen dann nicht gefallen. Allein in diesen Kräftefeldern zu spielen ist nicht empfehlenswert.

Das heißt nicht, daß sämtliche früheren Leben schrecklich sind oder daß die astrale Dimension böse ist und daß der Schwarze Mann dort lauert und Sie holen wird. Die Physik beginnt sich gerade mit der Tatsache auseinanderzusetzen, daß es auf der anderen Seite etwas gibt, das als »negative Raumzeit« bezeichnet wird. Es gibt etwas auf der anderen Seite der Wirklichkeit.

Arbeiten wir mit unseren früheren Leben! Diese Arbeit ist wunderbar. Wir sollten sie aus zwei Gründen tun. Der eine Grund ist, um uns von dem Gepäck zu befreien, das wir mit uns herumschleppen. Werden wir es los! Nur wenn wir die Arbeit selbst tun, wird es zu einer Klärung kommen. Wenn jemand anderer in unseren früheren Leben liest, könnte das höchstens unser Verhalten in gewisser Weise beeinflussen. Wir sagen vielleicht: »Oh, darum fühle ich mich in dieser Sache so und so«, und das wird auch bis zu einem gewissen Grad hilfreich sein. Aber geklärt kann es auf diese Weise nicht werden. Es wird einfach in unserem Mentalkörper bleiben, und wir werden ein Urteil daraus bilden. Wir werden sagen: »Ich hasse dieses Leben«, oder: »Ich liebe dieses frühere Leben«, was nichts anderes heißt, als daß wir noch immer diesen Mist mit uns herumschleppen und noch immer in der Tretmühle stecken. Wir wollen es loswerden, selbst wenn dieses frühere Leben großartig war. Wir wollen es verwandeln, es entmaterialisieren, es auf seine Essenzform zurückführen, damit die Energie durch das Körpergefährt fließen kann, was einen Wandel bewirkt in bezug darauf, wer wir in dieser Welt sind und was wir erreichen können.

Seien wir nicht kleinlich! Geben wir unserem Herzen einen Stoß, und finden wir jemanden, der uns bei der Arbeit mit unseren früheren Leben hilft! Suchen wir uns jemanden, der uns hilft, die astralen Energien und Verhaftungen zu klären und aus unserem Körper zu entfernen, so daß unser Körper als Lichtkörper zu schwingen beginnt. Wir können die Begrenzungen, die wir haben, durchbrechen, und es ist an der Zeit für uns, das jetzt zu tun. Solange wir noch etwas zu verbergen haben, wird uns das jedoch nicht gelingen.

Wenn wir uns selbst in eines unserer früheren Leben hineinbegeben, dann werden wir das Bewußtsein, das wir zu jener Zeit hatten, verstehen. Was wir damals getan haben, hatte seine Richtigkeit, sonst hätten wir es nicht getan. Unsere Seele wußte, was vor sich ging, sie gab uns einen Plan, dem wir folgen konnten. Wenn wir in jene Lebenszeiten zurückgehen, werden wir sagen: »Hier habe ich das getan und das und das«, und dann überkommt uns eine große Erleichterung, weil wir das Bewußtsein dieses Wesens, das wir damals waren, verstehen. Dieses Wesen hatte Gründe für sein Tun, was es auch immer tun mochte. Es tat dies oder das, und dieses Tun war sinnvoll. Durch diese Erkenntnis können wir unsere Schuldgefühle klären und frei werden. Der zweite Grund ist, daß wir, wenn wir unsere inneren Bereiche erforschen, entdecken, tatsächlich jene Art Mensch zu sein, der wir gerne sein würden. Wir finden heraus, daß wir Heiler, Lehrer und talentierte Wesen waren, geliebte und liebende Wesen, die die Fähigkeit hatten, sich im großen Kosmos Leben von großer Macht zu erwählen. Unser Bezugsrahmen für Mitgefühl und bedingungslose Liebe wird sich durch diese Erkenntnis erweitern.

TEIL II

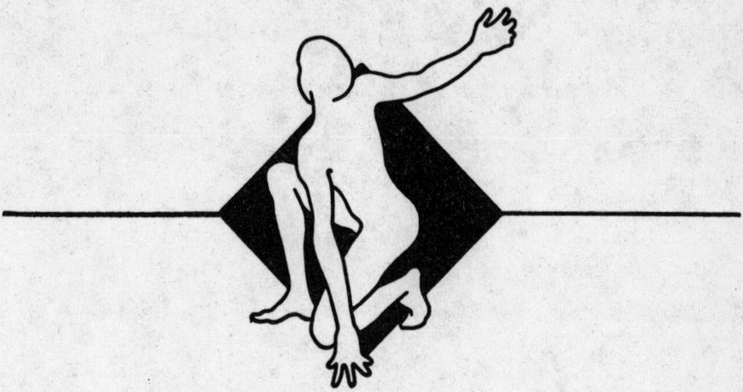

Es war an der Zeit, meinen Abschied vom Peace Corps zu nehmen und nach Hause zu fahren, denn es war fast ein Jahrzehnt verstrichen, und das Wort »amerikanisch« hatte seine eigentliche Bedeutung für mich verloren. Es schien mir eine Ewigkeit her zu sein, seit ich die Vereinigten Staaten verlassen hatte. Hier in diesem Land, in Bolivien, gab es nur vier Grundprobleme – Leben, Tod, Nahrung, Kinder. Aber in der Welt der Diplomaten erwartete man von mir, das Banner der Vereinigten Staaten hochzuhalten und ihren Standpunkt zu vertreten und notfalls zu verteidigen. Angesichts des bloßen Existenzkampfes dieser Menschen und meiner Nähe zu ihnen war es mir jedoch nicht möglich, weiterhin die Illusion zu hegen, es gäbe einen Unterschied zwischen einem »amerikanischen« und einem »bolivianischen« Körper. Sie steuerten beide das gleiche Ziel an. Zwar schämte ich mich etwas wegen meiner offensichtlichen Unfähigkeit, die Politik der Vereinigten Staaten zu erklären oder zu rechtfertigen, und ich wußte nur zu gut, daß ich in das »Land des Überflusses« zurückkehren mußte.

Mit erwartungsfrohem Herzen bestieg ich die Maschine nach Miami. Ich blickte über die Sitzreihen und das Meer von Gesichtern hinweg. Der Großteil der Passagiere waren Amerikaner, und ein erhebendes Gefühl der Freude und Zuneigung hätte mich erfassen sollen, statt dessen fühlte ich mich plötzlich leblos und schwer. Ich überflog mit einem Blick die Aurafelder und spürte sofort, wie mein ganzer Körper Alarm schlug. Im Gegensatz zu dem durch die Luken sichtbaren strahlend blauen Himmel draußen war die Flugzeugkabine erfüllt von dichten grauen Energieschwaden. Ich hatte diese Energie schon früher gesehen und fing an, mir die Mitpassagiere genauer anzusehen. Fast jedes Aurafeld war gekennzeichnet durch schlechte Gesundheit, Depression, Krebs und Süchte. War es das, was unser großartiges Land manifestierte? Angst schnürte mir die Kehle zu. Das waren lebende Tote!

Es schien mir, als wäre jeder von innen in einen Kokon eingeschlossen. Sie sprachen nicht miteinander, es schien, als hätten sie schwere Beruhigungs- oder Schlafmittel eingenommen. Als ich zwischen den Reihen auf- und abschritt, hob sich kein einziges Augenpaar, kein Blick begegnete dem meinen. Wir reisten zusammen. Auch wenn wir uns für Fremde hielten, waren wir doch auf Gedeih und Verderb zusammengeschlossen in dieser glänzenden Metallhaut, die den Himmel durchpflügte. Ihr Schicksal würde auch meines sein. Ich spürte, wie sich der »Astralkleister« aus den Leben dieser Halbtoten auf mir niederschlug, als würde dichter Nebel in die Kabine dringen. Es gab kein Entkommen. Ich hatte oft die Tatsache ignoriert, daß sich Aurafelder überschneiden und vermischen, aber hier brauchte ich nicht einmal hinzusehen, ich fühlte mit geschlossenen Augen den Druck und die Schwere, die sie ausübten. Kein Ausweg. Diese Leute lebten nicht, sie vegetierten bloß. Ich hatte das Gefühl, dazu verurteilt worden zu sein, den Rest meines Lebens in diesem astralschweren Flugzeug verbringen zu müssen, und ein Gefühl tiefer Verlassenheit befiel mich.

Als hielte ich nach jemandem Ausschau, der mich trösten oder überzeugen sollte, daß alles nur ein Traum wäre, begann ich wieder zwischen den Sitzreihen auf- und abzuschreiten. Und dann bemerkte ich sie. Jetzt könnte ich sagen, daß sie blond war, blaue Augen hatte und etwa sechs Jahre alt war, doch merkwürdigerweise sah ich das zuerst gar nicht. Was mir auffiel, war ihr Strahlen. Sie war lebendig, ganz und gar lebendig! Sie blickte zu mir auf und sah mir unverwandt und ohne mit der Wimper zu zucken in die Augen. Sie nahm mich in sich auf. Sie sah alles von mir, und ich wußte das. Ich spürte ein innerliches Zusammenzucken, als ob ich befreit von Angst wieder aufatmen würde. Dieses Nachlassen der Spannung verursachte ein leichtes Zittern. Ich schritt noch viele Male während dieses Fluges an ihr vorüber. Wir unterhielten uns mit den Augen. Ich fühlte ihre Anerkennung und ihr tiefes Mitgefühl. Ich wußte mich in der Nähe eines Lehrers, einer weisen Seele, eines liebenden Freundes. Sie kannte keine Furcht.

Ich hatte vergessen, daß ich wählen konnte. Sie gehörte nicht zu den lebenden Toten und ich auch nicht. Sie brauchte niemanden von ihrem Wissen überzeugen, und doch war mir klar, daß sie alles wußte, und ihre lächelnden Augen bezeugten die Kraft und Stärke, die in diesem Wissen lag!

Als wir in Miami durch den Zoll gingen, schritt sie mit ihren Eltern an mir vorbei und schenkte mir einen letzten Blick, als riefe sie mir zu: »Vergiß es nicht!« Ich war daheim – vielleicht zum ersten Mal in meinem Leben.

5 *Erweiterung unseres Wahrnehmungsfeldes*

Es gibt keine Schuldigen und Unschuldigen – es geht darum, das Feld unserer Wahrnehmung zu erweitern, so daß wir die göttliche Vorsehung auch in unseren vermeintlichen Gegnern erkennen können.

Das »Aurafeld der lebenden Toten« entsteht durch das Eingeschlossensein in den niedrigen Energien. Weil unsere Wahrnehmung sich auf diese Oktaven beschränkt, fallen wir Süchten und Umständen zum Opfer, die das Bild, begrenzte, unvollkommene Wesen zu sein, das wir von uns haben, bestätigen und unsere Bindung daran festigen.

Es ist tatsächlich so, daß wir diese Erfahrungen anziehen – seien es nun Süchte oder Abhängigkeiten, Unausgeglichenheit, emotionale Krisen oder körperliche Leiden. Sie sind ein wichtiger Teil des Lehrstoffs, den uns unsere Seele vermittelt. Wenn wir sie als solchen erkennen können, dann bietet sich uns die einmalige Gelegenheit, sie dazu zu benutzen, uns selbst zu heilen, unser Bewußtsein zu erweitern, beziehungsweise zu vervollkommnen. Wir sind nicht identisch mit unserer Unvollkommenheit oder unseren Unausgewogenheiten. Gelingt es uns, einen Abstand zu ihnen zu schaffen, damit wir ihre Quellen und Funktionen innerhalb des Hologramms, das unsere Seele entworfen hat, aufdecken können, dann werden wir finden, daß ein tiefer Sinn für Humor in dem Drama steckt, Licht in der Dunkelheit – und einmal im Licht, werden sich unsere Unausgewogenheiten in nichts auflösen. Anstatt isoliert und eingekapselt in einer verzerrten Wirklichkeit zu verweilen, müssen wir höhere Oktaven der Wahrnehmung erreichen, die uns nicht nur einen Blick auf ein energetisches Umfeld, das unsere Heilung einleiten kann, gewähren, sondern ein Verweilen darin ermöglichen.

Die Erde selber ist eine Quelle oder ein Mittel, durch welches wir die reine, göttliche Energie oder Shakti erfahren können. Die Erde ist eine Erweiterung unseres eigenen lebendigen Organismus und in keiner Weise von diesem getrennt. Sie ist ein Körper, der spürbare Energieschwingungen abgibt, die wir für unsere eigene innere Ausrichtung oder Abstimmung nutzen können. Die Erde hat Energiemeridiane, die auch »Ley-Linien« genannt werden, und den Energieströmen im menschlichen Körper, mit denen bei der Akupunktur gearbeitet wird, entsprechen. Rund um den Erdball gibt es Stellen, die auf Energiewirbeln oder »Vortices« liegen, auf Überschneidungen dieser »Ley-Linien«. Diese Orte stehen in Verbindung mit den Energien der Erde und der Menschen und mit der Erde in ihrer Beziehung zum Universum insgesamt. Diese Vortices bilden einen Widerhall zur galaktischen Energie und sind für unser Bewußtsein von großer Bedeutung. Wir sollten sie aufsuchen. Es gibt bestimmte Vortices, an denen die Erde Energie abgibt oder aufnimmt, was zur Ausrichtung oder Ausbalancierung ihrer selbst oder ihrer Stellung innerhalb des Kosmos dient.

Wenn unsere Körper unter physischer oder emotionaler Unausgewogenheit leiden, können wir Gebiete auf der Erde aufsuchen, die als Generatoren negativer Ionen wirken; und der bloße Aufenthalt in der Nähe der negativen Ionen wird uns Erleichterung verschaffen. Berge, Wälder, Flüsse, Wasserfälle und das Meer sind solche Plätze. Wasser ist ein ausgezeichneter Energieleiter, und das bloße Eintauchen unseres Körpers darin bewirkt bereits eine Befreiung von der statischen Elektrizität, die unser Nervensystem so belastet und unsere Wahrnehmungsfähigkeit stört. Es gibt großartige natürliche Zentren der Shakti, wo verjüngende, kräftigende Energien strömen. Am Rand des Grand Canyons oder eines Geysirs im Yosemite-Nationalpark zu sitzen, kann dazu führen, daß wir uns selbst vergessen und mit der Erhabenheit unserer Welt verschmelzen. Die Erde ist voller unglaublicher Kraftplätze, von denen manche noch immer in der Einsamkeit liegen, während an anderen die Menschen seit Anbeginn der Zeiten ihre Tempel errichtet haben. Oftmals hat jede nachfolgende Kultur auf den Ruinen der Weihestätten ihrer Vorgängerin unbeirrt ihre Kultstätten errichtet, in Verehrung der an diesem Ort so leicht wahrnehmbaren machtvollen Energie.

Es gibt keine Trennung zwischen uns und den anderen Dingen auf dieser Erde. Wir unterscheiden uns nicht von den Gezeiten, ausgelöst durch den Mond. Das Wasser in unserem Körper fällt und steigt mit Ebbe und Flut. Wir sind ein Teil des Ganzen. Wenn wir uns an einen Ort mit einem Energiewirbel, Vortex, begeben, können wir die Energie spüren. Wir können sie als Auslöser für eine Erfahrung der Unendlichkeit benutzen, um herauszukommen aus unserem begrenzten Verstand. Wir können eine Energie erfahren, die uns nähren und die bewirken kann, daß wir uns in unser multidimensionales Selbst hinein ausdehnen.

Wenn wir irgendwo hinfahren, um Ferien zu machen, sollten wir nach Plätzen mit Vortices Ausschau halten. Unser Emotionalkörper wird loslassen, wenn wir in eine Schwingung eintreten, die höher ist als seine. Die Schwingung des Emotionalkörpers erhöht sich auf die Schwingungsfrequenz dieses Vortex. An diesem Ort, in diesem Raum kommt es zu einem Verstehen, wir setzen uns unserer eigenen Multidimensionalität aus, die unter normalen Umständen noch nicht Teil unseres Bewußtseins ist. Es ist sehr wichtig zu begreifen, daß die Erde ein lebender Organismus ist, der unsere Erfahrungen und Empfindungen teilt. Eigentlich brauchen wir gar keine besonderen Orte oder Stellen mit Energiewirbeln aufzusuchen, da wir ohnehin auf der ganzen Erde leben, auch wenn wir das vergessen haben. Selbst das Aufsuchen der astralen Dimension ist nicht notwendig – dorthin begeben wir uns, wenn wir aus unserem Körper austreten – wir können statt dessen unseren höheren Verstand, den wir alle besitzen, dorthin projizieren und nützliche oder nährende Energie hereinziehen. Wir sind weder Gefangene unseres Körpers, noch von Raum oder Zeit. Wir sind auch nicht die Gefangenen unseres eigenen Lebens mit all seinen Vorurteilen und Verhaftungen. Benötigen wir Energie aus einem Vortex, dann genügt es innezuhalten, sich darauf zu konzentrieren und hineinzugehen und die Schwingung zu beschleunigen. Anfangs wird es vielleicht nötig sein, sich an die Vortexenergie bestimmter Plätze zu erinnern, die wir aufgesucht haben, doch später, wenn wir einmal die Frequenz kennen, können wir sie einfach auslösen. Dieselbe Technik des Abstimmens auf bestimmte lokale Frequenzen wird auch benutzt, um Zeitfrequenzen zu orten. Es ist derselbe Mechanismus, durch den der holographische Verstand »frühere Leben« lokalisieren muß.

Bei der Arbeit mit früheren Leben ist es wichtig zu begreifen, daß sich unser Bewußtsein auf die bei ihrer Freisetzung aufsteigenden Energien konzentriert. Das ist der Grund, warum wir der Klärung des Aurafeldes so viel Aufmerksamkeit widmen – so daß die betreffende Person sämtliche Körper zurückbringt und eine Legierung schafft, die leichter, freier, biegsamer und beweglicher ist.

Die Empfindungen sind sehr wichtig. Wir möchten nicht, daß die Leute bloße Kopfarbeit verrichten. Sehr oft bekommt eine Person mitten in einer Sitzung Schmerzen im physischen Körper oder beginnt zu schluchzen, weil etwas, das eingeschlossen war, plötzlich aufbricht. Manchmal lenkt das Höhere Selbst einer Person deren Aufmerksamkeit auf einen dünnen Faden, der aus dem wirbelnden Unbewußten ragt und hilft ihr, ihn zu ergreifen und mittels des physischen Körpers festzuhalten. Das Höhere Selbst kann sich durch den Körper eines Menschen verständlich machen, indem zum Beispiel plötzlich ein Schmerz in der rechten Schulter auftritt. Die Körpersprache liefert uns da einen Schlüssel, der etwas über die Bürde des Sich-Manifestierens aussagt. Der Helfer wird dann die betreffende Person veranlassen, in diesen Teil des Körpers hineinzugehen und zu sehen, welche Bilder dabei auftauchen. Das Aufsteigen der Bilder wird begleitet von einer Ausdehnung des Aurafeldes, was ein Freiwerden von dieser Verkapselung oder Erinnerung bewirkt, und der Emotionalkörper beginnt zu würgen und zu speien. Der Schmerz mag seit zwanzig Lebenszeiten oder zwanzig Jahren dort gesteckt haben und kann jetzt gehen und wird nicht mehr zurückkehren.

Unter den Tausenden von Menschen, mit denen ich gearbeitet habe, waren nur ein oder zwei, die denselben Raum geteilt haben. Die meisten Leute identifizieren sich mit der Christus-Energie oder Hitler-Energie oder einen Augenblick mit der Energie von irgend jemand anderem, aber wenn sie dann anfangen, sich darauf zuzubewegen, und die Energie Form oder Masse annimmt, identifizieren sie sich nur mehr am Rande damit. Zu Beginn tragen sie ein Kreuz, und dann entdecken sie, daß sie einer der Jünger waren. Sie begeben sich in die dreidimensionale Erfahrung einfach deshalb, weil sie die Intensität der ursprünglichen Erfahrung nicht ertragen können. Es ist diese Intensität, die bewirkt, daß der Emotionalkörper so viele Süchte oder Abhängigkeiten schuf. Süchte sind Verhaltensmechanismen, die die Schwingungsfrequenz niedrig halten. Der Punkt, an dem wir mit dem Formlosen in Berührung kommen, weist eine so hohe Schwingungsfrequenz auf, daß wir uns Süchte schaffen, um uns abzulenken und die Frequenz auf einem niedrigeren Niveau zu halten.

Bei berühmten Leuten gibt es einen wichtigen Punkt zu verstehen. Immer wenn jemand mit einem Lebensplan von globaler Bedeutung inkarniert, dann steckt dahinter die Absicht, den gesamten Planeten durch eine Erfahrung zu schleusen, ein Wissen oder eine Tat, auf die sich eine Vielzahl von Seelen geeinigt hat. Sehr oft ist die Seele, die das Karma dieser globalen Arbeit trägt, ein aktiver Bestandteil des kollektiven Bewußtseins, und viele Seelen werden sich anschließen, um an dieser Erfahrung teilzuhaben. Warum sollte jede

Seele durch diese Erfahrung gehen, wenn eine Person gewillt ist, sie auf sich zu nehmen, und es sich um eine Erfahrung von globaler Bedeutung oder Einfluß handelt? Was dann geschieht, ist, daß Tausende von Seelen an der Bildung dieses einen Wesens, dieses einen Körpers teilnehmen. Wir haben einen gemeinsamen Zugang, wir sind alle in corpore hier. Wir benutzen alle dasselbe Gefährt, dasselbe Instrument, jeder von uns. Wir haben alle männlich-weibliche Zellen in uns, so daß es keine Oktave gibt, von der wir nicht ein anderes Wesen anzapfen könnten. Schon in der allernächsten Zukunft wird das Allgemeingut sein.

Wenn wir einmal begriffen haben werden, wie zugänglich wir füreinander sind, wird es keine Kriege mehr geben und auch keine Enttäuschungen. Derlei Dinge wird es nicht mehr geben, weil sie nutzlos sind. Wir waren lange genug befangen in Emotionalkörpern, die immer nur denken: »Eigentlich muß ich diese Persönlichkeit verkörpern, sie allein entspricht meinem Wesen.« Wenn wir den Menschen helfen zu erkennen, daß sie Hologramme sind, dann können sie leichter miteinander in Beziehung treten und einen Zugang zueinander finden, und es gelingt ihnen besser, das Ganze, die Einheit, zu erfahren. Sie brauchen keine Angst zu haben. Der Emotionalkörper ist in das Gefühl verstrickt, nicht überleben zu können, wenn noch jemand anderer in der Nähe ist.

Wenn wir dieses Szenarium aufzurollen beginnen, das wir unsere früheren Leben nennen, dann öffnen wir uns dieser Multidimensionalität. Wenn die Menschen anfangen zu begreifen, daß sie als ein Wesen zueinander Zugang haben, dann werden sie die Einheit des Seins erfahren. Das wird unsere Fähigkeit der gegenseitigen Wahrnehmung von Aura oder Bewußtsein verändern. Der Ausdruck »frühere Leben« ist falsch. Wir benutzen ihn nur, weil er ein Aufhänger ist, ein Faden, an dem die Leute ziehen können. Sie können es dann auf lineare Weise sehen. Es ist eine multidimensionale Erfahrung, die in ein lineares Format gebracht wird. Der begrenzte Verstand ist im Umgang mit dem Bewußtsein oder erweiterten Bewußtsein nicht geübt, aber das Hilfsmittel der »früheren Leben« erleichtert ihm den Zugang zur Multidimensionalität. Er kann sich dann in diese hineinwagen, ohne sich im Chaos zu verlieren. Er kann aufschlüsseln: »Das ist die Römerzeit«, und ist dann in der Lage, die jeweilige Energie zu assimilieren und zu absorbieren.

Wir haben herausgefunden, daß manche Seelen bestimmte Dimensionen bevorzugen. Wenn Ihnen also gesagt wird, Sie wären eine alte Seele, dann heißt das, daß Sie sich in einer Dimension besonders lang aufgehalten haben. Es gibt Seelen, die es vorziehen, immer wieder hierher zu kommen, wogegen andere von Zeit zu Zeit den Saturn oder andere Gestirne aufsuchen. Beginnt jemand hier auf der irdischen Ebene seine Lebenszeiten zu klären, dann kommt er oft an einen Ort, an dem er die meisten Themen geklärt hat, und fängt dann mit der Klärung auf einer anderen Ebene an. Sei es, daß er auf galaktischen Ebenen zu arbeiten beginnt oder sich in andere Dimensionen begibt. Dann kommt es zu einer wirklichen Veränderung. Das Schöne an dem Szenarium der früheren Leben liegt darin, daß es sehr klar ist. Es ist linear und ermöglicht dennoch den Menschen, ihr Bewußtsein zu erweitern. Diese Arbeit kann tatsächlich eine Veränderung der Bewußtseinsebene herbeiführen und bewirken, daß die Menschen in ihrem Gehirn die für ihre Umstrukturierung nötigen Informationen entdecken.

Die Arbeit mit vergangenen Lebenszeiten führt auch zur Erkenntnis unserer Beziehungen untereinander. Am Anfang werden wir uns an jene Lebenszeiten erinnern, mit deren Themen wir am meisten vertraut sind. Später werden wir dann immer unpersönlicher, je mehr wir klären. Hinterließ ein Leben, das wir zusammen mit jemand anderem verbrachten, eine Prägung, und wir erinnern uns an den anderen in diesem Zusammenhang, dann wird ein Teil von uns auch in diesem Leben mit dem anderen in diesem Kontext zusammen sein. Damit kommen wir zu den interessanten karmischen Aspekten, wie wir einander sehen. Das ist der Grund, warum sich Menschen ineinander verlieben, während alle anderen sich fragen: »Wie können es die beiden miteinander aushalten? Sie haben doch nichts gemeinsam.« Öffnet man aber ihr Wahrnehmungsfeld, dann zeigt sich, wie sie miteinander verwoben sind. Sie bleiben auf ewig ineinander verschlungen, wenn sie nicht jene Lebenszeit aufarbeiten und klären. Nur dies gibt beiden die Möglichkeit, was sie mit- und füreinander erleben vollkommen zu assimilieren und so zu gestalten, wie sie es wünschen. Das ist ein Schöpfungsakt. Je bewußter wir uns unserer Fähigkeit, dies zu tun, werden, desto schöner wird unsere Schöpfung sein.

Die Schöpfung dauert an, und jedes Mal, wenn etwas erschaffen wird, ruft es einen Widerhall im Universum hervor. Und dies bewirkt ein unendliches Pulsieren, das den Strom, der durch die Ewigkeit fließt, aufrechthält. Inmitten all dieser Bewegung, des unaufhörlichen Wandels, der immer neue Muster schafft, gibt es ein Zentrum. Unsere multidimensionale Seele besitzt dieses Zentrum, es ist Erleuchtung. Erleuchtung heißt für uns die Fähigkeit zu empfangen, das Netzwerk zu sehen. So wie alles rund um uns in diese interdimensionalen Wirklichkeiten verwoben ist, ist auch das Zentrum dieses Netzwerkes multidimensional und doch ein in sich geschlossenes Ganzes. Leider ist der einzige Teil von uns, den wir derzeit als Ganzes betrachten, unsere Persönlichkeit.

Ich hatte eine Klientin, die sagte: »Es scheint mir immer dieselbe Persönlichkeit zu sein, die meine sämtlichen Leben durchläuft. Ich scheine immer die gleiche zu bleiben in all meinen Lebenszeiten.« Ich half ihr zu verstehen, daß die Seele immer dieselbe ist, und sie fing an, diesen Faden des »Ich bin«, der Seele, zu ertasten. Sie ist ein fließendes Etwas aus Bewußtsein und Verbundenheit. Wir werden sie erfassen, wenn wir immer weiter auf unserem Weg durch multidimensionale Erfahrungen schreiten.

Es ist vergleichbar mit der Übung, bei der wir eine Blume in der Hand halten und versuchen, uns in sie hineinzuversetzen. Wir werden zur Blume, wir wandern durch ihre molekulare Struktur. Jedesmal, wenn wir die Übung machen, kommen wir tiefer, bis wir tatsächlich mit der Blume verschmelzen. Die Seele ist der Zauberlehrling, das Göttliche, das Ewige. Sie hat keinen Anfang und kein Ende. Es ist nicht möglich, das Grenzenlose mit unserem begrenzten Verstand zu erfassen. Alles, was wir tun können, ist, unserer Erfahrung zu erlauben, sich zu öffnen, um mehr und mehr zu verschmelzen, und wenn wir das tun, werden wir das Zentrum mehr und mehr fühlen.

Das ist es, was mit unserer Sexualenergie geschehen wird. Sobald sich das Bewußtsein ekstatischer Energie öffnet, fällt es in die Materie, denn Ekstase ist die Quelle der Schöpfung. Wir erinnern uns der Frequenz dieser Energie, wenn wir den Mittelpunkt zwischen dem Nicht-Manifesten und dem Manifesten sehen können. Er hat die Form einer Acht. Wir fangen gerade an, die äußeren Schichten dieses Mittelpunktes zu berühren. In der Sekunde, in der wir dieses Konzept begreifen, erschaffen wir Materie. Je mehr wir den Menschen helfen, ihr Ego zu erweitern, ihr Bewußtsein zu öffnen, um so tiefer werden sie in den Mittelpunkt eindringen. Je besser es ihnen gelingt, das Formlose, Nicht-Manifestierte zur Manifestation zu bringen, desto besser werden sie sich an die neue Frequenz gewöhnen. Sobald sie einmal begriffen haben, daß sie einen Aspekt der inneren Gotteskraft gefühlt haben, können sie sich jederzeit sofort damit identifizieren.

Jede Form von destruktivem Verhalten hängt mit Angst zusammen. Immer wenn wir einen physischen Körper annehmen, neigen wir dazu, die Erinnerung an unser göttliches Selbst auszuschließen. Vielleicht haben wir in irgendeiner Lebenszeit einen Lebensplan gewählt, dem eine traumatische und unangenehme Erfahrung zugrunde lag, und wir wissen, daß sie auf uns zukommt. Wir alle wissen das, denn es gibt keine Zukunft, weil Zeit und Raum eine Illusion sind. Wir nehmen alle wahr, was da draußen wartet und was wir hereinziehen werden. Dann versuchen wir aus Angst, uns hinter dem Schleier zu verstecken, um die Lektionen, die uns bevorstehen, zu vermeiden. Das ist eine Reaktion des Emotionalkörpers auf Angst.

Es gibt andere Verhaltensmuster. Wir haben »Meisterdrüsen« im Kopf, die Zirbeldrüse und die Hypophyse, die Teil des endokrinen Systems sind. Auf der spirituellen Ebene reicht die Strahlweite dieser Meisterdrüsen hinaus in die Atmosphäre, in die kosmischen Wellen, die uns untereinander und mit dem Universum verbinden, und mit ihrer Hilfe orten und ziehen wir Energie und Information an. Sie sind die Antennen, die unsere telepathischen und anderen Wahrnehmungsfähigkeiten des höheren Bewußtseins aktivieren. Diese Drüsen sind ausgerichtet auf die Wahrnehmung einer Dimension, die man als nicht-linear bezeichnen könnte. Leider ist diese Fähigkeit der Meisterdrüsen, als spirituelle Schwelle innerhalb unserer Körper zu fungieren, mit großen Anforderungen an unseren physischen Körper verknüpft. Die von den Drüsen verwendeten hohen Frequenzen verbrauchen enorm viel Energie. Es ist die Shakti (Lebenskraft), die durch die Chakren fließt und die energetische Verbindung besorgt. Die Shakti ihrerseits entzieht dem Gehirn ungeheure Mengen von Blutzucker, um den »überspannten« Energiestand aufrechtzuhalten. Die Bauchspeicheldrüse wird unaufhörlich aktiviert, und dies führt unweigerlich zu Hypoglykämie und anderen Störungen des Zuckerhaushalts. Dieses Desaster auf der Ebene des physischen Körpers hat zur Folge, daß ein hoher Prozentsatz von medial veranlagten Menschen an Übergewicht leidet. Noch größeren Schaden richten jedoch die durch die starken Blutzuckerschwankungen verursachten emotionalen Störungen an, denen sie unterworfen sind. Die Situation wird durch die Tatsache verschärft, daß wir lernen, die Wahrnehmung auf den Solarplexus zu konzentrieren, der auch das pankreatische Zentrum des Körpers ist. Gelänge es uns, unser Wahrnehmungsfeld dermaßen zu erweitern, daß wir diese komplexen Körpersysteme in den Griff bekämen, dann könnten wir ein stabiles energetisches Gleichgewicht errichten, das uns eine automatische und uneingeschränkte Erweiterung und Öffnung unseres Bewußtseins erlauben würde.

Diese Kenntnis der energetischen Zusammenhänge ist die Voraussetzung für das Verständnis der Zunahme von Alkoholismus, die heute auf der ganzen Welt zu beobachten ist. Der schnellste Weg, dem Gehirn Zucker zuzuführen, ist mittels Alkohol. Er verändert augenblicklich den Blutzuckerspiegel im Gehirn. Es ist äußerst aufschlußreich, das Alkoholsyndrom aus dieser Sicht zu betrachten.

Es gehört zu den charakteristischen Eigenschaften von Alkoholikern, daß sie fast immer sehr sensitive Menschen sind. Sie waren weniger erfolgreich, was das Schließen des Schleiers betrifft, das Schließen des Zugangs zur Multidimensionalität. Haß und Zorn und Selbstbeurteilung sind zu stark in dieser Wirklichkeit, daher versuchen sie abzuschalten. Hätten wir sie hinsichtlich spiritueller und emotionaler Sensitivität in den Kinderschuhen angetroffen, dann wären wir dem Alkoholismus in seiner physiologischen Knospe begegnet und hätten sie davor bewahren können, sich in den astralen Schleier zurückzuziehen. Wir müssen lernen, Kinder als an der Schwelle zur Multidimensionalität stehende Wesen wahrzunehmen, und ihre angeborene Spiritualität als ein wertvolles Geschenk innerhalb unserer Welt unterstützen. Die Zunahme des Alkoholismus steht in direktem Verhältnis zum Grad unserer Unbewußtheit und Verleugnung unserer wahren multidimensionalen und spirituellen Wesenheit.

Manchmal bewirkt die Erkenntnis unserer Individualität ein tiefes Gefühl der Entfremdung oder Trennung zwischen uns und der Welt um uns herum. Dies rührt von der Illusion, daß die anderen uns nicht annehmen würden, wenn sie uns ins Herz sehen könnten. Wir müssen uns selbst annehmen und aus dieser Kraft heraus unser Leben leben. Einem anderen ins Herz zu sehen, heißt, sich selbst zu entdecken. Es gibt keine »unspirituellen« Menschen auf diesem Planeten. Nur der Blickwinkel hängt von der Wahl des Standpunkts ab.

Wir wurden in dem Glauben erzogen, daß die Ereignisse in der Welt mit uns in keinem persönlichen Zusammenhang stünden, daß wir in einer eigenen getrennten Wirklichkeit lebten. Doch alles hat für uns Bedeutung und steht mit uns in Verbindung. AIDS und die radioaktive Strahlung sind Lehrbeispiele über die illusorische Vorstellung, es gäbe so etwas wie Trennung. Es ist ein tröstlicher Gedanke für uns zu glauben, die Welt wäre in Abschnitte geteilt wie unser Leben – sie ist es nicht. Was als Einzelfälle begann, bedroht uns nun weltweit. Jetzt besteht die Gelegenheit, mit unseren eingefahrenen Verhaltensmustern, die auf Angst beruhen, zu brechen und die Herausforderung zur Zusammenarbeit und Findung neuer Lösungen anzunehmen.

Wenn wir uns mit AIDS und der radioaktiven Strahlung aus einer spirituellen Sicht heraus befassen, werden wir den Sinn des Lebens auf diesem Planeten verändern! Dazu müssen wir zuallererst in unserer Seele nachforschen, welche göttliche Lehre hinter dieser Realität steckt. Wir sollten damit anfangen, AIDS als eine Botschaft zu betrachten, die mit einer spirituellen Aussage verknüpft ist. Wenn wir so vorgehen, werden wir herausfinden, daß das neue Verständnis zum Teil auf der Erkenntnis beruht, daß die Begrenzung der sexuellen Ausdrucksmöglichkeiten auf die niedrigeren Chakren ohne Zugang zu unserem spirituellen Herzchakra (insbesondere mit zahlreichen Partnern) der Krankheit Tür und Tor öffnet. In unserer Sucht nach sofortiger Belohnung bemühen wir uns seit Äonen, diesem Lehrsatz auszuweichen. Wir brauchen uns nur Syphilis, Gonorrhöe, Herpes und AIDS anzusehen. AIDS manifestiert sich noch mit einer anderen klaren Botschaft: Nicht genügende Integrität des körperlichen Abwehrmechanismus zum Überleben. Wir können dies direkt übersetzen mit nicht genug Selbstliebe und bewußte Erfahrung unserer göttlichen Natur, um zu überleben.

Im Sinne eines universalen Entwicklungssprungs unseres Bewußtseins ist AIDS jedoch ein perfektes Werkzeug. Aus meiner Sicht durchschreiten wir nun den höchsten Einweihungsvorgang zur Transzendenz, zu den Oktaven der Mitschöpfung. Wenn wir einmal das Mysterium des Todes gemeistert haben, werden wir imstande sein, am göttlichen Plan des Universums teilzunehmen. Wir sind reif! Im Laufe der Menschheitsgeschichte gab es immer wieder große Naturkatastrophen, die die Bevölkerung dezimierten – Atlantis, Pest etc. Bei diesen durchliefen wir den Tunnel des Todes sehr schnell. Im Gegensatz dazu ist AIDS ein verhältnismäßig langsames Entschwinden der Lebenskraft. Wenn wir uns diesen Prozeß von einer spirituellen Oktave aus betrachten und zunutze machen, dann werden wir feststellen, daß er eher einem Geburtsvorgang ähnelt. AIDS läßt uns Zeit, seinen verborgenen Sinn zu ergründen, mit unserem Körper ins Gespräch zu kommen, unser Karma zu erkennen und freizusetzen und die Linearität des Verstandes zu überwinden. Es ermöglicht uns, unser Bewußtsein der göttlichen Wahrheit zu öffnen, worin allein die tiefe Liebe und alles Mitgefühl liegt, die wir uns selbst in dieser Dimension verweigert haben.

Nutzen wir diese tiefe Todeserfahrung als Einweihung in unsere Multidimensionalität. Wir sind *nicht* bloß unser Körper. Unser Licht erlischt *nicht*, wenn wir uns von unserem physischen Gefährt lösen. Wenn wir lernen, unser Bewußtsein auf diesen Übergang zu richten, und das Überschreiten der Brücke – aus dem Körper hinaus und wieder zurück – üben, dann werden wir nicht nur unsere Furcht vor dem Tod verlieren, sondern auch die volle Bedeutung des Begriffs »Gnade« erleben.

Im Grunde genommen sind wir noch nicht in der Ära des Heilens und des Heils. Wir befinden uns immer noch in den Klauen der von uns selbst geschaffenen Prophezeiung. In der Zukunft wird das Wort »Heilen« eine völlig neue Bedeutung gewinnen. Es wird nicht mehr in Zusammenhang gebracht werden mit dieser merkwürdigen Bindung an die Trägheit, durch die wir versuchen, sämtliche Bewegungen einzufrieren und uns an einem Punkt festzuhalten, damit wir bloß nicht die Kontrolle verlieren und uns öffnen. Heilen darf keinen äußeren Brennpunkt darstellen, es muß tiefer gehen. Eines Tages wird sich »Heilen« tatsächlich auf den eigentlichen energetischen Prozeß von Transmutation, Transformation und Transzendenz beziehen. Dies wird nicht geschehen, ehe wir nicht »im Himmel vor Anker gegangen sind«, wie mein Höheres Selbst das formuliert hat. Das bedeutet, daß wir die Seele in die Wirklichkeit des irdischen Körpers bringen müssen. Dann werden wir die Toten zum Leben erwecken, und das wird bald geschehen.

Ich flehe jene an, die bereits in dieser frühen Phase seines Auftretens auf der Erde an AIDS erkrankt sind, die Suche nach einer Lösung auf spiritueller Ebene zu leiten, und was in Dunkelheit begann, zu einem Geschenk erleuchteter spiritueller Bewußtheit für die ganze Menschheit zu machen – eine Lektion tiefer Weisheit, um unser Leben umzuwandeln. AIDS wird uns diese Lehre erteilen, die es uns am Ende ermöglichen wird, auch dem Tod zu entsagen. Seit wir das Rätsel der DNS entschlüsselt haben, sind unserer Wissenschaft die meisten Teile des Puzzle-Spiels von Leben und Tod bekannt, doch haben wir noch nicht die spirituelle Reife für die Verantwortung erlangt. Das Hologramm wartet auf unser Aufwachen. Es ist schon fast so weit!

Als Seelengruppe, die sich diese Erde zum Heim auserkoren hat, müssen wir sie anerkennen und sie auf die Reise unserer Entwicklung mitnehmen. Unsere Weigerung, das Ausmaß unseres zerstörerischen Umgangs mit dem geheiligten Körper unserer Mutter Erde zur Kenntnis zu nehmen, kann sehr wohl unsere eigene Zukunft gefährden. Wie AIDS für den menschlichen Körper, wird sich die radioaktive Strahlung für den Körper der Erde als Initiation erweisen. Da wir ihre Warnsignale beharrlich ignorieren, werden die Gefahrenzeichen zuerst auf unseren eigenen Körpern zum Vorschein kommen. In jenen Teilen der Erde, in denen die Strahlung stark zugenommen hat, bekommen wir die Auswirkungen bereits in unserem physischen Körper zu spüren – in Form von Hautkrebs, Sterilität und anderen durch die Strahlung verursachten Krankheiten. Dabei spielt es keine Rolle, ob die Ursache für die Strahlung von ungeeigneter Lagerung nuklearen Abfalls, Störfällen beim Betrieb von Atomkraftwerken oder Ozonlöchern in der Atmosphäre herrührt – es gibt keine Schuldigen und Unschuldigen, es geht darum, unser Wahrnehmungsfeld zu erweitern, damit wir die göttliche Vorsehung auch in dem uns scheinbar feindlich Gesinnten erkennen können.

Strahlung ist Licht. Wir befinden uns in einem Evolutionsprozeß, der uns zu Lichtkörpern werden läßt. Unsere spirituelle Natur besteht aus Licht. Wenn wir uns dieser Beziehung bewußt werden, dann können wir diese Energie in unsere eigene Natur aufnehmen und unsere Frequenz beschleunigen, bis wir unsere Bestimmung erfüllen und zu wahren Lichtwesen werden. Wir müssen diese Realität als ein Geschenk willkommen heißen. Wie ein neues Instrument, auf dem wir noch nicht zu spielen gelernt haben. Die von unserem begrenzten linearen Verstand geschaffene Technologie ist nicht in der Lage, uns von der Strahlung zu befreien, weil wir es hier mit einem Monster zu tun haben, das eine Lebenszeit von 50000 Jahren hat. Ein einziges Wort beschreibt unsere Wahl – Anpassung. Nur wenn wir lernen, unser Wahrnehmungsfeld zu erweitern und die Frequenz der Strahlung zu bestimmen, können wir denselben Vorgang, der zur Erkenntnis des Höheren Selbst führt, anwenden, das heißt, unsere eigene Frequenz beschleunigen, um einfach mit diesen Teilchen der Lichtkraft Verbindung aufzunehmen, beziehungsweise uns ihnen anzugleichen.

Es ist unsere Unbewußtheit und unser Widerstand, die gefährlich sind. Indem wir lernen, die energetischen Auswirkungen der Strahlung zu ertasten und zu spüren, können wir unseren Zugang zum Punkt der Empfängnis stärken, jenem Moment, in dem das Formlose Gestalt annimmt, das Nicht-Manifeste sich manifestiert. Durch göttliches, absichtsloses

Wollen können wir die Strahlung demanifestieren, über die Schwelle zurück ins Formlose. So wie jene schöne Hopi-Frau den Regen zur Manifestation brachte, können auch wir uns auf dieselben Gesetze des Universums berufen, um eine schöne Welt für uns zu schaffen. Aber wir müssen damit anfangen, die Schönheit zu leben, die in uns erstrahlt.

Der Körper ist ein Gefährt für die Wahrheit in dieser Dimension. Der Körper lügt niemals. Der Körper gibt immer das wieder, was im Geist passiert. Ich erinnere mich, daß ein Rabbi einmal gesagt hat: »Im Geist, im Körper.« Das stimmt ganz genau, finde ich. Der Körper spiegelt bloß jene Erfahrungen und Erkenntnisse, die schon da sind. Anstatt zu sagen: »Ich bin nicht rein, wenn ich irgendeine Krankheit habe«, sollten wir diese Krankheit ohne jeden Widerstand begrüßen und selbst herausfinden, was sie für uns bedeutet. Die Arbeit mit früheren Leben hilft dabei sehr. Ob wir diese Krankheit dabei loswerden oder nicht, sie führt in jedem Fall zu einem Verständnis, das allein schon genügt, unserem Gemüt und Verstand zu ermöglichen, sie zu klären.

Oft treffe ich Leute, die ziemlich viel Macht gehabt haben und sich wegen Mißbrauchs dieser Macht schuldig fühlen. Lebenszeit für Lebenszeit stürzen sie sich in diese Dimension, voller Ängste und Selbstverleugnung immerfort wiederholend: »Oh, das darf ich nicht, weil...« Die Energie manifestiert sich als Hindernis. Wir müssen begreifen, daß wir es nur zum Zwecke unseres Wachstums tun; das ist der einzige Grund, warum wir hierher kommen. Haben wir keine Augen, so haben wir doch Ohren, und manchmal besitzt das, was wir fühlen oder spüren noch größeren Wert für uns. Vielleicht bedienen wir uns eines Körperteils nicht, weil wir es nicht brauchen, aus der Sicht der Seele, des Höheren Selbst, das uns nicht bestrafen, sondern bloß unsere Aufmerksamkeit auf etwas anderes lenken will. In jeder physischen oder mentalen Behinderung müssen wir die unleugbare Wahrheit anerkennen, daß sie als Werkzeug für unsere Belehrung dient.

Alles im Universum ist von Bewußtsein durchdrungen, es gibt keine Geheimnisse im Universum. Alles, was je von irgend jemand erlebt oder erfahren wurde, ist uns allen zugänglich. Es gibt manche, die gelernt haben, diese Wahrheit anzuwenden, und deren Bewußtsein sich in die ätherischen Sphären erstreckt, wo sie entweder Verbindung aufnehmen mit ihrem eigenen kosmischen Bewußtsein oder mit anderen Wesenheiten, die bereit sind, ihr erweitertes Bewußtsein oder Wahrnehmungsfeld mit der Menschheit zu teilen.

Das sind die sogenannten »Channels« (zu deutsch: »Kanäle«, doch möchte ich wie in den vorhergehenden Bänden das englische Wort beibehalten. Anm. d. Übers.), die die Menschen in diesen Zeiten aufzusuchen begonnen haben. Es kann sehr erbaulich sein, an einer Sitzung teilzunehmen, bei der ein Geist gerufen wird, der einen erkennt und die innersten Gedanken bestätigt. Ein Geist, der uns den karmischen Zusammenhang eines Ereignisses in unserem Leben erklären oder uns helfen kann, mit jemandem, den wir liebten und der gestorben ist, in Verbindung zu treten. Manchmal genügt schon das Gefühl der bedingungslosen Liebe, das von diesen Wesenheiten ausgeht, um uns zu helfen, unsere Erdung zu finden und unser Leben fortzuführen. Es handelt sich dabei um eine symbiotische Form der Beziehung, die beiden Teilen zum Nutzen gereicht, denn diese Wesenheiten brauchen den Kontakt mit uns genauso wie wir mit ihnen. Sie haben sich entschlossen, weiter auf dieser Ebene zu bleiben, um das Wachstum ihrer eigenen Seele gemäß den Lektionen in dieser Wirklichkeit zu fördern.

Wir müssen erkennen, daß hier die Energiegesetze im Spiel sind. Auch wenn wir ein Stück Information erhalten, das in unser persönliches karmisches Puzzle hineinpaßt und uns gefehlt hat, erlöst uns das nicht davon und ändert sich auch nichts an unserem Lebensplan. Etwas auf der psychologischen Ebene zu verstehen oder zu wissen, mag vielleicht den Schmerz lindern oder gewisse Verhaltensmuster ändern helfen, seine Auswirkungen auf die tieferen Schichten unseres Wesens sind jedoch gering. Darum ist es so wichtig, daß das mit Erfahrung gekoppelte Verstehen direkt aus unserem eigenen Inneren kommt. Unsere Arbeit besteht darin, Menschen auf die den Verhaltensmustern zugrunde liegenden Energiefelder einzustimmen und sie zu lehren, sich ihrer bewußt zu werden, um sie aus ihrem Aurafeld entfernen zu können. Nur diese energetische Umwandlung ermöglicht es uns, zu lichten strahlenden Wesen zu werden. Ein rein verstandesmäßiges Erfahren dieser Zusammenhänge führt nicht zu diesem Ergebnis. Wir müssen uns darüber klar sein, daß, wenn wir um Führung bitten, wir unsere Möglichkeit zur freien Entscheidung an jemand anderen abtreten, dessen Wahrheitsfindung gleichfalls dem Filter seiner Erfahrungen unterliegt. Diese Wesenheiten sind Energien, die jedoch noch immer die Spuren ihrer Persönlichkeit tragen, geprägt von den Erfahrungen und Erinnerungen und den persönlichen Vorurteilen, die sie aufgrund ihres eigenen Verhaltensmusters gemacht haben.

Selbst die großen Meister, wie Jesus Christus und andere, weisen noch Karmareste auf dieser Oktave auf, die es ihnen ermöglichen, die Verbindung mit uns aufrechtzuerhalten. Da ihre Gegenwart unser Bewußtsein für andere Dimensionen öffnet, müssen wir ihnen helfen, sich von ihren seelischen Bindungen mit dieser Ebene zu lösen, damit auch sie sich weiterentwickeln und universales göttliches Licht verbreiten können.

Die klärende Arbeit im Light-Institute bietet sich dazu an, diesen disinkarnierten Wesen bei der Freisetzung emotionaler Prägungen zu helfen, die sie an diese Ebene ketten. Auch die Channels selbst müssen geklärt werden, da der Grad ihrer Prägungen mit dem Grad der Verzerrung bei der Weitergabe von Information an die, die Rat suchen, zusammenhängt. Doch einen Außenstehenden zu bitten, unsere karmischen Entscheidungen zurechtzubiegen, ist immer ein riskantes Unternehmen.

Ein den Channels gemeinsames Thema ist die schreckliche

Erfahrung, für die Vermittlung einer Wahrheit bestraft oder getötet worden zu sein, die außerhalb der Reichweite der Bevölkerung liegt. Der Körper zeichnet diese Erinnerungen auf und errichtet einen Schutzschirm, um die Wiederholung dieser Situation zu vermeiden, und das Echo dieses Alarmsystems breitet sich in unserem illusionären Raum- und Zeitkontinuum aus. Wir vergessen nie etwas. Sobald die Seele genügend Weisheit gesammelt hat, um von diesen erhöhten Oktaven des Bewußtseins her zu arbeiten, wird immer ein energetischer Aspekt des Systems vorhanden sein, der ein natürliches Strömen innerhalb dieser Pfade begünstigt. Es ist das Höhere Selbst, das die Verbindung mit den kosmischen Wellen herstellt, aus denen alles Wissen sich ableitet. Die Person stimmt sich auf diese Frequenz ein, wobei der Schutzschirm unbewußt aufrecht bleibt und somit der Eindruck entsteht, als bezöge sie das Wissen von außerhalb. Wenn wir Channels von den Prägungen astraler Erinnerungen befreien, dann entdecken sie häufig, daß sie die ganze Zeit über von ihrem eigenen Höheren Selbst geführt wurden. Diese Erkenntnis ist eine sehr tiefe Erfahrung für sie, die eine Erhöhung ihres Energieniveaus und ihrer Führungskapazität zur Folge hat und sich auch sehr vorteilhaft auf die Klarheit ihrer Arbeit auswirkt.

Innere Führer sind aber auch ein Teil unserer multidimensionalen Quellen. Jeder Führer hat einen Bezugsrahmen, der sich auf unsere innere Entwicklung bezieht und seinem eigenen Erfahrungsstand entspricht. Es ist eines unserer Probleme, daß wir von unseren Führern abhängig werden. Zuerst klammern wir uns an unsere Mütter, dann an unsere Partner, dann an unsere Kinder, und nie sind wir bereit loszulassen. Unsere Finger werden so klebrig davon, daß wir nicht mehr loslassen können, nicht einmal nach unserem Tod. Unsere Führer werden uns zur Gewohnheit. Bedienen wir uns ihrer in der eigentlich vorgesehenen Weise, dann wird ein Führer kommen und sagen: »Dorthin«, und wir werden diese Richtung einschlagen, und er wird sich wieder entfernen – außer wir halten ihn fest – und ein neuer Führer wird auftreten. Führer sind dazu da, um uns einen Anstoß zu geben und uns zu formen. Tun wir unsere Arbeit mit ihnen, und lassen wir sie gehen. Rufen wir nicht immer denselben Führer herbei, sonst werden wir einfach nur größer werdende Kreise auf einer horizontalen Ebene ziehen. Das ist die Art und Weise, wie wir wachsen. Zuerst breiten wir uns auf horizontaler Ebene aus, und wenn wir diese gemeistert haben, machen wir einen senkrechten Sprung auf die nächste horizontale Ebene, wo wir uns wieder ausbreiten, genau wie bei der DNS.

Es ist wichtig, daß wir von unserer Fähigkeit Gebrauch machen, uns nicht an einen Führer mit einem Repertoire, ähnlich dem unseren, zu hängen. Richten wir nämlich eine Frage an ihn, die über seine Erfahrungen hinausgeht, dann werden wir in Schwierigkeiten kommen, denn wir werden eine Antwort erhalten, die unserer Entwicklung nicht förderlich ist. In jeder Oktave des Universums gibt es viele Abstufungen unter den Führern, Wesenheiten, Energien und Seinsformen. Da gibt es jene, die in einer Oktave der Wirklichkeit Herrscher gleich den griechischen Göttern waren, und in einer anderen auserwählte Meister. Es gibt die Fürsten des Universums, die galaktischen Frequenzen. Sie sind alle da, damit wir unsere Wahl treffen, gemäß unseren eigenen Anziehungs- und Abwehrmechanismen. Durch ihr Zusammenspiel bemühen sie sich, das verlorene Gleichgewicht dieses Planeten wieder herzustellen.

Unser Höheres Selbst entspringt aus uns und ist stark und hell genug, um uns mit allem, was wir wünschen, in Verbindung zu bringen. Aber es ist nicht die Aufgabe der Meister des Universums, uns zu sagen, was wir tun sollen.

Wir müssen das Licht erfahren, das wir selber schaffen können. Und sobald wir es erleben, werden wir trachten, es zu nutzen. Dann können wir in harmonische Schwingung kommen mit den verschiedenen Meistern oder Fürsten des Universums, den galaktischen Wesenheiten, der Christus-energie oder ähnlichem. Sie sind nicht von uns getrennt, sondern bloß verschiedene Faktoren der Realität, gleich dem Höheren Selbst. Es gibt für jeden etwas, genauso wie im Reich der Pflanzen, Tiere und Mineralien. Egal welches Muster wir aufweisen, irgendwer oder irgend etwas da draußen wird uns entsprechen. Am besten ist es, selber so »universal« wie möglich zu werden, um unser eigenes Repertoire zu erweitern.

Kein Führer, welcher Natur auch immer, läßt sich mit unserem Höheren Selbst vergleichen. Es gibt keinen Channel, der unserem Höheren Selbst gleicht. Es ist die Energie unseres göttlichen Seins. Das Höhere Selbst ist der beste Führer, weil es an keine menschliche Perspektive gebunden ist. Das Höhere Selbst ist die einzige Energie, die genauso Zugang zu unserem persönlichen Hologramm hat, wie auch zum unendlichen göttlichen Kosmos. Jedes Forschen außerhalb des Selbst mag ebensoviel mit dem Erlernen verschiedener Stufen der Wahrnehmung zu tun haben, wie mit der Wahrheit selbst. Das Höhere Selbst weilt immer im Reich der Wahrheit, der Erfahrung unseres Bewußtseins innewohnend. Das Höhere Selbst bringt uns immer »heim«.

6 *Astralenergien*

Schrauben wir die Energiespirale des Lebens höher, so wird dies allen Dimensionen der Wirklichkeit erlauben, gemeinsam mit uns an der Beschleunigung des Evolutionsprozesses teilzunehmen.

Bei den Sitzungen im Light-Institute scheint die Zeit aufgehoben zu sein, auf unserer Reise nach innen zu den Symbolen, Bildern und Farben, die die Sprache des Unbewußten bilden.

Zu den Hauptschwierigkeiten auf dieser Reise durch unser Bewußtsein gehört das Erfassen des Zusammenhangs zwischen Astralenergie und Emotionalkörper. Wir haben einen Astralkörper, der sich aus unseren eigenen Emotionen, unserem eigenen Aurafeld zusammensetzt. Wie sieht dieser Astralkörper aus? Es ist ein Körper, der genauso aussieht wie der physische Körper und sozusagen eine Verlängerung desselben darstellt. Es ist der Astralkörper, der aus dem Körpergefährt aufsteigt, wenn wir aus unserem Körper hinausgehen und sich durch die astralen Dimensionen bewegt, manchmal durch Oktaven von Infrarot.

Unser Aurafeld wird gebildet aus einem zusammengeschmolzenen Emotional- oder Astralkörper, der sich durch die Schnur, die den physischen Körper und den Astralkörper verbindet, aus dem Körpergefährt hinaus in die astrale Dimension bewegt. Zu Schwierigkeiten kommt es, wenn starke emotionale Prägungen antennengleich hinausstrahlen und aus jenen astralen Dimensionen Eindrücke und Prägungen verschiedenster Art anziehen. Wenn wir dann von unserem astralen Erlebnis zurückkommen, brauchen wir wahrscheinlich Tage, um unser Aurafeld wieder zu klären, ohne überhaupt zu verstehen, was eigentlich los ist. Im allgemeinen verlassen die Menschen den Körper, während sie schlafen, bei Unfällen, traumatischen Erlebnissen oder Operationen. Überlegen wir uns einmal, was geschieht, wenn wir während einer Operation aus dem Körper hinausgehen und das Krankenhaus ist voller Wesenheiten, die gerade gestorben sind, und deren Kummer und Angst. Im ungeschützten astralen Zustand sind wir sehr empfänglich für diese fremden Emotionen.

Wenn wir unseren Emotionalkörper aus dieser Perspektive zu betrachten beginnen, werden wir erkennen, daß viele der Dinge, die uns zu schaffen machen und unsere Sicht der Wirklichkeit beeinflussen – welche Gefühle und Empfindungen wir gegenüber uns selbst und der Welt hegen – in Wirklichkeit gar nicht von uns stammen. Es handelt sich ganz einfach um eine Vergrößerung oder Verstärkung von Emotionen, die ansonsten nur ein kurzes Aufflammen wären und durch uns hindurchziehen würden. Hier tritt der Effekt ein, der bei der Psychologie der Massen zu beobachten ist. Gerät eine Person in eine Menschenmenge, in einen Zustand der Trunkenheit oder in die astrale Dimension, dann hat dies unweigerlich eine tiefgreifende Veränderung ihres Gleichgewichts oder ihrer Mitte zur Folge. Massen funktionieren gewöhnlich von der astralen Dimension aus. Darum werden sie in Dinge verwickelt, die der einzelne nie tun würde.

Der Emotionalkörper ist von Astralenergie geprägt, die ihrer Natur nach sehr verführerisch ist. Wir nennen sie auch »Astralkleister«. Räumlich gesehen existiert die astrale Dimension simultan zu dieser Dimension. Emotionen, Schocks, Drogen und Träume sind alles Mechanismen, die ein Durchbrechen in den Astralraum auslösen.

Das Aufsuchen früherer Leben läßt uns gleichfalls ins Astrale tauchen. In der Sekunde, in der wir eine Form annehmen, kommen wir mit unserer Astralenergie in Berührung. Die astrale Dimension ist der Schleier – ein Teil des Emotionalkörpers, dessen Prägung uns Lebenszeit für Lebenszeit verfolgt. Diese Energie existiert im eigentlichen Sinn in den

Körperzellen, und jedesmal, wenn wir wieder geboren werden, reaktiviert sie sich innerhalb des Zellgedächtnisses. Aus diesem Grund nimmt der Emotionalkörper wieder seinen alten Platz ein, an dem er seine Schäfchen ins trockene bringt. Er bildet anhand seiner Astralenergie eine Frequenz aus, die in den physischen Körper ausstrahlt, der seinerseits eine Botschaft aussendet, die nur eine bestimmte Wirklichkeit zuläßt. Es ist der Emotionalkörper, der, aufgrund seiner astralen Natur, die Fäden in der Hand hält.

Sehr wichtig ist der Umstand, daß die Astralenergie in die Körperzellen fließt. Die Zellen sind so gebaut, daß sie zu allem, was der Emotionalkörper in seinem zeitlosen Labyrinth je erlebt hat, Zugang haben. Der Emotionalkörper ist der Träger dieser Botschaften – Erinnerungen an Katastrophen und Zerstörung, an Angst und Furcht und selten nur an Augenblicke der Ekstase. Der Emotionalkörper spaltet sich ab von dem Formlosen, dem Nicht-Manifesten und kann nicht wieder mit ihm verschmelzen. Ekstase kann diesen Filter deshalb nicht passieren, weil die Schwingung des emotionalen Repertoires, das wir entwickelt haben, nicht hoch genug ist, um Glückseligkeit, Verzückung und Ekstase einzuschließen. Diese werden vom Lichtkörper erlebt.

Solange wir in unseren Urteilen und unserer Selbstgerechtigkeit gefangen sind, können wir mit direkter Erfahrung nicht in Kontakt kommen und müssen auf dieser Seite des Schleiers, der körperlichen Seite, verharren, getrennt von der Gottesquelle. Erst wenn wir gewillt sind, uns ins Astrale zu begeben und damit zu arbeiten, die Erinnerungen aufzusuchen aus den Erfahrungen all unserer Leben, um sie freizusetzen, lüften wir den Schleier und haben die Möglichkeit, in die reine Form zurückzukehren. Solange wir uns vom Astralen beherrschen lassen, können wir uns noch so sehr bemühen, die Gottesquelle zu erreichen, über sie sprechen oder sie uns irgendwo im Körper vorstellen, erleben können wir sie nicht, weil der Emotionalkörper das Gefährt der Erfahrung ist.

Wir nehmen die Astraldimension zuerst gar nicht wahr, weil wir sonst nur Schmerz und Verzerrung, Zorn und Angst sehen würden, könnten wir sie wahrnehmen. Da wir diesen Erfahrungen noch immer verhaftet sind, vermeiden wir sie. Weil die astralen Erinnerungen dem Zellgedächtnis innewohnen, müssen wir uns auf der Ebene der Zellen klären. Und das ist der Grund, warum wir in unserer Entwicklung jetzt einen toten Punkt erreicht haben – weil nämlich der Mentalkörper uns nicht länger schützen kann. Er muß sich öffnen; wir müssen den begrenzten Verstand aus seiner Tretmühle herausholen und in ein ganzheitliches, holographisches Schema bringen, das es ihm ermöglicht, sich mit jenen anderen Oktaven der Wirklichkeit zu identifizieren – mit Ekstase und Glückseligkeit, der Frequenz unserer göttlichen Natur. In Gegenwart dieser Energien kommt es zur spontanen Transformation des physischen und des Emotionalkörpers.

Wenn wir aus Versehen in die astrale Dimension geraten, sind wir dem Ansturm der emotionalen Energien wehrlos ausgeliefert. Diese Energien, die von besonderen Gedankenformen oder urtümlichen Emotionen herrühren können, weisen oft eine sehr niedrige Schwingungsfrequenz auf. Sie dringen in unser wehrloses Bewußtsein ein und vermischen sich mit unserer Selbsterfahrung. Gleich Parasiten klammern sie sich an unser Wesen. Nach unserer Rückkehr aus der Astraldimension entwickeln sie sich weiter und stören die Integrität unseres Wesens. Das ist der Grund, warum wir uns oft in Gefühle verstrickt fühlen, die uns eigentlich fremd sind, wie zum Beispiel eine plötzliche Furchtsamkeit ohne ersichtliche Ursache. Das Gefühl ist in der Energie eingeschlossen, die wir durch den Schleier mitgebracht haben, und wirkt sich in dieser Dimension aus.

Mangelnde Zentrierung in der astralen Dimension führt zur Aufnahme von Emotionen ohne Unterschied. Aus psychologischer oder emotionaler Sicht entsteht dieser Mangel an Ego-Zentrierung zum Teil durch die Einnahme von Drogen. Wenn Leute aus Gründen der Entspannung zu Drogen greifen, so gelingt ihnen dadurch eine Auflockerung ihrer Ego-Strukturen, so daß sie weniger abweisend, weniger verschlossen, weniger ängstlich sind. Doch der Preis, den sie für diese Lockerung des Ego zahlen müssen, das uns in die astrale Wirklichkeit trägt, ist, daß sie kein Zentrum der Selbstgewahrsamkeit mehr haben. Sie verlieren sich in einem unendlichen Meer von Energien, die umherirren und sich an ihnen festklammern. Natürlich ist das eigentliche Motiv dahinter oft die Flucht aus dem Alltag, das Überschreiten der selbst geschaffenen Grenzen. Also wagen wir uns in die astrale Dimension. Nicht nur, daß wir unserem Ego dort entkommen können, es ergibt sich auch eine Spaltung zwischen unseren verschiedenen Wirklichkeiten und unserer Fähigkeit, uns entlang dieser Wirklichkeiten in einer bewußten, kontinuierlichen Weise zu bewegen. Es findet somit eine Unterbrechung unseres Lebenszweckes statt.

Die körperliche Bestätigung für diese Unterbrechung ist ziemlich beeindruckend. Man hat zum Beispiel festgestellt, daß die meisten Drogen in den Augen, und zwar in der Iris, eine Ablagerung hinterlassen, die auch fünfzehn Jahre nach derartigen Experimenten noch nachweisbar ist. Marihuana erzeugt eine teerähnliche klebrige Substanz, die die synaptischen Fortsätze der Nervenenden im Gehirn ummantelt, und bis dato wurde noch kein Mittel entdeckt, um diese Ablagerungen zu beseitigen. Diese Sperre verringert die Möglichkeiten zur Erweiterung unseres Bewußtseins, indem sie unsere Schwingungsfrequenz herabsetzt. Der Schwingungsbereich der astralen Dimension ist ein sehr niedriger.

Die spirituellen Lehren vieler Naturvölker schließen den Gebrauch von Substanzen mit ein, die ausschließlich dem Zweck dienen, das Bewußtsein in die astrale Dimension zu versetzen. Man wollte damit eine Verbindung mit dem Bewußtsein einer anderen Spezies aufnehmen, um deren Rat einzuholen, oder um bestimmte Informationen aus einem anderen Bereich zu gewinnen, die wichtig waren für das

Überleben, das tägliche Leben oder die Zukunft. In den zoomorphischen Verhaltensmustern, die auf den beiden amerikanischen Kontinenten vorherrschend waren, wurden pflanzliche Substanzen dazu benutzt, um mit dem Astralgeist von Tieren in Verbindung zu treten und zu verschmelzen. Die Kraft solcher Tiere wurde in direktem Bezug zur Qualität des menschlichen Lebens und ihr Besitz als erstrebenswert gesehen, um die Menschen in den Hologrammen aller Spezien zu führen und um ein harmonisches Zusammenleben mit der ganzen Natur zu gewährleisten. Die Kommunikation zwischen den Dimensionen und Spezien innerhalb dieses natürlichen Rahmens verfolgte einen göttlichen Zweck. Das Selbst zu verlieren, war immer Teil dieser Rituale, dieser Substanzen, dieser Identifikation mit dem Geist der Tiere. Es war das erklärte Ziel, die Beschränkungen durch das Ego abzuschütteln, um mit einer höheren Energie, der Energie des großen Geistes, in Verbindung zu treten, sie zu verstehen und herabzuleiten. Auf diese Weise bildete die Kommunikation mit der astralen Dimension für die Naturvölker eine Führungshilfe. Absicht und Zweck waren immer eindeutig. Jene Wesen, die den Wechsel vollzogen und das Geschenk brachten, mußten keine weiteren Dienste für ihr Volk leisten als das Vollziehen dieser heiligen Handlung. Die Kraft des Verstehens wurde nicht den alltäglichen Anforderungen ausgesetzt, die das Leben in einer Gemeinschaft mit sich bringt.

Wir sind an einem Punkt der Menschheitsgeschichte angelangt, an dem das Hin- und Hermanövrieren durch den astralen Schleier zu einer äußerst schwierigen Prozedur geworden ist, wenn man vermeiden will, zu einem von den in der astralen Dimension vorherrschenden Energien verseuchten Medium zu werden. Zufolge wissenschaftlicher Experimente mit Laserstrahlen sind gegenwärtig bereits Risse in der zwischen den Dimensionen bestehenden Membran aufgetreten, und es gibt Stellen auf unserem Planeten, an denen die Astralenergie ausblutet. Leute, die einen gelegentlichen Hang zu halluzinogenen Drogen haben oder sich durch sonstige Mittel – Alkohol oder emotionalen Streß – von Zeit zu Zeit der Kontrolle ihres Egos entziehen, sehen sich den Schwierigkeiten mit diesen aus der Astraldimension entwichenen Energien ausgesetzt, die die Ursache für eine Vergiftung größten Ausmaßes auf dem psychischen, emotionalen und mentalen Sektor sind. Erst wenn es eine klare Definition und Meisterschaft in Hinblick auf die astrale Dimension gibt, können wir sie zu unserer Führung und Erziehung benutzen, damit wir erkennen lernen, was in dieser Welt vorgeht. Besitzen wir diese Meisterschaft nicht, dann erweist sich ein einzelner Anschluß an die verirrten Energien der astralen Dimension als äußerst gefährdend, weil er nicht nur eine Trennung zwischen uns und den anderen herbeiführt, sondern auch zwischen uns und unserem eigenen höheren Bewußtsein.

Wir können nicht auf eine konzentrierte, aus unserer Mitte gerichtete Weise Verbindung aufnehmen, wenn wir von astraler Energie überschwemmt sind. Ohne festen Platz innerhalb einer Gemeinschaft, wie es bei den Völkern, die sich dieser heiligen Aufgabe widmeten, der Fall war, verlieren wir unsere Bestimmung und uns selbst. Gleichzeitig ist es meine feste Überzeugung, daß wir uns jetzt von den Erinnerungen an eine Teilnahme an solchen Ritualen, bei denen Substanzen verwendet wurden, die einen Übertritt in die astrale Dimension bewirkten, freimachen müssen. Wir haben es bitter nötig, unser Bewußtsein auf höhere Oktaven einzustimmen, um zu größerer Weisheit zu gelangen, die uns hilft, unsere Bestimmung zu erfüllen und die über persönliche Macht weit hinausgeht.

Anstatt die Macht der astralen Dimension für irgendwelche manipulatorischen Zwecke zu nutzen, müssen wir nun auf das Flüstern der Stimmen einer höheren Ordnung hören, um uns von unserer Geschichte zu lösen, damit wir als voll verwirklichte Wesen an dieser Dimension teilhaben. Dies führt zur Ausrichtung unseres Lebenszweckes, weg von persönlicher Macht hin zum kosmischen Fluß, zur Teilhabe am Universum, und bewirkt, daß sich unsere Gedanken und unsere Energie der ganzen Erde zuwenden. Wir brauchen nicht länger aus der begrenzten Sicht unseres persönlichen Willens zu handeln, der das Hologramm nicht kennt, diese Verbindung zwischen Millionen von Fäden, aus denen das Gewebe des Lebens sich zusammensetzt. Wenn uns unser ausgezeichnetes Gedächtnis veranlaßt, Zuflucht zu Ritualen zu nehmen, die uns zu anderen Lebenszeiten geholfen haben, einen gewissen Grad an persönlicher Meisterschaft, Macht oder Information zu erreichen, dann nehmen wir einen Faden aus dem Bewußtsein auf, das jene Rituale geschaffen hat, um auf diese bestimmte Oktave der Wirklichkeit zu gelangen. Dieses Bewußtsein hatte seine Berechtigung innerhalb des Hologramms der Wirklichkeit zu jener Zeit, was nicht unbedingt bedeutet, daß es auch in dieser Zeit ausreicht, um für unsere Erleuchtung oder unser bloßes Überleben zu sorgen.

Wir müssen verstehen, daß Ritual und Bewußtsein untrennbar verbunden sind mit der Erfahrung, die für jene Seelen angemessen ist, die innerhalb dieser Wirklichkeitsbereiche inkarnieren. Es ist nicht nötig, daß wir selbst unsere Geschichte wiederholen. Die Geschichte muß mit der Evolution Schritt halten, um schnellere, höhere und geeignetere Oktaven der Erleuchtung zu verwenden, die der Realität der Lage, in die wir dieses Mal inkarniert sind, entsprechen. Unsere Vergangenheit wird uns dabei nicht dienlich sein. Nicht weil das damalige Wissen unrein oder unvollständig war, sondern weil die Anwendung – das Medium dieses Wissens innerhalb des Bewußtseins jener Zeiten – unseren gegenwärtigen Bedürfnissen nicht entspricht. Das Universum ist nicht statisch, es entwickelt sich ständig weiter.

Wenn wir uns selbst die Erlaubnis erteilen, von dieser historischen Prägung unserer astralen Emotionalkörper abzulassen, können wir den Zugang zu unserer Multidimensionalität gewinnen, die die höheren Oktaven miteinschließt.

Ein Freisetzen dieser Frequenz aus der Vergangenheit bewirkt einen Sprung in die feineren und schnelleren Frequenzen des Verstehens, was uns sehr zugute kommen würde. Wir müssen jetzt andere Welten erforschen!

Es ist wichtig zu begreifen, daß jede Form von Materie mit der Frequenz der Erfahrung – gelagert in der astralen Dimension – getränkt ist. Orte, an denen wir an Erfahrungen teilgenommen haben, die eine emotionale Qualität, Dichte und Energie aufweisen, scheinen diese Frequenzen über einen langen Zeitraum zu speichern. Das gilt natürlich auch für unbelebte Objekte. Die Möbelstücke in unseren Wohnstätten sind durchsetzt von der Frequenz der emotionalen Beziehung, der sie ausgesetzt waren. Wenn wir mit einer Beziehung Schluß machen – sagen wir zum Beispiel mit einer zwanzigjährigen Ehe – und das Mobiliar in unser neues Heim mitnehmen, dann werden diese Möbel die Emotionen unserer vorangegangenen Erfahrungen ausstrahlen. Die Folge davon ist, daß uns die emotionale Qualität dieser Erfahrungen auch weiterhin gefangen hält und auf unbewußte (astrale) Weise ständig stimuliert. Jede Art von Materie gibt diesen »astralen Rauch« ab, und beeinflußt damit, wie wir uns selbst wahrnehmen, wie wir fühlen und wie wir uns emotional verhalten, selbst wenn wir die Quelle der Emotionen vergessen haben.

Lassen Sie mich Ihnen ein Beispiel geben. Sagen wir, Sie fahren mit Ihrem Partner an einen wunderschönen, romantischen Ort, wo Sie in einem viktorianischen Hotel absteigen. Sie sitzen in den viktorianischen Sesseln und schlafen in dem viktorianischen Bett. Sie machen sich Gedanken über das Maß an Aufmerksamkeit, das man in der viktorianischen Zeit dem Ornament gewidmet hat. Sie wollten ein romantisches Wochenende verbringen, doch die Energie, die von dem Bewußtsein, das diese reich verzierten Gegenstände einst geschaffen hat, ausstrahlt, enthält auch die Botschaft, geschlechtliche Betätigung wäre etwas Sündiges und Verbotenes und allenfalls in Ausübung der ehelichen Pflicht gestattet. Und als schließlich die Zeit für eine wundervolle Liebesnacht gekommen ist, fühlen Sie sich plötzlich ohne jeden ersichtlichen Grund von Ihrem Partner abgestoßen. Dieser Stimmungsbruch, dieses Gefühl der Verlassenheit, dieses ahnungsvolle Zurückziehen entstehen, weil die lebendigen physischen Antennen Ihres Körpers Gedankenformen, Botschaften und Erfahrungen auffangen, die in Ihrer Umgebung gespeichert sind.

Es ist eine großartige Erfahrung, wenn wir anfangen diese Tatbestände zu erkennen. Seit Anbeginn aller Zeiten haben die Seher und Medien diese Prinzipien, diese Gesetze der Energie, verstanden. Durch bloßes Handauflegen können wir Zugang erlangen zu der Qualität des Wissens, der Emotionen und Erfahrungen, die mit den betreffenden Objekten verbunden ist, ob es sich nun um einen Sessel, ein Schmuckstück, ein Stück Erde oder um den Körper eines Menschen handelt.

Weil das Astrale nicht in Zeit und Raum verankert ist, bildet es eine große Fundgrube für emotionale Geschichte. Einiges daraus kann sich zwar als nutzbringende Information erweisen, das meiste aber ist wertlos, denn wir müssen zu neuen Wesen mit einer höheren Frequenz werden.

Nicht nur durch Berührung können wir Informationen aus dem astralen Feld erkennen oder aufnehmen, es ist auch möglich, mit Hilfe des Gesichtssinns astrale Erscheinungen zu bemerken. Es gibt astrale Emanationen, die durch das Fernsehen verursacht werden, oder aus den Gegenständen rund um uns kommen. Die Psychologie der Medien ist sich dessen wohl bewußt und macht sich diese Wirkung bei der Werbung zunutze. Die Medien erwecken unbewußte Wünsche in uns, was uns auf eine Weise reagieren läßt, die anderen erstrebenswert scheint. Ihr Einfluß erstreckt sich auf unsere Kaufgewohnheiten und formt unsere Meinung und unsere Entscheidungen im täglichen Leben. Es handelt sich um eine tiefgehende astrale Verschmutzung, die uns aufgezwungen wird, während wir völlig passiv vor dem Fernseher sitzen. Wir sind von unserem Intellekt so gefesselt, wenn wir uns irgendein Programm ansehen, daß uns nicht bewußt wird, wie wir uns mit den darin enthaltenen Urteilen infizieren. Aus den Tönen, Bildern, den Eingebungen und Vorschlägen der Medien rund um uns stellen wir selbst den Stoff her, aus dem wir dann das Kleid unserer Vorurteile schneidern.

Was wir in den Medien in Form von sexuellen Anspielungen sehen, hat einen tiefen Einfluß auf uns, weil es den Samen legt für visuell-mentale Fantasien, die uns in die illusionären astralen Welten tragen. Unser realer physischer Kontakt mit unserer sexuellen Natur wird durch diese astralen Verunreinigungen blockiert. Die durch mentale Reize verursachten biochemischen elektrischen Veränderungen im Gehirn sind oftmals für uns realer, als die tatsächliche physische Erfahrung. Die Folgen für unsere Beziehungen und unsere sexuelle Natur sind verheerend, weil die starke elektromagnetische Energie, die entsteht, eine Schwelle in die astrale Dimension bildet.

Die Arbeit mit früheren Leben hat uns immer wieder gezeigt, daß die sexuellen Gepflogenheiten und Erfahrungen vergangener Lebenszeiten sowohl emotional als auch physisch unveränderlich im Kode der aufeinander folgenden Körper festgehalten werden. Wenn wir durch häufigen Partnerwechsel mit unserer sexuellen Energie Mißbrauch treiben, nehmen wir nicht nur die astrale Energie unseres Liebhabers auf, sondern auch die seiner Partner. Diese Wahrheit soll uns AIDS vermitteln und auch die anderen Geschlechtskrankheiten. Eine weitere Botschaft von AIDS ist, daß wir noch nicht genügend Selbst-Zusammenhalt haben, um unserem Körper ausreichenden Schutz zu gewähren. Wenn drei oder vier andere Körper vorhanden sind, die in unser Aurafeld eindringen, verlieren wir unsere Integrität, und die undurchdringliche Kapsel unseres Selbst wird aufgebrochen. Das ist der Grund, warum sich so viele Menschen nach dem Liebesakt völlig erschöpft fühlen.

Sexuelle Energie sollte eine gewaltige Energie im Körpergefährt entfesseln, und es nicht erschöpfen oder verbrauchen. Wenn dies der Fall ist, dann kann jede Form der Bindung diese Auflösung, diese Dekristallisation der inneren Mitte herbeiführen und der Krankheit einladend die Tür aufhalten. Körperliche Liebe verursacht ein Vermischen der Aurafelder, das ungefähr achtundvierzig Stunden lang anhält. Die Emotionen und Gedankenformen und andere astrale Energien aus dem Aurafeld unseres Partners können ungehindert in unser eigenes Aurafeld übergehen. Selbst eine kurze Affäre benötigt neun Monate zur Klärung. Eine unterschiedliche Schwingungsfrequenz, wie sie bei Zufallsbekanntschaften häufig der Fall ist, hat fast immer eine deutlich spürbare Unebenheit in unserer Aura zur Folge. Wenn das Herz nicht beteiligt ist und die Energie ausschließlich in den niedrigeren Chakren gebunden bleibt, kommt es häufig zu einer Blockierung der Beckenenergie. Es gibt wenige Frauen, bei denen dieses Phänomen nicht auftritt, ob die Ursache hierfür in einer Abtreibung liegt, an Schuldgefühlen oder der Unfähigkeit, den eigenen Körper zu erleben.

Die sechziger Jahre schlugen eine Bresche für die Suche nach wirklicher sexueller Entsprechung. Doch die Frauen antworteten nur allzuoft darauf, indem sie sich hinter vaginalen Mauern verschanzten. Gebärmutterkrebs und Entzündungen in der Beckenregion folgten mit alarmierender Häufigkeit. Eine Verschmelzung im genitalen Bereich ist zumeist die einzige Art von Verschmelzung, die wir innerhalb unseres begrenzten Bewußtseins bisher erreicht haben. Wir können uns tatsächlich richtig spüren, wenn in unserem sexuellen Bereich eine Art von elektrischer Reizung auftritt. Vermutlich ist dies die stärkste Empfindung, die die meisten Menschen in sich erleben und die der Erfahrung von Ekstase am nächsten kommt. Nun müssen wir unsere sexuelle Energie erwecken und sie auf die nächste Stufe bringen, damit wir Körperenergien und universale, kosmische Frequenzen erkennen und aufnehmen können. In Wirklichkeit wissen wir bereits, wer eine Energie, die uns nährt, trägt und wer nicht. Nur aus dem Grund, weil die klebrige astrale Karmaenergie zu verführerisch ist, als daß wir ihr widerstehen könnten, gehen wir immer wieder in dieselbe Falle, oftmals mit den gleichen Komplizen, die wir schon bei anderen Erfahrungen in anderen Lebenszeiten benutzt haben. Alle Krankheiten, die Altern und Tod bewirken, werden verschwunden sein, wenn wir den Zugang zur Weisheit unseres Höheren Selbst erreicht haben. Wir werden dann anfangen einen Blickwinkel einzunehmen, der es uns erlaubt, unsere sexuelle Energie in ihrer Ganzheit, ihrer Vollendung zu sehen – sei es mit oder ohne Partner. Dies wird uns ermöglichen, unsere Frequenz auf jenen kosmischen orgasmischen Stand anzuheben, der keine Trennung zuläßt.

Alkoholismus läßt sich aus dem Aurafeld ablesen. Alkoholismus ist eine Krankheit. Er hat nichts mit einem Mangel an Willenskraft oder Überlebenswillen oder Übersensibilität zu tun, obwohl diese Dinge oft ein Teil davon sind. Einer der Wege, Alkoholikern zu helfen, ist die Kontrolle des Blutzuckerspiegels und die Behebung des Ungleichgewichtes, das fast immer vorhanden ist. Interessanterweise trifft dies auch auf medial veranlagte Menschen zu, die große Probleme mit der Besetzung ihrer Aurafelder haben. Dieses Syndrom der Blutzuckerschwankungen führt außerdem häufig zu Gewichtsproblemen bei diesen Menschen, weil nämlich ihre Zirbel- und Hirnanhangdrüse damit beschäftigt sind, Informationen aus dem Astralbereich zu empfangen, anstatt ihre Aufmerksamkeit dem Körper zu widmen. Anstatt der Schilddrüse und dem endokrinen System entsprechende Befehle zu erteilen, agieren sie als Empfangsantennen, ohne den Körper zu beachten.

Ein Weg, Alkoholikern zu helfen, ist, wie gesagt, an der Behebung der Hypoglykämie, die stets vorhanden ist, zu arbeiten. L-Glutamin, eine Aminosäure, hilft ihnen, ihr Verlangen zu trinken einzudämmen, da es das Gleichgewicht des Blutzuckers im Gehirn wieder herstellt. Die Einnahme von L-

Glutamin am frühen Morgen und am späten Nachmittag empfiehlt sich also sowohl für Leute, die täglich große Mengen trinken, als auch für jene, die zum Alkoholismus neigen. Es ist eine der wenigen Substanzen, die ins Gehirn vordringen und den Blutzucker stabilisieren kann. Außerdem glättet es die Wogen der Nervosität, so daß der emotionale Aufruhr etwas gebremst wird.

L-Glutamin ist ein Wundermittel, das jedem von uns hilft, den durch das Wechseln der Dimensionen verursachten emotionalen »Achterbahn«-Effekt auszugleichen. Etwas, womit wir alle zu kämpfen haben, wenn sich unser Bewußtsein erweitert, ist eine gewisse Schwierigkeit, im Körper zu bleiben oder sich seiner zu bedienen. Es ist für jeden von uns überaus wichtig, in diesem Körper zu sein, einen Weg zu finden, dieses Gefährt uneingeschränkt zu lieben und es als Werkzeug zu benutzen, das dazu dient, uns zu formen, und das ein Instrument des Formlosen in dieser Dimension verkörpert. Jede Zelle im Körper hat den Moment der Empfängnis, der Manifestation des Nicht-Manifesten aufgezeichnet, und wir müssen beginnen, uns auf neue Weise mit unserem Körper auseinanderzusetzen.

Unser Aurafeld ist sehr wichtig, was das Ertasten der Astralenergie anbelangt. Sobald wir in der Lage sind, das Aurafeld zu erkennen, können wir es zum Überwachen der astralen Verschmutzung benutzen und uns selbst von jeder unerwünschten Energie reinigen. Eine Erweiterung des Bewußtseins schließt auch ein Erkennen der Aurafelder mit ein, die wir als »Stimmungs-« oder »Wahrheitsbarometer« einsetzen können, um uns selbst und auch die anderen aufrichtig kennenzulernen. Die Aura hat ihre eigene Wahrheit. Sie lügt niemals, nicht in diesem Leben noch in irgendeiner anderen Lebenszeit. Sie erzählt, wer wir wirklich sind, sie ist gleichsam eine Akasha-Chronik auf der physischen Ebene, die durch das Zellgedächtnis zugänglich ist.

Die Aura ist einfach ein elektromagnetisches Feld, das der Körper ausstrahlt. Sie ändert sich fortwährend, wir haben keine grünen oder blauen Aurafelder, unsere Aura pulsiert und verändert sich andauernd. Sie ändert sich mit jedem Gedanken, jedem Gefühl. Sie hat gewisse Perspektiven oder Vorurteile, genau wie wir, genau wie unser Körper bestimmte Botschaften hat. Auch die Aura sendet Botschaften in bezug auf das Karma aus, das wir uns ausgesucht haben. Das mag der Grund sein, daß wir eine Aura haben, in der entsprechend einem bestimmten Vorurteil eine Farbe überwiegt, zum Beispiel Blau oder Orange oder Grün, gemäß dem Bauplan, den unsere Seele entworfen hat.

Wir nehmen sehr wohl die Aurafelder untereinander wahr, das ist gar keine Frage. Entweder mögen wir einen Menschen, oder wir mögen ihn nicht, und was wir an ihm mögen oder nicht, ist das, was wir in seiner Aura spüren. Spüren wir Angst oder Zorn im Aurafeld, dann werden wir ihn wahrscheinlich meiden. Könnten wir die Aura sehen, dann würden wir eine entsprechende Farbe wahrnehmen.

Ich habe das Glück, eine Frau zu kennen, die zu den größten Meistern der Welt auf dem Gebiet der Aura zählt. Sie besaß von Geburt an die Gabe, das Rotieren der Chakren wahrzunehmen. Ich möchte kurz zusammenfassen, was sie mich gelehrt hat. Jedes Chakra hat alle Farben in sich – auch das Kronenchakra, weil sich die Energien untereinander vermischen, wenn sie den Scheitelpunkt erreichen. Da jede Farbe eine Frequenz hat, die bestimmten Energien entspricht, sind jedoch diese Energien in dem Chakra, das ihnen direkt zugeordnet ist, vorherrschend.

Beim Solarplexus-Chakra können wir zum Beispiel mehr Grün sehen, weil Grün die eigentliche Schwingung des Emotionalkörpers ist. Könnten Sie das Rotieren der Chakren wahrnehmen, dann würden Sie eine Unmenge von Fasern in allen Farben sehen, die sich nach außen strecken. Entlang der Fasern jeder Farbe sind kleine Knäuel, die in den östlichen Weisheitslehren als »nadis« bezeichnet werden. Nadis können im Körper, im Aurafeld oder im Nervensystem sein. Sie sehen wie kleine Klumpen von Seegras aus, das sich an einem Seil verfangen hat. Unser Aurafeld setzt sich also aus einer Vielzahl von Fasern in allen Farben zusammen, das heißt, diesen Eindruck würden Sie erhalten, wenn Sie zum Beispiel ein geeignetes Gerät hätten, um es sehen zu können.

Wenn sich etwas auf irgendeine Weise zusammenzieht, dann verändert das die Farbfrequenzen. Ist Ihr Herz zusammengezogen, dann sind es auch die blauen Farben in Ihrem Herzchakra, weil die Fasern kürzer sind. Sie werden umeinander verschlungen sein, und sich um die Mutterfaser oder Partnerfaser, oder was immer für eine Geschichte dahinterstecken mag, wickeln, was eben die Energie dieses Chakra blockiert. Wir haben jetzt Geräte, die das Aurafeld prüfen und aufzeigen können, ob es nach außen strahlt oder zusammengezogen oder unterbrochen ist.

Was die Erweiterung unserer Wahrnehmung hinsichtlich feinstofflicher Körperfelder betrifft, sind Drogen ein ausgezeichneter Lehrbehelf für uns gewesen. Denn wer einmal, unter welchen Umständen auch immer, sein dreidimensionales Selbst verlassen hat und an einen Ort gelangt ist, an dem alles, was er sah, Menschen, Tiere und Pflanzen usw., Energien in allen Farben des Regenbogens ausstrahlte, der wird dieses Erlebnis nie mehr vergessen. Eine Öffnung hat bei ihm stattgefunden. Doch alles hat seinen Preis, und wenn wir Drogen zu Hilfe nehmen, dann wird unser Aurafeld verletzt. Drogen machen ein Loch in die Aura. Es ist, als fügte man dem Körper einen Schnitt zu, er wird zwar verheilen, aber die Narbe läßt sich kaum beseitigen. Es wird zwar besser mit der Zeit, doch eine Störung im Energiefeld, das wir ausstrahlen, bleibt. Unharmonischer Sex, Drogen und Alkohol schwächen unser Kraftfeld in einem Maße, daß es buchstäblich welken und manchmal sogar lecken kann! Das ist der Grund, warum wir unsere Ziele aus den Augen verlieren und uns zu schwach fühlen, uns durchzusetzen. Unsere Lebenskraft strömt aus und zurück bleiben Depressionen und Ekel, die dann über den Sinn und die Anteilnahme am Leben bestimmen.

Wären wir imstande, wenn wir dieses Gefühl der Ohnmacht empfinden, unsere Chakren und unser Aurafeld zu ertasten, dann könnten wir auf bewußte und liebevolle Weise unsere Aufmerksamkeit darauf lenken, die Aura zu reinigen und zu stärken. Der beste Weg, dies zu tun, ist das Ausstrahlen von Lichtenergie durch den Solarplexus, so daß uns unser Kraftfeld wieder umfließt. Das Ausdehnen der Aura in dieser Form führt tatsächlich zu einer Klärung des Emotionalkörpers und verhilft uns zu einer natürlichen Abschirmung vor astraler Energie, denn während wir Energie durch den Solarplexus ausstrahlen, kann auf diesem Wege keine Energie in uns eindringen.

Das heißt nicht, daß wir die astrale Dimension als eine negative Erfahrung betrachten sollen, die es besser zu vermeiden gilt. Aber wir sollten die Natur des Astralen verstehen lernen, damit wir auf klare und bewußte Weise mit seiner Energie umgehen können. Dann werden wir über die Möglichkeiten zur Verständigung zwischen den Spezies und den Dimensionen verfügen, die uns im täglichen Leben von großem Nutzen sein könnten. In dem Maße, in dem wir unsere eigene astrale Energie ins Bewußtsein bringen, leisten wir gleichzeitig einen Beitrag zur Heilung, Veränderung und Wiedererschaffung der astralen Dimension selbst. Wenn wir die Energiespirale des Lebens hinaufschrauben, dann können alle Dimensionen der Wirklichkeit mit uns gemeinsam an dieser Beschleunigung des Evolutionsprozesses teilnehmen.

7 Sexualität

Die Sexualität trennt uns nicht von der Erleuchtung – sie ist Teil unserer irdischen Erfahrungen, die unser Verschmelzen mit der Erleuchtung bewirken sollen.

Es war eine Odyssee, die wir schon des öfteren unternommen hatten. Immer zur Weihnachtszeit ergreift mich eine merkwürdige Unruhe, die aus einer Quelle tief in meinem Inneren gespeist zu werden scheint. Wenn einmal der »Grundriß« einer Familie unwiderruflich durch die Endgültigkeit eines Scheidungsurteils zerstört worden ist, büßen solche Familienfeste wie Weihnachten etwas von ihrem Schein der Aufrichtigkeit ein, da sie Markierungspunkte in einem historischen Zeitkontinuum darstellen, und dieses Kontinuum durch ein Loch im Familiengewebe gebrochen worden ist. Wir schufen daher einen neuen Markierungspunkt, indem wir in der Weihnachtszeit in die freundliche Wüste fuhren, die sich rund um Tucson ausbreitet. Ich fühlte mich glücklich und »ganz« mit meinen fünf Kindern rund um mich, während wir gemeinsam die Wüste erforschten und schliefen und aßen in einer Umgebung ohne oberflächliche Zerstreuungen.

Es schien nichts Schöneres zu geben, als am Weihnachtsabend unter dem Sternenhimmel zu schlafen. Die Schönheit, Verletzlichkeit und Frische dieser Erfahrung entfachten eine unstillbare Sehnsucht in mir, die zu den nächtlichen Sternen emporstieg. Dieses Aufbrechen meiner Gefühle erregte meinen Körper, und ich stellte Überlegungen an über den Unterschied zwischen diesem Rausch ohne Ende und jenem anderen, verursacht durch das Pressen meines Herzens an ein anderes. Es war jetzt vier Monate her, daß ich mit jemand geschlafen hatte, und ich erwog ganz ernsthaft die Möglichkeit, daß ich diese Empfindungen vielleicht nie mehr erleben würde. Ich war einundvierzig, und meine sexuelle Energie stand in ihrem Zenit. Ich mußte über mich selber lachen bei dem Gedanken, daß das, was ich in den letzten Jahren erlebt hatte, mich fast zerspringen ließ, als ob ich allein eine Entdekkung gemacht hätte, die die Welt umstürzen würde. Hier lag ich nun, voll mit diesem neuen »Zeug«, in dessen geheime Welt ich wahrscheinlich nie wieder eindringen würde.

Ich weiß nicht, wie lange ich schlief, aber ich erwachte zu einer Million orgasmischer Explosionen, pulsierende elektrische Zuckungen erschütterten die Grundfesten meiner Zellen, meines Körpers, meines Bewußtseins!

Ich wurde zu einem Strom, der keine Grenzen kannte und weder Anfang noch Ende hatte. Unbeschreibliche, zeitlose Augenblicke verstrichen, und ein Gefühl der Ruhe überkam mich, und ich bemerkte, daß ich etwa einen halben Meter über dem Boden schwebte. Dann spürte ich, wie ich langsam zu sinken begann, und den Rest der Nacht lauschte ich einem wunderbaren Summen in meinem Körper. Meine Zellen sangen. Mein Verstand rührte sich kein einziges Mal, so versunken war ich in meine Erfahrung. Erst jetzt fällt mir ein Name dafür ein, ich nenne sie »kosmischen Orgasmus«.

Die spirituelle Essenz der Sexualität ist die nicht manifeste, multidimensionale, ins Denken einströmende Schöpfungskraft, die herabsteigt in die Materie. Sie ist unsere Erfahrung dessen, was nicht manifest ist, das geschaffene, von der sich ewig drehenden Spirale umschlossene Nichts. Die Lebenskraftenergie begibt sich auf die Ebene des Denkens, wo eine Schwingung ausgelöst wird, die eine wellenförmige Bewegung innerhalb der Schöpfungskraft bis weit hinaus ins Universum zur Folge hat. Diese wellenförmige Bewegung beginnt aus sich selbst heraus Strukturen zu bilden und einen eigenen Rhythmus zu entwickeln. Sie erschafft Materie, und diese Materie beginnt ihre eigene Ebene zu suchen, ein Zuhause, so daß der Same geboren wird innerhalb der Umgebung, die das Leben erschafft.

Jenen Augenblick, in dem die Energie die Verbindung herstellt, nennen wir Empfängnis. Empfängnis findet in mehreren Oktaven, mehreren Dimensionen statt. Empfängnis ist für uns die Mitte zwischen dem Nicht-Manifesten und dem Manifestierten. Diese Vereinigung schafft eine Spaltung, die einen Widerhall erzeugt, ein Universum, eine Umgebung erschafft, die es dem, was innen ist, ermöglicht zu wachsen. Es ist ein synchrones Geschehen: Wachstum und Schöpfung.

In unserer menschlichen Dimension gibt es diesen Fluß, diese Spaltung – wenn sich die Eizelle mit der Samenzelle vereinigt – und dies bewirkt die Erfahrung, die eine Prägung oder ein Muster ausstrahlt, das die Form bestimmt und die Absicht der Seele zum Ausdruck bringt. Wenn ein neues Wesen zu wachsen beginnt, dann trägt es in sich die flüsternde Absicht der Seele.

Bereits im Augenblick der Empfängnis wird jene Frequenz ausgelöst, die nach unserem Heranreifen unsere Partner anziehen wird. Alle Wesen, die mit uns eine sexuelle Verbindung aufnehmen, fallen in den Bereich dieser Schwingungsfrequenz, die im Moment der Empfängnis freigesetzt wird. Alle Körperzellen reifen im Laufe der Jahre heran und setzen dieses Wachstum oder diesen Lebenspuls bis zum Zeitpunkt der Pubertät fort.

Die Energie der Zirbeldrüse steht in direkter Beziehung zu der materiellen Form, die diese Empfängnis darstellt, sie nährt und die Prägung trägt. Die Zirbeldrüse wird stimuliert, so daß das Nicht-Manifeste, das Formlose, in das einfließt, was Form annimmt, wie zum Beispiel in den Sexual- oder Genitalbereich.

Diese sexuelle Verbindung zu verstehen, ist sehr wichtig, denn wenn die spirituelle Energie und der Körper eine Oktave der Trennung oder Dualität prägen, dann kommt die Zirbeldrüse oftmals nicht den physischen Anforderungen des Körpers nach, statt dessen ist die Sexualenergie gestört oder folgt nicht dem Fluß, der zu – wie wir es nennen – normaler sexueller Manifestation führt. Somit findet die sexuelle Energie keinen körperlichen Ausdruck, so daß die Schöpfungskraft von anderen Oktaven unserer Körper ausgeht – unserem Mentalkörper zum Beispiel – und sich nicht voll in unserem physischen Gefährt niederschlagen kann.

In der Struktur der genitalen Organe liegt die Essenz dieses Rufes: Die ausstrahlende Energie zieht die Energie der Partner an und bewirkt das Wachstum oder die Auswahl der Erfahrungen, die der genitale Bereich machen soll. Wenn diese Erinnerungen vertrieben werden – weil die Prägung mit Erfahrungen angefüllt ist, deren Schwere und Dichte auf Krankheit oder Tod in diesen Körperregionen hinweisen – dann bilden sie eine Blockade im gegenwärtigen Gefährt, eine Unterteilung des Flusses von den niedrigeren zu den höheren Chakren. Das ist es, was wir jetzt erfahren, ausgehend von den Experimenten mit der Sexualität, die in Atlantis begonnen haben und sich über das Mittelalter bis in die Gegenwart erstrecken. Diese Erfahrung aktiviert die physischen Strukturen, und wir haben viel Abnormalität, wogegen die spirituelle Essenz, die in den genitalen Organen vorhanden sein sollte, blockiert ist. Frauen fahren zum Beispiel fort, nach einem Widerhall jener Spaltung zu suchen, die einst stattgefunden hat, und erleben statt dessen ein Absterben der Vaginawände, was ein Auftreten der elektromagnetischen Frequenz verhindert. Der natürliche kreative orgasmische Zustand wird nur in seiner primitiven Form erfahren, und nicht in seiner Fülle. Das gleiche gilt für die Yang-Kraft, die aufgrund ihrer Prägung nach außen schlägt. Die sexuelle Vereinigung hat nicht die Möglichkeit, den Kreis zu schließen zwischen den Säften, die nach außen streben und den Säften, die erzeugt werden, um zurückzufließen, und so kommt es zu einer Blockierung.

Wenn der physische Körper unfähig ist, das Hologramm zu erleben, das Ein- und Ausströmen, dann führt dies zu einer starken Unruhe, weil er nicht den Punkt der Empfängnis, der Schwelle, erreicht. Wenn wir das begreifen und unser Bewußtsein so einstellen, daß es über die Grenzen der Körperlichkeit durch die Essenz der elektromagnetischen Energie zurück zur Quelle reicht, dann können wir diese Energie aus ihrer Isolierung herausholen und dem physischen Körper zuführen.

Das physische Gefährt ist die Verkörperung der Gotteskraft von der Zirbeldrüse zu den Genitalien und wieder hinauf durch das ganze System in Form einer Acht, dem Symbol der Ganzheit. Das ist der göttliche Schaltplan, der es uns ermöglicht, in der richtigen Weise mit dieser Energie umzugehen, so daß sie durch sämtliche Chakren ausströmen kann. Die Chakren stellen jene Übergänge dar, jene Oktaven und Wachstumsstufen des Bewußtseins, die das göttliche Spiel ermöglichen. Dann können wir die eigene Umwandlung vollziehen von dem, was zur Gänze im Bereich der Form liegt, zu dem, was außerhalb dieses Bereichs liegt, indem wir es dem Faden des Bewußtseins, dem ursprünglichen Fluß, erlauben, sich zu bewegen. Wir können diese Energie in allen Schöpfungsoktaven benutzen, von denen wir in dieser Zeit Gebrauch machen sollen.

Wir müssen lernen, einen Zugang zu diesen Oktaven unserer sexuellen Energie zu finden, so daß wir in uns selbst eine Ganzheit erzeugen und diese Energie ausstrahlen. Alle Wesen, mit denen wir in Berührung kommen, werden dann an dieser Stimulierung des Gedächtnisses, dieser Ausrichtung der magnetischen Energie teilhaben und imstande sein, durch das Netzwerk ihrer eigenen Oktave zu fließen und jene Energien anzuziehen, die ihrer eigenen ähneln. Auf diese Weise können wir die Menschen von der irrtümlichen Vergeudung der sexuellen Energie bewahren, die nur zu Krankheit und Trennung führt anstatt zur Verschmelzung mit der Essenz des Lebens.

Ein Hochziehen dieser Energie durch unser Chakrensystem ist notwendig, um Blockaden zu erkennen und zu beseitigen, die ihre Rückkehr in die physische Form zur Zirbeldrüse und wieder zum Ausgangspunkt zurück verhindern. Indem wir die sexuelle Frequenz in diese Region bringen, schaffen wir einen Zusammenhalt, eine kreative Kraft, die es auf diesem Planeten noch nicht gegeben hat. Es ist diese schöpferische Kraft, die der menschlichen Form bei ihrer Bestimmung, ihrem Willen zum Sein beistehen und Verwirrung und Krankheit beseitigen kann. Wir haben das Wort »Sexualität« bisher nur in Zusammenhang mit geschlechtlicher Aktivität gesehen. Wir müssen unsere Erfahrung damit erweitern und sie als Shakti, als göttliche Lebenskraft erkennen, um sie als heilende Schöpferkraft einzusetzen. Nur wenn wir sie in uns selbst annehmen, werden Scham und Verführung der Freude und Freiheit weichen.

Es ist notwendig, daß wir dies aus der Sicht der Partnerwahl sehen, jenes Tanzes, den wir gemeinsam mit einem anderen auf der physischen Oktave erschaffen. Wir müssen die sexuelle Energie in ihrer eigentlichen Form erfahren, damit wir auch bei der körperlichen Vereinigung auf dieser Oktave in Verbindung bleiben. Wenn dies der Fall ist, verlieren wir unsere Voreingenommenheit, die eine scharfe Unterteilung in männlich und weiblich bewirkt und zwischen einem eindringenden und einem empfangenden Aspekt unterscheidet, obwohl jedes Wesen, ob es sich auf der physischen Ebene in einem männlichen oder weiblichen Körper befindet, über beide Aspekte verfügt. Ehe die Befreiung nicht eingetreten ist, die in die Empfängnis und ins Verschmelzen führt, können wir zu keinem wahren Gleichgewicht – auf welcher Oktave auch immer – kommen. Erst wenn wir die entweder im Eindringen oder im Empfangen verankerte Körperempfindung loslassen können, werden wir die Energie auf eine überaus unterschiedliche Weise erfahren. Wir können dann unsere Energie darauf ausrichten, die Fluidität des elektrischen Impulses zu erfahren. Wenn die Vagina erweckt wurde, beginnt sie zu fließen. Dasselbe geschieht mit dem männlichen Organ. Es tritt diese flüssige Form auf, die Träger der elektrischen Energie ist, die pulsiert. Es handelt sich um ein Bewußtsein, das sich auf diese Ebene des Austausches begeben kann. Die Voreingenommenheit schwindet erneut, und der Punkt der Schöpfung oder Empfängnis tritt ein. Wenn wir lernen, zu dieser Energie in dieser reinen Form Zugang zu gewinnen, dann können wir die Energie der Empfängnis dazu benutzen, Regen zu schaffen oder Nahrung und somit jeden erdenklichen Wohlstand. Desgleichen können wir uns auf die andere Seite begeben und Negativität aufheben, Atommüll entmanifestieren oder jede andere Art von Energieverschmutzung, die uns und unserem Planeten schadet.

Es findet dann ein fluidaler Austausch zwischen dem Männlichen und dem Weiblichen statt, und wenn das geschieht, kommt es zur Vereinigung der Energie, und jedes Wesen wird imstande sein, sie mühelos durch das Chakrasystem emporsteigen zu lassen, und sämtliche Pforten der Kommunikation, des Verschmelzens der Wirklichkeit werden geöffnet werden.

Wenn wir in allen Dimensionen mit der schöpferischen Kraft Verbindung aufnehmen, dann ist weder ein Verschließen dieser Kraft noch des Aurafeldes aus Schutzgründen notwendig. Die Sexualität trennt uns nicht von der Erleuchtung – sie ist Teil unserer irdischen Erfahrungen, die unser Verschmelzen mit der Erleuchtung bewirken sollen. Sie ermöglicht uns, schnell voranzukommen – göttlich zu werden. Unser Körper wurde nicht geschaffen, um uns von Gott zu trennen. Es war nur unsere Unfähigkeit, das Hologramm zu umfassen und zu erleben, die die Trennung schuf. Wenn wir anfangen, uns da hindurchzuarbeiten – und aus diesem Grund herrschen sexuelle Verwirrtheit und Krankheit in dieser Zeit – und zu erkennen, daß Gott, die göttliche Kraft, allem innewohnt, dann können wir die Sexualität zu einem Werkzeug machen. Unsere sexuelle Energie ist die Energie, die dem Geist am nächsten kommt. Sie steht der göttlichen Kraft am nächsten, weil die Empfängnis der Punkt ist, an dem das Nichtmanifestierte Form annimmt, an dem der Vorgang des Verschmelzens stattfindet und das Pulsieren einsetzt. Das Pulsieren setzt ein, und die Lebenskraft strahlt aus und erschafft Form. Form ist die Erweiterung Gottes. Form ist die Erweiterung des Göttlichen. Das Göttliche schlägt sich in der Materie nieder, um sich selbst zu erfahren.

Dann können wir zum ersten Mal beginnen, unsere sexuelle Energie bewußt als Teil unserer Erfahrung des Göttlichen zu benutzen. Das meine ich, wenn ich über kosmischen Orgasmus spreche, über Ekstase und Verzückung. Darum ist Ekstase eine neue Frequenz, die Schwingung einer neuen Oktave. Normalerweise ist die sexuelle Energie die einzige Möglichkeit in unserem Leben, in irgendeiner Weise der Ekstase oder Glückseligkeit nahezukommen, weil wir dieses Pulsieren, diese elektromagnetische Entladung verspüren, die ein Teil unserer eigenen Schöpfung ist. Diese Ekstase ist die Essenz unseres Wesens, wir können sie wirklich fühlen.

Die Schwierigkeiten, die wir bis jetzt auf diesem Planeten in unserem physischen Körper hatten, sind dadurch bedingt, daß unsere Fähigkeit zur Empfängnis bisher auf einen sehr beschränkten Bereich begrenzt blieb, auf eine sehr eingeschränkte Oktave der physischen Realität. Sollen wir einfach sagen: auf die ersten beiden Chakren? Wir müssen auch die restlichen Chakren für die Empfängnis öffnen, damit wir mit der höchsten Oktave verschmelzen können. Das Herzchakra wird zum ersten Mal dieser schöpferischen Energie ausgesetzt werden. Dieser Planet ist der Planet des Herzchakra. Wenn die sexuelle Energie im Herzen lebt, gibt es keine Krankheit und keine Wirrnisse. Jegliche Problematik hinsichtlich des Wie und Wo unseres Lebens entfällt, weil wir es in seiner Essenz leben. Empfängnis ist die Schwelle der Multidimensionalität.

Die nächste Aufgabe, die sich uns stellt, ist die Verwertung dieser sexuellen Energie, die zu einer Bürde für uns geworden ist, weil sie nur zur Fortpflanzung, zum Sterben und zur Manipulation oder Verstümmelung des physischen Körpers benutzt wurde. Sie muß jetzt den Weg in ihre wahre Form finden, ins Herz, in eine Oktave, die Träger von Materie und Leben ist, so daß wir die Fusion hier auf Erden zustande bringen. Es ist die Gotteskraft, die in das physische Vehikel hinabsteigen muß, um mit dem Tod in Berührung zu kommen, um durch die Oktave des Sterbens hindurchzugehen und wieder aufzusteigen zur ewig strahlenden Oktave des Lebens, wo das Herz aktiviert wird, wo es keine Trennung, sondern wahre Verschmelzung gibt. Der Tod kann sich verlieren, kann verblassen und entschwinden, was der Sinn dieser Zeit auf diesem Planeten ist und heißt, daß wir eine Oktave erreichen, wo die Teilnahme an der Schöpfung stattfindet. Die sexuelle Energie könnte der Schlüssel dazu sein.

Jeder von uns kann diese höheren Frequenzen erreichen, ob mit oder ohne Partner. Das ist unsere Aufgabe in dieser Zeit, sonst können wir den Entwicklungsfluß der Menschheit durch diese schwierige Periode nicht unterstützen. Wir müssen in der Lage sein, mit dieser Energie als einer Realität umzugehen, so daß, wenn Leute zu uns kommen und sagen: »Ich habe zwei Partner«, »Ich bin völlig verwirrt«, »Ich habe Herpes«, wir ihnen beistehen können, damit sie sich selbst wiederfinden. Es ist dieselbe Arbeit, die wir auch in anderen Oktaven durchführen. Jetzt müssen wir unser Repertoire um die Erkenntnis und den Umgang mit der sexuellen Energie in ihrer wahren Form erweitern. Anstatt abzublocken, müssen wir den Menschen emporhelfen, so daß sie den Zugang zur Energie über die höheren Chakren finden und sie dazu benutzen können, sich von der Krankheit zu befreien. Die Sucht nach unmittelbaren sexuellen Erfolgserlebnissen hat zu einer derartigen Überbeanspruchung des physischen Körpers geführt, daß dessen natürlicher Schutzschirm und seine Abwehrkraft zusammengebrochen sind, was in der Folge zu AIDS und anderen Geschlechtskrankheiten geführt hat, die uns nun bedrohen.

Die stärkste Waffe, die uns für die Umwandlung von Krankheit und Tod, Blockaden und Erstarrung innerhalb der physischen Struktur unserer Sexualität zur Verfügung steht, ist unser Zugang zur Schöpferkraft. Diese Gotteskraft kann erspürt, zusammengezogen und direkt eingesetzt werden. Wenn Menschen, die unter sexueller Verwirrung, Blockierungen oder Krankheit leiden, den Kontakt zur höheren Essenz der Sexualität finden, können sie ihre Chakren durchspülen. Dieses Durchspülen der Chakren bewirkt gleichzeitig ein Durchspülen der feinstofflichen Körper und des physischen Körpers, wodurch die emotionalen, mentalen und physischen Schlacken ausgeschwemmt werden.

Es gibt niemanden in unserer Zeit, der keine sexuellen Blockaden zu klären hätte, denn aus diesem Grund sind wir ja in diese Zeit hineingeboren worden. Wer von uns ist nicht von unserer sexuellen Geschichte geprägt, von unserem Gepäck, das wir mitbringen und mit dem wir uns identifizieren? Dieses Gepäck ist einfach nur da, damit wir etwas haben, woran wir uns festhalten können. Jeder von uns hat die Möglichkeit, jene Oktaven des Herzens zu erreichen, auf denen die notwendige Klärung vollzogen werden kann.

In der gleichen Weise, in der wir unsere Arbeit im Light-Institute verrichten, sind wir hier, um Schicht für Schicht dieser sexuellen Identifizierung, dieser sexuellen Voreingenommenheit, abzutragen. Was ist männlich? Was ist weiblich? Was ist das Manifestierte und das Nicht-Manifestierte auf einer Oktave? Es ist die Suche nach diesen Energien, die so viele Beziehungen zerstört hat. Doch diese Energien sind in uns allen. Für gewöhnlich führt uns die Suche nach einer bestimmten männlichen oder weiblichen Frequenz zusammen, die wir als Teil der Energie unseres Partners sehen, beziehungsweise in ihn hineinprojizieren. Haben wir erst einmal gelernt, sie in uns selbst anzuzapfen, dann werden unsere Beziehungen eine vollständige Wandlung erfahren. Die allererste Zelle unserer physischen Form ist sowohl männlich als auch weiblich. Wenn wir das auf einer energetischen Ebene erfahren können, ist es möglich, in jeder unserer Billionen von Zellen wieder das Verständnis und die Fähigkeit hervorzurufen, beide Energien verschmelzen zu lassen.

Es besteht kein Grund, sexuelle Verirrungen zu verurteilen oder auszuschließen. Wir können sie genauso respektieren wie alle Themen, die den Brennstoff für die Erleuchtung liefern. Wenn wir mit der Verwirrung von »Wer bin ich« und »Wer bist du« aufräumen, dann werden alle durch unsere Besitzansprüche bedingten Probleme von Trennung, Verlassenwerden und Ablehnung wegfallen und sich auflösen. Im gleichen Maße, in dem der Emotionalkörper seine Frequenz zu erhöhen beginnt, werden sie verschwinden, denn das ist ein kosmisches Gesetz.

Jedes Wesen außerhalb von uns selbst stellt einen Spiegel für uns dar. Darum grenzt es ans Absurde, uns hinter den von unserem Verstand geschaffenen Begriffen wie Heterosexualität, Bisexualität oder Homosexualität abzugrenzen. In Wirklichkeit gibt es sie nicht. Auf multidimensionaler Ebene verfügen wir über ein sexuelles Repertoire, das überaus vielfältig und abwechslungsreich ist. Es ist die unbewußte Erinnerung daran, die uns dazu verleitet, diese Prägungen wiederzuerschaffen, auch wenn unsere Körper vielleicht sehr verschieden von den seinerzeitigen sind – daher die Verwirrung. Ein Beispiel aus einer Sitzung über frühere Leben soll dies veranschaulichen.

Ein Wesen vom Planet Saturn meldete sich freiwillig zur Teilnahme an einer Mission auf dem Planet Erde, die den Samen für eine fortgeschrittenere Zivilisation legen sollte. Auf Saturn schließt die sexuelle Betätigung zum Zwecke der Fortpflanzung keine Vereinigung auf der körperlichen Ebene mit ein, sondern erfolgt auf der Basis gemeinsamer Gedankenformen. Zum Zwecke seiner Mission auf der Erde tauschte daher dieses Wesen seinen androgynen Körper gegen einen männlichen Körper aus, um die Erdenwesen mit dem vorgesehenen genetischen Kode schwängern zu können. Das körperliche Eindringen in ein anderes Wesen bereitete dem Saturnwesen jedoch ein solches Entsetzen, daß es sich einer Gruppe von Homosexuellen anschloß, anstatt die auf der Erde vorherrschenden Sexualpraktiken weiter auszuüben.

Eine Vereinigung zwischen Wesen der gleichen Art erschien ihm aus der Sicht der saturnischen Kultur jener Zeit leichter tolerierbar als die Aufnahme sexueller Beziehungen mit Andersgearteten. Es ist uns noch nicht gelungen, unser physisches Gefährt auf eine Ebene zu heben, auf der spirituelles Verstehen mit Erkenntnis und Mitgefühl einhergeht.

In der Sekunde, in der wir Zugang zur multidimensionalen Wirklichkeit gewinnen, setzt innerhalb des Hologramms eine spiralförmige Drehung ein, und während die spirituelle Energie in den Emotionalkörper eindringt, entsteht eine Zentrifugalkraft, durch die alles Leblose hinausgeschleudert wird, so daß die Wahrheit auftauchen und die Schöpferkraft für dieses Wesen greifbar wird. Außerdem kommt es zu einem Aufsteigen der Energie durch das gesamte Chakrasystem, die Energie nährt die Zirbeldrüse und diese die Genitalien auf der physischen Ebene. Das Nicht-Manifestierte beginnt das Physische zu nähren. Die Menschen beginnen, einander auf dieser Ebene zu begegnen, und dies hat eine weitere Öffnung ihres Bewußtseins zur Folge.

Eine Person, die keine sexuellen Gefühle hat, wie zum Beispiel eine Frau, die ihre Sexualität nicht spüren kann, oder ein Mann, der impotent ist, wird wieder ihre Mitte finden, weil die Trennung aufgehoben wird. Wir können die Energie in der physischen Form erfahren, die zu uns sagt: »Oh, ja, hier bin ich. Ich bin hier und hier und hier«, und sie auf diesen hohen, klingenden Oktaven der Ekstase fühlen. Das Durcheinander und die Blockaden, die sich auf allen Ebenen unseres sexuellen Verständnisses auswirken, können behoben werden.

Es kostet uns sehr viel Energie, uns auf einem Gebiet abzuschließen – die sexuelle Energie einzufrieden. Impotent oder frigide zu werden, oder wie immer die Ausdrücke lauten mögen, die nichts anderes besagen als: »Ich lebe hier nicht, ich habe keinen Bezug zu diesem Teil«, ist mit der Energie identisch, die die Abnutzung hervorruft, die zum Tod führt.

Haben wir erst einmal begonnen, unser Bewußtsein beim Erleben der sexuellen Essenz zu aktivieren, wird sich diese

Trennung auflösen, und wir werden mit den Energien dieser Gefühle vertraut werden und, gleichgültig ob Mann oder Frau, die Natur der Sexualenergie erleben. Die Energie ist in der Struktur vorhanden, die ihr Träger ist und ihr Ausdruck verleiht, und reicht dennoch über diese Struktur hinaus.

Zum Yoga-Wortschatz gehört das Wort »Zölibat«, denn nach Meinung der Yogis sollte die Sexualenergie nicht aus dem Körper austreten, sondern durch diesen hochsteigen. Wenn wir das verstehen, dann können wir »Empfängnis« als eine Erkenntnis des Bewußtseins sehen, von unseren Körpern auszustrahlen, so daß es keine Trennung gibt. Das ist ein sehr großer Unterschied. Mit anderen Worten, wenn das Gefährt, das wir benutzen, eine Erweiterung unserer eigenen physischen Form darstellt, und wenn unser Bewußtsein diese Stelle erreichen kann, dann gibt es keine Ablenkung von der Erleuchtung, keine Trennung vom Höheren Selbst. Zölibat basiert auf der Regel, daß wir den Körper nicht berauben dürfen, was sich von unserem beschränkten Verständnis oder der Unfähigkeit herleitet, einen Zugang zur energetischen Form zu finden. Es müßte ein Gesetz geben, das besagte: »Mach keinen Gebrauch von deiner sexuellen Energie, sonst wirst du nicht in der Lage sein, mit ihrer Hilfe das Göttliche zu erreichen, wenn du sie außerhalb des Körpers vergeudest.« Das hängt mit einer Struktur zusammen, in der wir diese Art von Regeln benötigten, weil unser Bewußtsein nicht die Gesamtheit unseres Gefährtes umfassen konnte, das heißt all seine untereinander verbundenen Körper. Unser Bewußtsein, unsere sexuelle Realität war kein erleuchtetes Bewußtsein, keine erleuchtete Realität. Es war in den niedrigeren Chakren eingeschlossen.

Die Zölibatsdoktrin war notwendig, damit wir uns nicht zu sehr in ein anderes Selbst verstrickten und uns dadurch so weit von unserem eigenen Körper entfernten, daß wir diese innere Erfahrung, unseren vertikalen Zugang nicht mehr finden konnten. Doch genau dort sind wir jetzt angelangt. Wir haben uns so weit aus uns selbst entfernt, daß wir in tiefster

Verwirrung und Verzweiflung gelandet sind. Wir werden von dem Gefühl beherrscht, daß wir ohne die Gegenwart eines anderen die göttliche Gabe des Lebens, der Schöpferkraft nicht erfahren können.

Wachen wir auf und benutzen wir die sexuelle Energie zur Erweiterung unseres Bewußtseins, so daß es die sexuelle Wirklichkeit auf einer höheren Oktave erfahren kann und die Menschen einander näher bringt. Es ist jetzt für uns nicht an der Zeit, diese Energie auszusperren und abgesondert zu leben. Das Göttliche bewegt sich innerhalb der Form, und wir brauchen nur den Kreis zu schließen, damit diese Energie durch unsere Chakren kreisen und überall hinfließen kann.

In der Yoga-Sprache würde sich das Ganze etwa so anhören: Wenn jemand sagt, wir sollten Masturbation oder Vergeudung von Energie unterlassen, dann ist das eigentliche Problem nicht die Vergeudung der Energie, sondern liegt in der Fähigkeit, von dieser Energie Gebrauch zu machen, denn ein kosmisches Gesetz lautet, daß Materie oder Energie niemals vergeudet werden kann. Energie breitet sich aus, ob in Form von Gedanken auf der Verstandesebene, oder in Form von Sperma auf der Körperebene, oder auf der Herzebene oder auf welcher Ebene auch immer. Wir müssen es zulassen, daß die Energie uns umfließen und nähren kann. Wir müssen das Pulsieren zulassen, die fortwährende Bewegung, die den vertikalen Zugang ermöglicht.

Aus praktischer Sicht, wenn wir mit jemand ein Gespräch führen, der das Ganze auf sexueller Ebene zu verstehen sucht, heißt das, daß wir über die Körperflüssigkeit als Träger der Energie sprechen. Wir neigen immer dazu, niedriger oder abzuschalten, weil wir mit dieser höheren Frequenz nicht umgehen können. Wir können den orgasmischen Zustand nicht halten. Wir müssen jedoch lernen, diesen Zustand zu halten, damit die Energie durch die Kammern der Transmutation, durch die Kanäle streichen kann. Und wir müssen versuchen, mit ihr in Verbindung zu bleiben, wenn sie durch die Kette der Chakren hinaufströmt.

Wahrscheinlich wird es zuerst zum Austritt von Sperma kommen, und dann ist die Essenz der Energie da, die freigesetzt wurde. Das Bewußtsein greift nach dieser freigesetzten Energie und zieht sie hinein in das multidimensionale Gefährt, so daß sie nicht aus dem System entweichen kann, durch dessen Kanäle sie geflossen ist. Das gleiche gilt für die Frau. Wenn die Flüssigkeit da ist und sich vermischt, dann kann das Weibliche sie einziehen, die Frequenz dieser Energie erleben und fortfahren, sie durch das Chakrensystem hinauf bis zum Kronenchakra zu ziehen. Auf ihrem Weg hinauf zum Kronenchakra wird sie alle Chakren durchströmen und den ganzen Körper säubern. Dann kann unser Bewußtsein die Spaltung loslassen, die besagt: »Ich bin weiblich«, oder »Ich bin männlich«, oder »Ich bin Mensch«, oder »Ich bin Körper«, und in den Punkt der Empfängnis eingehen, der das Zentrum bildet, aus dem alles strahlt noch ehe es Gedankenform annimmt.

Ich spreche von einer Oktave, die wir mit unserer Definition der Erleuchtung noch kaum gestreift haben. Die Idee dahinter ist, alle Oktaven des Bewußtseins zu erfahren, ohne die Materie oder Form auszusondern – Materie aus Gedanken, Materie aus Energie, Materie aus Gott. Sie sind alle ineinander verschlungen, miteinander verwoben zu jenem wunderbaren, ausgeklügelten Muster, das das Netzwerk, das Ganze, bildet.

Wenn wir Abstand gewinnen zu dem Konzept von links und rechts, gut und böse, schwarz und weiß, das uns ermahnt: »Tu dies nicht und tu das nicht!«, dann finden wir die Energie. Und in der Sekunde, in der wir mit dieser verschmelzenden Energie in Berührung kommen, hört jede Form von Trennung auf. Sie wird von der Zentrifugalkraft hinausgeschleudert.

Es gibt Gesetze in allen Oktaven und in allen Körpern. Es gibt Gesetze über die Form des Verschmelzens, die ein Teil des physischen Gesetzes sind. Analverkehr steht zum Beispiel im Gegensatz zum Körpergesetz, weil der Anus ganz einfach ein Ausscheidungsorgan ist. Mißachten wir diesen fundamentalen Ausdruck körperlicher Zweckbestimmung, so führt das zu Krankheit auf der physischen Ebene. Wir müssen das Pulsieren der Energie verstehen und die Gesetzmäßigkeiten, denen sie auf ihrem Weg durch den Körper unterworfen ist.

Gibt es irgendein Körpergesetz, das das Liebkosen eines anderen Körpers, der dem unseren gleicht, als ungesund definiert? Ich glaube nicht. Es ist einfach das Benutzen einer anderen Person, um uns auf dieselbe Weise zu streicheln, wie wir es selbst tun würden. Fangen wir aber an zu spüren, daß es bestimmte Richtlinien gibt, dann können wir sie in uns selbst erfahren. Haben wir das Gefühl, daß etwas richtig läuft, dann läuft es eben richtig. Fühlt sich etwas unangenehm, unausgewogen oder linkisch an, dann ist es nicht der richtige Verlauf. Und wenn wir trotzdem hingehen und daran teilnehmen, dann entscheiden wir uns nicht für unser Selbst und treffen keine Auswahl. Wenn wir nicht auf ihn hören, wird der Körper als kosmischer Lehrer lauter zu sprechen anfangen. Die entstehenden Mißtöne nennt man Krankheit.

Im Light-Institute gehen wir mit Homosexualität und anderen verwirrend erscheinenden sexuellen Problemen in der Weise um, daß wir uns ansehen, welche Auswirkungen sie haben und in diesen Bereich dann hineingehen. Wie erlebt die Person über die Homosexualität die Wirklichkeit? Homosexualität ist nur ein Mittel der Selbstdarstellung. Sie hat damit zu tun, welche Menschen wir anziehen, was unserem Gefühl nach richtig ist, wo wir imstande sind zu verschmelzen und ob wir in Angstzustände kommen oder nicht. Wenn jemand zu mir kommt für den Homosexualität ein Problem ist, dann wird sich unsere Forschungsarbeit auf das innere Gleichgewicht beziehen und auch darauf, wie man etwas Inneres nimmt, wie zum Beispiel Weiblichkeit, und es im physischen Körper ausdrückt. Ein Durchstreifen sämtlicher Körper ruft oft den gewünschten Effekt hervor. Manchmal ist etwas auf einer inneren Ebene o. k., aber was nach außen dringt, ist nicht o. k.

Wir fühlen uns immer hingezogen zu Dingen oder Personen, die eine Veränderung in uns bewirken. Umgekehrt ziehen auch wir oft Personen an, mit denen uns eine Menge Karma verbindet, was eine Art von Gemeinsamkeit oder Ähnlichkeit zwischen uns schafft. Dabei spielt es keine Rolle, ob die Beziehung zu einer dieser Personen sich in einer anderen Lebenszeit auf uns sehr zerstörerisch ausgewirkt hat. Die sexuelle Verbindung ist sehr stark, doch der gemeinsame Faden ist noch immer da, denn wir bestehen aus Millionen solcher Fäden. Wir sind ein Netzwerk, ein Hologramm. Und wo ist in diesem Hologramm die Stelle, an der der Reiz erzeugt oder aktiviert wird? In ihrem äußeren Leben können die Menschen häufig nur in den niedrigeren Chakren Erfahrungen sammeln und Verbindungen bloß zwischen den Körpern oder nur mental oder auf irgendeine andere Art schaffen. Doch in den Sitzungen können wir uns rund um das ganze Hologramm bewegen, so daß die Menschen zu verstehen beginnen, daß unsere ewige Suche allein dem Verschmelzen des Formlosen, des Nicht-Manifestierten mit dem Manifestierten gilt. Wir müssen lernen, über das Chakrensystem miteinander in Verbindung zu treten, so daß bei der sexuellen Verschmelzung etwas entsteht, was uns hinaufträgt, anstelle der bloßen horizontalen Ausbreitung der Energie.

Als Gattung treten wir nun in eine Raum- und Zeitoktave ein, in der wir Verhaltensmuster, die unserer Entwicklung nicht förderlich sind, aufgeben können. Trotzdem müssen wir das, was uns der physische Körper zu sagen hat, respektieren, damit wir bei unserer Erforschung der zahlreichen Ebenen das physische Gesetz nicht vergessen. Andererseits können und müssen wir uns mit dem höheren Gesetz vertraut machen, um zu verstehen, daß wir nicht ausschließlich auf diesen unteren Oktaven zu funktionieren brauchen.

Wenn der physische Körper überleben soll, muß er in den Lichtkörper eingehen. Er wird seine Frequenz erhöhen müssen, sonst wird er außerstande sein, die Strahlenwerte, denen wir jetzt ausgesetzt sind, auszuhalten. Nur wenn es ihm gelingt, schneller zu schwingen und sich die sexuelle Energie zunutze zu machen, die der Faden durch die feinstofflichen Körper und deren Wirklichkeit ist, ist sein Überleben gesichert, weil diese Frequenz Leben erschafft.

Wenn die spirituelle Energie eindringt und das Bewußtsein fähig ist, sie zu erleben, dann findet eine Befreiung statt, und die Energie steigt durch das System der Chakren hoch. Wenn das eintritt, können wir nicht länger an unseren Vorurteilen festhalten, weil die zugehörigen Erfahrungen freigesetzt werden. Wir unterliegen unseren eigenen Urteilen nur so lange, wie uns unsere Voreingenommenheit gefangen hält. Es ist unsere Voreingenommenheit, die diese Urteile schafft.

Wenn wir an unserem eigenen Energiesystem arbeiten, werden wir die Trennung überwinden. Wenn wir die Spaltung zwischen der höheren Oktave und der niedrigeren Oktave überwinden, kommt das Chakrensystem in Bewegung. Und unsere Strahlung wird dies jedem mitteilen, mit dem wir in Berührung kommen. Wir müssen unsere sexuelle Energie steigern und nicht unterdrücken oder blockieren, doch wir müssen darauf achten, in welche Kanäle wir sie leiten. Unsere heilende Energie wird dann zunehmen, unsere schöpferische Energie gleichfalls, und auch unsere genialen Anlagen werden zum Tragen kommen. Wir werden eine sexuelle und physiologische Verstärkung der Energie erleben, weil wir aus dem Formlosen schöpfen. Unsere Drüsen reagieren auf diesen Reiz und stimulieren ihrerseits den gesamten Urogenitaltrakt, so daß unsere sexuelle Energie, wie wir sie auf der Körperebene erleben, zunehmen wird.

Zu diesem Zeitpunkt sollten wir nicht einfach losstürmen und einen Partner suchen, um die sexuelle Energie loszuwerden, weil die Oktave so hoch ist. Das ist es, was zu Anfang mit der sexuellen Energie passiert ist, weil wir mit der elektromagnetischen Frequenz des orgasmischen Zustandes nicht umgehen konnten. Wir können lernen, sie im Körper hochzuziehen, um die höheren Oktaven zu stärken, unsere Gesundheit zu verbessern und um ekstatische Höhenflüge zu unternehmen, die wir uns selbst schufen. Überlegen wir uns einmal, welche revolutionären Auswirkungen dies auf unsere von Abhängigkeit geprägten, kraftlosen zwischenmenschlichen Beziehungen haben könnte!

All das hat sich in den Sechziger- und Siebzigerjahren entwickelt, als wir begonnen haben, uns mit unserer sexuellen Energie anzufreunden, sie zu erforschen und einige unserer veralteten Ansichten über sie über Bord zu werfen. Wir stellten Versuche mit ihr untereinander an und erlebten eine große Befreiung unter dem Motto, alles und jeden zu lieben. Die Folge davon waren eine Menge Krankheiten, weil unser Umgang mit der sexuellen Energie nicht dem kosmischen Gesetz entsprach. Erst jetzt greifen wir nach Höherem und fragen: »Was ist das Gesetz?« Wir können mit der Feststellung beginnen, daß sexuelle Energie vorhanden ist und wir von ihr Gebrauch machen können. Kinder verfügen über sehr viel sexuelle Energie, doch ist sie bei ihnen nicht an einer bestimmten Stelle lokalisiert, sondern strahlt durch ihren ganzen Körper und besonders durch ihre Hände aus. Ihre Aurafelder sind voller Energie, und diese Energie ist ihre sexuelle Energie. Sie ist mit der heilenden oder schöpferischen Energie identisch. Das ist der Grund, warum Kinder so quicklebendig sind, es liegt an ihrer sexuellen Energie – und sie haben eine Menge davon, um zu laufen, zu spielen, zu tanzen und sich zu drehen. Bei uns sieht die Sache anders aus, weil unsere Energie durch die niedrigeren Chakren ausgesaugt wird.

Wir müssen fähig werden, unsere sexuelle Energie auf die gleiche Weise zu verteilen, so daß sie bis zu einem gewissen Grad von uns ausströmt. Wieder schafft die reine Lebenskraft eine Bewegung. Zuerst einmal müssen wir wissen, daß alles stimmt, anstatt die Energie zu kontrollieren. Als Erwachsene gehen wir in die Energie hinein, und sie fällt sofort hinunter in die niedrigen Chakren und wird von uns verkannt.

Bereits in naher Zukunft wird es auf diesem Planeten zu einer Verschmelzung des Männlichen und Weiblichen kommen, wie wir es bisher nicht gekannt haben. Solche Dinge wie Verpflichtung, Verantwortung und Ehe werden ihre Bedeutung verlieren, es wird sie einfach nicht mehr geben, weil sie nicht mehr notwendig sind. Es wird sich nicht um die Frage handeln: »Mein Gott, werde ich es 10 oder 30 Jahre lang mit dir aushalten?« oder »Muß ich mich verpflichten?« sondern um die Erkenntnis von Seelen, die den Tanz des Lebens gemeinsam erlernen wollen. Wir sind großartige Spiegel und Lehrer füreinander und können uns das zunutze machen. Es bereitet uns Freude, einander zu spiegeln, und wir sollten dies auf der höchsten Oktave vollziehen, so daß wir im anderen sowohl das Männliche als auch das Weibliche erkennen. Wenn wir das andere Wesen in seiner Ganzheit sehen, dann können wir ohne Widerstand mit ihm verschmelzen, ohne Angst davor haben zu müssen, von seiner Yang-Kraft oder was auch immer eingenommen oder überwältigt zu werden.

Es ist sehr aufregend, die sexuelle Energie außerhalb all der »unaussprechlichen« Dinge zu betrachten und zu erkennen, was sie wirklich ist. Sie ist die feinste und stärkste Energie, die es in der materiellen Welt zu erreichen gibt, weil sie dem Formlosen, dem Nicht-Manifestierten, dem Geist am nächsten kommt. Wenn wir erst einmal gelernt haben, sie auf diese Weise zu sehen, dann werden wir wissen, wie wir sie auf dieser Oktave spüren können, anstatt eingesperrt zu bleiben in einer physischen, langsam schwingenden Energie, die keinen Bezug zum Herzen hat. Gelingt es uns, die Energie aus den niedrigeren Chakren hinauf ins Herz zu bringen, hinauf zu höheren Oktaven, dann werden wir die tiefsten Erfahrungen auf diesem Planeten machen.

Darum haben wir von Disziplinen wie Yoga noch eine Menge zu lernen, die mit der Klärung der Chakren beginnen, damit die am langsamsten schwingende Energie zu der am schnellsten schwingenden wird. Wir behandeln unseren physischen Körper als wäre er der langsamste, dichteste und verachtenswürdigste Teil von uns. Das ist er nicht. Dieses Gefährt ist unser größtes Geschenk, und wir müssen uns seiner in einer heiligen Weise bedienen. Das fängt bereits damit an, wie wir uns einer anderen Person nähern oder sie berühren. Auf manchen Planeten berühren die Wesen einander niemals. Wir besitzen eine großartige Körperlichkeit hier auf diesem Planeten und müssen lernen, wie wir sie zusammen mit der Herzenergie, der Energie der Liebe, nutzen können. Wenn wir das tun, wird es keine Krankheit mehr geben.

Jeder große sehende Körper, der je auf diesem Planeten gewesen ist, ob in einem religiösen Auftrag oder was auch immer, war sich der Macht der Sexualität sehr bewußt, darum war er oder sie stets unerbittlich darauf bedacht, daß niemand sonst sich ihrer bediente. Denn wer das tut, hat die Gelegenheit, die Schranke zu durchbrechen. Es ist sehr schwierig, im Augenblick des Orgasmus weiter auf unseren begrenzten, kontrollierenden Verstand fixiert zu bleiben. Er ist die Schwelle zu einer anderen Dimension.

Es gibt niemanden da draußen, der unseren Körper beeinflußt, außer uns selbst. Ehe wir nicht selbst von ihm Besitz ergriffen haben, brauchen wir uns gar keine Gedanken darüber zu machen, was andere für uns tun könnten. Genau das passierte in den Sechzigerjahren. Wir dachten: »Mein Problem ist diese Frau, mit der ich jetzt seit 20 Jahren zusammen bin und mich langweile.« Wir glaubten, in einem neuen Wesen wäre der Anreiz zu finden. Er ist nicht dort. Wir haben das herausgefunden. Wie hätten wir das auch nicht herausfinden sollen? Wir können jeden Tag mit jemand anderem schlafen und werden uns weiterhin unerfüllt fühlen und nicht orgasmisch sein. Der Reiz ist nicht draußen in der anderen Person, und es spielt auch keine Rolle, wie schön der Körper ist, oder wie gut wir die Technik beherrschen. Das ist unerheblich. Die Bewegung der Energie findet in uns selbst statt, wenn sie sich bewegt. Dessen müssen wir uns bewußt sein, wenn wir lieben, wenn wir unsere sexuelle Energie gebrauchen.

Unsere sexuelle Energie ist in jeder Zelle unseres Körpers, sie ist nicht in den Genitalien eingeschlossen. Unser Glaube, daß sie dort eingesperrt wäre, hat zu jener Art von Krankheit geführt, mit der wir es heute zu tun haben. Doch tatsächlich ist es so, daß die Empfängnis stattfindet, und jede Zelle, die nachher geschaffen wird, hat diese sexuelle Prägung. Wenn wir diese Energie zu nutzen verstehen, können wir große Heiler werden. Es ist die Lebenskraft, wir nennen es das Göttliche oder Gott. Es ist einfach eine energetische Kraft, mit der wir unser Bewußtsein erwecken können. Sie ist in unseren Fingern, in unseren Händen. Wir müssen lernen, sie in uns selbst zu spüren, solange wir nicht selbst so weit kommen, wird uns auch niemand anderer dabei helfen können.

Wenn Sie nicht »orgasmisch« sind, wenn Sie ein Mensch sind, der liebt und nicht »orgasmisch« ist, dann liegt das daran, weil Sie Ihre Lebenskraft verleugnen. Sie sind nicht mit Ihrem Körper verschmolzen. Sie halten noch immer an alten Gedankenformen fest: »Das ist abstoßend. Das ist nicht Gott. Das ist nicht gut.« Gott ist Ekstase, Gott ist Orgasmus, Gott ist Lebenskraft. Nichts hält uns davon zurück außer der Glaube, es wäre alles nur in den Genitalien. Wann immer wir diese orgasmische Energie spüren, diese elektromagnetische Energie, diese elektrische Frequenz, die im Orgasmus auftritt, müssen wir sie im Körper hochziehen und dem Kronenchakra auf diese Weise erlauben, mit dieser Energie zu strahlen. Dazu ist die sexuelle Energie da. Sie ist ein Mittel, das uns hilft, den Körper auf diese Frequenzen einzustimmen, und nichts anderes. Sie ist weder gut noch böse, noch ist sie da, um Trennungen zu schaffen oder ähnliches. Hingegen ist sie jedem von uns zugänglich und eines der wenigen Dinge, die wir alle erleben können.

Zu den wunderbaren Dingen, die bei der Arbeit mit früheren Leben immer wieder vorkommen, gehört es, daß wenn eine Person jemanden sieht, den sie liebt, darauf die Reaktion folgt: »Ah, diesen Menschen habe ich schon früher gekannt. Ich spüre diese magnetische Anziehung.« Wir glauben, diese magnetische Anziehung ginge von unten, von den Genitalien aus, doch bewahre, sie ist oben im Herzen. Das Wissen ist im Herzen. Wir kennen uns alle schon von früher her. Wenn diese elektromagnetische Reaktion auftritt, sollten wir sie auf der Ebene des Verschmelzens überprüfen. Es kommt so oft vor, daß zwei Menschen auf der körperlichen Ebene zusammenkommen und dann wieder auseinandergehen, ohne überhaupt zu merken, daß sie einander kennen. Anstelle von Liebe und Verschmelzung schaffen sie eine neue Trennung, weil sie immer alles von außen her sehen. Erst wenn das Herz sich öffnet, können wir verschmelzen. Und das kollektive Herz hat sich noch nicht geöffnet. Das Herz hat sich noch nicht geöffnet auf diesem Planeten. Die sexuelle Energie ist das beste Werkzeug hierfür, das wir auf der physischen Ebene besitzen.

Vielleicht haben einige unter uns einen »kosmischen Orgasmus« bereits erlebt, dieses innerliche Aufsteigen der Energie. Haben wir diese Erfahrung einmal gemacht, dann fällt diese Unterteilung in männlich und weiblich und alles, was damit zusammenhängt, einfach weg. Das ist unglaublich befreiend. Wir brauchen keinen Partner mehr, und unser Partner kann uns auch nicht wirklich zu dieser Erfahrung verhelfen. Aber einander helfen können wir schon. Wenn wir uns unserer Sexualität bewußt sind, dann können wir uns zum Beispiel auf die vorhandenen Flüssigkeiten konzentrieren, die ein Teil von uns sind. In unserem Körper gibt es Flüssigkeiten und beim Austausch derselben werden wir bemerken, daß ihnen eine gewisse Elektrizität innewohnt. Sie enthalten die elektromagnetische Energie des Verschmelzens, des Eintritts in den Körper, die elektrische Frequenz des Formlosen, das sich noch nicht manifestiert hat.

Anstatt uns auf das Endresultat zu konzentrieren als etwas, das wir zu erreichen trachten oder als eine Freisetzung von Energie oder Spannung, müssen wir unser Bewußtsein in eine höhere Oktave versetzen. Der Schlüssel dafür ist das Hineingehen in diese Frequenzen, in diese Elektrizität. Das neue Zeitalter ist auch das Zeitalter der elektrischen Fluidität genannt worden, genau das ist es. Begeben wir uns hinein in diese Frequenzen, und wir werden erfahren und verstehen, was Empfängnis heißt. Gleichzeitig werden wir eine ungeheure Befreiung von all den Ge- und Verboten erleben, wenn wir diese Energie in der Außenwelt zum Ausdruck bringen. Sie ist ein Teil von uns und kommt aus uns, und es ist eine großartige Energie. Wir können sie auf so vielfältige Weise nutzen – in unseren Händen zum Heilen, in unserer Kehle zum Verkünden der Liebe, usw. Solange wir sie nicht nutzen, wird es Krankheit geben. Jede Krankheit ist ein Zusammenballen, ein Aufstauen, ein Zusammenziehen von Energie. Wenn wir den Mechanismus unseres Körpers verstehen, können wir die Energie dirigieren.

Die sexuelle Energie ist die Urenergie, die uns in diese Dimension hineintreibt. Haben wir das einmal verstanden, dann werden wir dieses Werkzeug der Manifestation ergreifen und die heilenden Kräfte in diese Dimension bringen, die die Toten auferstehen lassen und uns von Radioaktivität, Umweltverschmutzung, Verzweiflung und Disharmonie befreien. Die sexuelle Energie ist eine großartige Energie. Erweitern wir unser Bewußtsein und unser geistiges Konzept, damit wir ihre volle Bedeutung erleben können.

Im Light-Institute sehen wir es als unsere Aufgabe an, uns mit sexuellen Fragen auseinanderzusetzen und die Menschen daran zu erinnern, daß wir multidimensionale Wesen sind. Unsere ganze innere Beziehung in der Definition des Selbst hat unendlich viele Möglichkeiten. Zum Beispiel brauchen wir an die Frage der Homosexualität nicht unter dem Gesichtspunkt »Ist das O. K.?« oder »Ist das nicht O. K.?« heranzugehen, sondern können uns statt dessen ansehen, wie jemand damit umgeht in bezug auf die Themen und Entscheidungen, die er in diesem Leben getroffen hat. Es geht nicht darum, ob wir unsere Sexualität mit einem Partner ausleben, der den gleichen Körper hat wie wir, denn als multidimensionale Wesen haben wir viele Körper gehabt, und es gibt viele Wege, um mit anderen zu verschmelzen. Erkennen wir vorerst einmal, daß weniger die Entscheidung selbst interessant ist, die wir mit unserer Wahl, nur mit gleichgeschlechtlichen Partnern zu verschmelzen, getroffen haben, sondern die Lehre, die wir für unser Wachstum daraus zu ziehen haben. In Wahrheit liegt selbst die bloße Vorstellung des Verschmelzens außerhalb der gegenwärtigen menschlichen Erfahrung, ganz abgesehen von den sexuellen Gepflogenheiten. Könnten wir tatsächlich auch nur mit einem unserer verschiedenen Körper in die »Anatomie des Verschmelzens« hineintauchen und die Essenz derselben erleben, würden Verwirrung und Krankheit schwinden!

Wenn sich jemand der Homosexualität bedient und dabei Erfahrungen macht, die mit Trennung, Verwirrung und Schuld zu tun haben, dann läuft dieses Programm von Trennung, Urteil und Schuld in seiner multidimensionalen Wirklichkeit ab. Die Sexualität bildet nur eine von vielen Möglichkeiten, dieses Programm darzustellen, und zwar einerseits auf eine sehr ursprüngliche Art, die andererseits jedoch viel mit Geist zu tun hat.

Unsere sexuelle Energie kommt unserer spirituellen Energie am nächsten, daher müssen wir darauf achten, wie wir unsere sexuelle Energie zum Ausdruck bringen in Hinsicht auf unsere Verbindung mit unserer spirituellen Energie, ansonsten ist es bloß ein Weg, um unsere Spaltung auszudrükken. Die grundsätzliche Spaltung in unserem Leben besteht zwischen uns und unserem Höheren Selbst. Eine sexuelle Begegnung ohne Verschmelzen spiegelt die größte überhaupt vorstellbare Leere wider. Es ist interessant, daß vorpubertäre Kinder sich selten einsam fühlen. Erst nachdem die Pubertät die Kundalini erweckt hat, die aus unserem Mißverstehen sofort in die Kanäle sexueller Aktivität geleitet und vergeudet wird, empfinden wir das für die Teenagerjahre so charakteristische Gefühl des Alleinseins. Es hat auch mit der

Auseinandersetzung unseres Selbst mit männlich und weiblich zu tun. Und ob es sich dabei um ein Verstehen oder um eine Verwirrung handelt, zeigt sich daran, was sie in unserem Leben bewirkt. Kommt es zu Liebe und Verschmelzen, dann kann man von einem Verstehen sprechen. Homosexualität geht direkt mit männlichen und weiblichen Energien um, die im Körper Ausdruck suchen. Auf einer gewissen Oktave oder Ebene hat Homosexualität mit einem spirituellen Verstehen zu tun, das sehr fortgeschritten sein kann. Was bewirkt sie oder eine andere sexuelle Prägung in der Realität einer Person? Wir sind nicht unsere Sexualität, genausowenig wie wir unser Haß, unser Intellekt oder unser Körper sind. Das sind alles Werkzeuge, die wir auswählen, um unsere Erfahrung des »Ganzen« zu schmieden.

In der chinesischen Medizin steht alles mit allem in Beziehung. Das Yin kann ohne das Yang nicht überleben, die Gegensätze müssen verschmelzen, oder es gibt keinen Lebenszusammenhang. Die Fragestellung in jeder Art von sexueller Diskussion muß lauten: »Was schaffen wir für uns selbst damit?« Eine der Hauptschwierigkeiten mit Homosexualität ist ihre häufige Überbetonung der Yang-Energie, die alles kontrollieren möchte. Es fehlt an Gleichgewicht, weil man bemüht ist, ein bestimmtes Bild der Yang-Kraft zu verwirklichen, während es eigentlich das Yin ist, das um Verwirklichung ringt. Wenn jemand an diesem Problem zu arbeiten wünscht, dann werden wir herauszufinden trachten: »Wer hat Hunger? Welchen Teil vernachlässige ich?« und anfangen zurückzugehen.

Beim Eintritt in einen Körper findet eine Polarisation in männlich oder weiblich statt. Die daraus entstehende Polarität drückt sich auch in unserem sexuellen Verhalten aus. Wir versuchen unser Verlangen nach Überbrückung dieses Gegensatzes über das erste Chakra zu stillen, das am niedrigsten schwingt, was uns daher nie gelingen wird. Also müssen wir spirituelle Energie zuführen, damit sie die schlummernden Fähigkeiten der sexuellen Energie entfacht. Das bewirkt dann nicht nur ein Aufbrechen des ersten Chakra und somit eine Befreiung von Angst und Zorn, von Trennung und dem Gefühl »Ich muß mich selbst schützen«, sondern verursacht auch ein Aufsteigen der Energie, was alle anderen Chakren nährt und jenen sexuellen Kontakt ermöglicht, der zum tatsächlichen Verschmelzen führt, der höchsten auf der physischen Ebene erreichbaren Oktave.

Weil es keine Schwängerung durch den Geist gibt, weil das Nicht-Manifestierte, das Formlose, die Seele, nicht genügend Ausdruck findet, weil sich die Seele nur unter dem Diktat des Emotionalkörpers ausdrückt, anstatt der Gottesquelle, der Schöpfung zu folgen, schwingt der physische Körper nicht im Licht. Wir sind jetzt so weit, das zu lernen. Wir fühlen, daß dies der Grund ist, warum wir erschaffen worden sind. Wenn wir es nicht tun, werden wir ganz einfach sterben.

Wir sind Lichtkörper, und wir befinden uns jetzt in einem Übergangsstadium, in dem wir eine Verflüssigung durchschreiten. Diese Verflüssigung ermöglicht es uns, in das Physische einzutreten, so daß der Körper die Flüssigkeiten reinigen und das Licht eintreten lassen kann. Das ist der göttliche Zweck, der göttliche Plan, für den der physische Körper vorgesehen ist. Es ist einfach nur das Gewicht des Emotionalkörpers, seine Prägung, die das verhindert, und weil es sich um einen geschlossenen Kreislauf handelt, bestimmt und beherrscht der Emotionalkörper Gemüt und Verstand. Das Ego hakt sich im Mentalkörper fest, und der Mentalkörper bleibt in seinen Erklärungen »Es ist so aus diesem oder jenem Grund«, stecken. All dies vollzieht sich auf derselben Ebene. Der Mentalkörper ist in der Tat hilflos, weil der Emotionalkörper die Schlüssel nicht aus der Hand gibt. Er liefert ihm nicht den Bezugsrahmen, der ihm die Erforschung des vertikalen Zugangs ermöglichen würde.

Unser vertikaler Zugang ist unsere sexuelle Energie, die in unserem Körper durch die Chakren hinaufsteigt, um uns mit der Quelle zu verbinden. Es liegt an uns, ob wir bereit sind, diese Ekstase zu erfahren. Wir sind fähig, unsere sexuellen Verwirrungen und unsere emotionalen Abhängigkeiten zu sprengen. Wir sind bereit für die Verschmelzung mit dem Göttlichen, mit dem Formlosen, mit unserem eigenen Höheren Selbst.

8 Das Kind in unserem Inneren

Es ist seine eigene Weisheit, die den Menschen heilen, und sein eigenes Wissen, das ihn ins Gleichgewicht bringen wird.

Nun ist es Zeit über die Bilder, die Drehscheiben zu sprechen, die uns in andere Dimensionen, andere Oktaven bringen. Wir benutzen sie, um mit unserem Bewußtsein das zu erspüren und wahrzunehmen, was aus unserer gewöhnlichen menschlichen Perspektive unberührbar und unsichtbar ist. Die beiden Drehscheiben, mit denen wir arbeiten, sind das innere Kind und das Höhere Selbst.

Jede Seele spinnt sich in den Faden ihrer Wünsche und Absichten ein und schafft auf diese Weise Materie und nimmt eine Form an. Das Kind, das geboren wird, bildet eine offene Brücke zum Unbewußten, zum Nicht-Manifestierten, zur multidimensionalen Seele. Babys sind wunderbare Geschöpfe. Ihre großen Augen scheinen immer in die Ferne zu schauen, in die Augen ihrer Geliebten, ihrer seelischen Gefährten, in die Augen Gottes. »Die Augen sind die Fenster der Seele«, heißt es, und die Anwesenheit der Seele ist bei Kindern sehr stark zu spüren. Wenn man in das Gesicht eines Kindes blickt, kann man sein Karma, seine früheren Leben, sehen. Man sieht, ob ein Kind glücklich ist oder nicht, und man sieht das Wissen, das in seinen Bewegungen liegt.

Wenn wir mit dem Kind in unserem Inneren in Berührung kommen, finden wir den Zugang zu dieser Brücke. Vielleicht schloß er sich, als wir zwei Jahre alt waren, vielleicht erst mit sieben. Das Kind ist nicht tot, nur unsere Verbindung zu ihm ist unterbrochen. Es ist nur eingeschlossen wie ein Schmetterling in seinem Kokon. Alle großen Lehrer haben verkündet: »Werdet wie die Kinder, und ihr werdet Gott erkennen!«

– wenn wir das Kind in uns erreichen, dringen wir tief in unser emotionales Repertoire vor. Im Light-Institute bitten wir die Person, ein Bild von dem Kind in ihrem Inneren entstehen zu lassen, damit wir Zugang zu dieser Brücke gewinnen können, die uns in die einfachen Freuden hineinträgt. Wir finden Wirklichkeiten vor, die wir verstehen und, was noch wichtiger ist, vor allem auch erfahren können, denn was hat eine andere Dimension für einen Zweck, wenn sie uns nicht zugänglich ist? Was hat es für einen Sinn, etwas wahrzunehmen, wenn es nicht jetzt in uns geschieht, wenn wir nicht imstande sind, es in dieser Dimension zu nutzen? Das Kind ist sehr erfinderisch, es vergeudet keine Erfahrung.

Zum ersten Mal in unserer Geschichte haben wir jetzt die Fähigkeit, jene Ebenen, jene Dimensionen zu erreichen, von denen aus es möglich ist, das Nicht-Manifestierte in diese Realität zu stürzen und auf einer Stufe schöpferisch tätig zu sein, wie es nie zuvor der Fall war. Den Zugang zu diesen Oktaven zu gewinnen, ist sehr wichtig, noch wichtiger aber ist es, eine Brücke zu schlagen. Es mit Hilfe von Drogen zu versuchen, bringt nichts außer einigen Löchern in der Aura. Es besteht wenig Hoffnung, die unerforschten Schätze, die im Reich des Nicht-Manifestierten auf uns warten, zu vereinnahmen, wenn es uns nicht gelingt, unsere Absicht zu klären und auf diese Welt zu richten.

Es gibt keinen äußeren Zugang zu unserem inneren Selbst. Nur ein Ziehen, ein Drang ist da, der von unserem inneren Selbst ausgeht, das darauf wartet, daß wir das Hologramm unseres Wesens zu umrunden und unsere Aufmerksamkeit zu bündeln beginnen, um jene Dimension, jenes Wissen, das uns an unsere Göttlichkeit erinnert, zu erfassen.

Wenn wir mit dem Visualisieren anfangen und unsere Wahrnehmungswerkzeuge sich erweitern, werden wir feststellen, daß die Sprache des Unbewußten aus Symbolen besteht. Und indem wir aus diesem gewaltigen Strudel Formen und Bilder schöpfen, geben wir dem Formlosen eine Form, so daß wir einen Zugang zu diesen Oktaven der Übersetzung, diesen Zutaten des Wissens erlangen und sie als Brennstoff für unser Wachstum benutzen können. Wir sind fähig, unser inneres Kind zu erleben, weil das Kind das uns vertrauteste, greifbarste lebende Symbol ist. Es ist dieselbe Zeitbrücke, die es dem Emotionalkörper ermöglicht, eine Verbindung zum Höheren Selbst, zur Seele, herzustellen. Wie es uns die großen Meister gesagt haben: »Folget den Kindern.« Die Verschmelzung mit dem Kind in uns versetzt uns in die Lage, das Repertoire des Emotionalkörpers zu erweitern, aus den von Angst und Furcht geprägten Erfahrungen herauszukommen und ein neues Gleichgewicht zu finden. Zu Beginn erlernen wir die Technik, den Weg hierzu, und schließlich erkennen wir, daß wir in jedem Augenblick die Möglichkeit haben, das Gleichgewicht in unserem eigenen Selbst wiederherzustellen, womit die Verbindung zu unserem göttlichen Höheren Selbst erreicht ist.

Wenn wir von unserem inneren Kind sprechen, dann sprechen wir von dem weisesten Wesen, mit dem wir uns auf dieser Ebene verbünden können. Das Kind wird einfach aus unserer Körperlichkeit entfernt, weil wir alle einmal Kinder waren und die Erinnerungen an diese Kindheit in uns tragen – diese Erfahrungen des Emotionalkörpers, die noch immer greifbar sind und von uns ausstrahlen. Diese Erfahrungen haben sich verfestigt und sind zu Prägungen kristallisiert auf deren Basis unser Bezugsrahmen für das, wer wir sind und was uns in diesem Leben erlaubt ist, entsteht. Sobald wir mit diesem Gebilde in Berührung kommen, sind wir in der Lage, den Bauplan des Emotionalkörpers zu ändern und vorzudringen in die tieferen Schichten unseres kosmischen Selbst, der universalen Liebe. Das Kind erinnert uns daran, daß Gott lacht.

Der Emotionalkörper tritt zuerst mit dem Kind in Verbindung. Durch die Arbeit mit dem Kind – das uns nahesteht, spürbar und erkennbar für uns ist und sich nicht außerhalb unseres gegenwärtigen Bezugsrahmens befindet, auch nicht was unseren Mentalkörper oder den begrenzten Verstand betrifft, – bereiten wir uns auf den nächsten Schritt vor, auf unsere Öffnung zum Höheren Selbst. Das Kind ist eine sehr zentrale Persönlichkeit für uns und zieht immer eine Befreiung auf emotionaler Ebene nach sich, weil sämtliche Bilder und Erfahrungen, die wir aus unserer Kindheit erinnern, in dieser Wesenheit, die wir das »innere Kind« nennen, eingeschlossen sind. Seine Reinheit und Unschuld bewirken, daß wir in unseren natürlich ekstatischen Zustand des Staunens und der Verzückung zurückfinden.

Es kommt sehr selten vor, daß jemand ein Kind zutage fördert, das dem anderen Geschlecht angehört. Wenn dies der Fall ist, sind mehrere Dinge zu berücksichtigen. Erstens kann dafür ein früheres Leben ausschlaggebend sein, und das Bewußtsein der betreffenden Person ist möglicherweise noch in diesem Leben verhaftet. Es handelt sich häufig um eine Lebenszeit, in der die Person als Baby oder als Kind gestorben ist, also frühzeitig dieses Leben verlassen hat und dadurch verwirrt worden ist. Viele Male bleibt der Geist, der die astrale Zusammensetzung darstellt, in der astralen Dimension eingeschlossen, so daß das Bewußtsein sich im selben Körper niederschlägt, den es hatte, als es zum letzten Mal schied. Aber dort ist nicht die Seele. Man mag sich noch so sehr als Körper sehen, den man zuvor hatte und vielleicht zu früh verließ, die Seele residiert in diesem Leben. Manchmal hat das innere Kind auch mit Bisexualität aus einem früheren Leben zu tun und tritt aus diesem Grund jetzt in Gestalt des anderen Geschlechts auf.

Sobald das innere Kind nicht dem eigenen Geschlecht entspricht, versuchen wir während der Sitzungen in die Vorleben hinabzutauchen und zu erforschen, wo es seinen Ursprung hat. Dort kann dann der Heilprozeß dieser Spaltung, die unglaublich ist, einsetzen. Handelt es sich um eine Person weiblichen Geschlechts und sie findet einen Jungen in ihrem Inneren, dann sieht sie ihr inneres Kind deshalb als männlich, weil sie eine Prägung hat, die besagt: »Solltest du nicht ein Junge sein?« Vielleicht hat sich ihre Mutter während der Schwangerschaft die ganze Zeit vorgesagt: »Das muß ein Junge werden!« Wenn diese Frau dann anfängt, mit ihrem Unbewußten zu sprechen, sagt dieses: »Schön, ich bin ein Junge. Ich muß einer sein, sonst werde ich nicht geliebt, nicht angenommen werden!« Dann müssen wir die Quelle dafür suchen. Entspringt sie einer sexuellen Verwirrung? Oder einer elterlichen Prägung? Hat sie ihren Ursprung in einer Yang-Kraft, die das Kind als Junge sieht? Wir lassen sie sich als Junge erleben und geben dem Kind ein Geschenk. Und wenn das Kind das Geschenk empfängt, müssen wir aufpassen, ob es sich in ein Mädchen verwandelt. Findet ein Kind sein Gleichgewicht oder erhält es die Möglichkeit, seine eigene sexuelle Natur auszudrücken, dann kann es zu einem Wechsel kommen.

Es ist notwendig, daß wir unsere sexuellen Gepflogenheiten von einer spirituellen Ebene aus betrachten und aus einer erweiterten Wahrnehmung heraus sehen, was es heißt, homosexuell zu sein. Sobald wir uns das Hologramm, die Akasha-Aufzeichnungen, einer Person ansehen, tritt automatisch eine Veränderung in unserer Beurteilung oder in unseren Befürchtungen ein. Jede Person, mit der wir arbeiten, sehen wir holographisch oder ganzheitlich. Wir haben es mit einem Emotionalkörper zu tun, einem spirituellen, einem physischen und dem Mentalkörper. Alle diese Körper sind miteinander und ineinander verschlungen und doch getrennt. Jeder von ihnen hat sein eigenes Bewußtsein. Sie führen ein Konzert miteinander auf, auch wenn wir uns dessen nicht bewußt sein mögen. Sie nur als einen einzigen Körper zu sehen oder zu beurteilen, ist nicht möglich, weil jeder sich zusammen mit den anderen bewegt.

Wir sind hier, um diese Körper zu verknüpfen und zu einem Gefährt zusammenzuschmieden, durch das wir die nicht-manifeste spirituelle Energie, reine Gedankenformen, physische Aktivität oder emotionale Vibration manifestieren können. Das ist der springende Punkt. Wir müssen uns dieser vier Ebenen, dieser vier Dimensionen bei jeder Person, an die wir uns wenden, der wir zuhören oder die wir berühren, bewußt sein. Diese vier sind diejenigen Dimensionen, mit denen wir, ausgehend von unseren bewußten Fähigkeiten, spielen.

Wir nennen das Erleuchtung, aber unsere Vorstellung von Erleuchtung ist eine sehr kindliche. Wir müssen imstande sein, mit diesen vier Frequenzen zu arbeiten. Jedesmal, wenn wir einen physischen Körper berühren, rühren wir an ein vergangenes Leben, wir berühren ein multidimensionales Wesen, wir rühren an den Geist. Und wir müssen unsere Hände auf dieses Verstehen einstimmen, so daß wir fühlen, wenn wir jemanden berühren. Was will uns der Emotionalkörper durch dieses Gefährt mitteilen, durch das Entwerfen eines Gefährtes, das zu dick, zu dünn, zu groß, zu klein oder was auch immer ist? Es ist ein Ausdruck seiner selbst, seiner Gefühle, seines Geistes. Wir müssen uns seiner Bedeutung bewußt sein, so daß wir die betreffende Person durch den ganzen Kreis führen können. Wir dürfen uns von der Gegensätzlichkeit nie ablenken lassen, in ihr liegt nicht die Wahrheit.

Unsere Aufgabe ist es, den Leuten zu helfen, durch das Sich-Öffnen, das Sich-Erweitern, die Wahrheit zu erfahren. Sie sehen immer das Unmögliche: »Wäre ich nur..., dann könnte ich...« Wir müssen sie aus diesem Muster herausbrechen, ihnen helfen, sich aus diesen Einschlüssen herauszulösen, die sie auf einer bestimmten Oktave festhalten. Ob es sich dabei um eine mentale, emotionale oder physische Oktave handelt, spielt keine Rolle. Hat jemand ein Kind in seinem Inneren, dessen Geschlecht zu seinem im Gegensatz steht, dann wissen wir, womit wir es zu tun haben, und verhelfen der Person zur Heilung. Jeder von uns muß die Wahl seines Körpers respektieren, und am Ende jeder Sitzung wird schließlich jeder mit dem eigenen Körper einverstanden sein. Denn wenn jemand einen weiblichen Körper hat und sich ausschließlich als Mann sieht, kann es zu keiner Lösung, zu keinem Verschmelzen kommen. Diese Person wird in ihren Vorurteilen und dem schmerzlichen Gefühl des Getrenntseins steckenbleiben.

Gelegentlich wird das Kind integriert, gleichgültig welches Geschlecht es hat, obschon es verschiedene Verwandlungen durchgemacht haben wird. Normalerweise kommt es erst zu diesen Verwandlungen, sobald sich das Kind mit seiner Ganzheit identifiziert. Wenn eine männliche Person ein weibliches Kind in ihrem Inneren hat, dann ist ihr energetisches Gleichgewicht sehr ausgewogen. Wahrscheinlich hat das Kind eine Eigenentwicklung hinter sich. Das heißt mit anderen Worten, daß das Kind ursprünglich um ein Geschenk bat, das es der weiblichen Yin-Energie ermöglichte, sich zu entwickeln. Würde das Kind mit Farben arbeiten, dann erbäte es sich eine Yin-Farbe, etwas, das dieses Gleichgewicht symbolisieren würde.

Es ist seine eigene Weisheit, die den Menschen heilen, und sein eigenes inneres Wissen, das ihn ins Gleichgewicht bringen wird. Das ist der Grund, warum ich von der »Führung des Zeugen« spreche. Unser Tun muß sich darauf beschränken, die Menschen so weit zu führen, daß sie die Arbeit, die getan werden muß, selbst durchführen können. Eine Einmischung unsererseits ist nicht notwendig. Wir schaffen nur das Hologramm, durch das sie kreisen oder das sie spiralförmig durchlaufen können, bis sie das bekommen, was sie brauchen. Und sie finden immer, was sie brauchen. Es ist erstaunlich, welche Entscheidungen sie treffen, welche Symbole sie wählen, welche Geschenke sie sich erbitten, und selbst die Farben brauchen nie vorgeschlagen zu werden.

Die Menschen suchen sich immer das aus, was sie brauchen. Jedes frühere Leben, in das sie hineingehen, entspricht genau ihren Bedürfnissen. Und wenn sie in diesem Leben einen Hang zur Auffälligkeit haben, werden sie zehn Lebenszeiten bekommen, in denen sie den Pfau spielen können, bis sie begreifen, daß sie den falschen Glanz nicht nötig haben.

Wenn das Kind zu uns von Wissen und Weisheit spricht und mit unserem Bewußtsein verschmilzt, indem es in unsere gegenwärtige Erfahrung wieder eintritt, dann setzt dies automatisch einen tiefgehenden Heilungsprozeß in Gang, ein Loslösen vom Haken des Emotionalkörpers. Es ist vielleicht die erste Erfahrung des Verschmelzens mit dem Selbst, denn wenn wir tatsächlich unsere Kindheit bis zu einem gewissen Punkt erleben, dann stehen uns die Türen zu unserem Höheren Selbst, dem göttlichen Selbst, offen. Als Kinder bewegen wir uns aus unseren Körpern hinaus und hinein. Bis zum Alter von ungefähr sieben Jahren wechselt unser Bewußtsein ständig zwischen den verschiedenen Frequenzen und Oktaven. Danach bestimmen unser sozialer und kultureller Hintergrund immer mehr unser Bewußtsein, bis wir uns schließlich ganz in unsere dreidimensionale Gegenwart einfügen und uns von unserer Multidimensionalität weiter und weiter entfernen.

Das Verschmelzen mit diesem Kind, diesem Wesen der Weisheit, das versteht, warum wir hier sind und was wir für unser Gleichgewicht brauchen, ist eine sehr emotionale Erfahrung, die es uns ermöglicht, unsere Aufmerksamkeit weg von unserem Ego oder unserem äußeren Bewußtsein nach innen zu richten, auf jene natürlichen Oktaven der Freude und des Staunens. Ein Kind ist ein Wesen, das sich ständig in einem Zustand des freudigen Staunens befindet, in einem Zustand der Leichtigkeit, der keinen Schmerz festhält. Die Frequenz eines Kindes ist zu hoch, um jene dunkleren, schwereren Emotionen festzuhalten, selbst wenn die Welt der Erwachsenen auf das Kind einzuwirken beginnt und das Kind diese Einwirkungen als Angst, Furcht oder Zorn zu registrieren beginnt. Sein natürlicher Zustand entspricht dem Loslassen, einem ständigen Loslassen, weil das Kind in diesem Gehirnmuster des Hologramms lebt und nicht von der linken Gehirnhälfte und ihren Verhaftungen geprägt ist. Selbst wenn es einen Augenblick lang Furcht oder Angst empfindet, wird es im nächsten Moment in den Zustand freudigen Staunens zurückkehren. Das Kind in unserem Inneren kann uns diese Gabe zurückbringen und die Erinnerung an diese Erfahrung wiedererstehen lassen, was zu einer Anhebung der Schwingungen unseres Emotionalkörpers führt. Freudiges Staunen läßt uns unsere Angst vergessen und führt uns in die Arme unseres göttlichen Selbst. Und diese Erfahrung bewirkt, daß wir das Urteilen sein lassen. Das ist ein energetischer Vorgang, den wir erspüren, erfahren und erkennen können. Nun fangen wir an, das Hologramm unseres multidimensionalen Selbst zu weben.

Am Beispiel des inneren Kindes können wir ein Muster aufzeigen, einen Weg darzustellen, um mit diesen Frequenzen, diesen Oktaven in Verbindung zu kommen. Auch ohne die Anwesenheit eines Helfers, ohne Ritual und ohne äußeren Anstoß wird es später diesen Menschen möglich sein, diese Realitäten wieder aufzusuchen, indem sie einfach zu dem Kind in ihrem Inneren zurückkehren. Diese Oktave bildet den Ausgangspunkt für die Einführung jener höheren Emotionsstufen, die es auf diesem Planeten bis dato nicht gegeben hat – dieser ekstatischen Zustände, die bis jetzt noch immer nicht Teil unseres Bezugsrahmens sind. Daher stellt das innere Kind eine wichtige Brücke in unserem Entwicklungsprozeß dar.

TEIL III

Das erste Abschlußfest im Light-Institute stand bevor. Wir wollten damit nicht nur einen neuen Anfang feiern, sondern auch unsere Fähigkeiten, was die Sichtbarmachung der ätherischen Bereiche anbelangte, unterstreichen. Es sollte eine Herausforderung für uns selbst auf dem Gebiet der Manifestation werden. Von Kindesbeinen an verspüre ich in mir den Hang zum Unmöglichen, zum Wunder, weil ich schon immer wußte, daß wir eines Tages selber Wunder wirken würden, wie es uns vorausgesagt worden ist.

Augenzwinkernd schlug ich einen Feuerlauf vor. Der Feuerlauf ist ein gutes Beispiel für das Vollbringen des »Unmöglichen« in den Augen unseres begrenzten Verstandes. Ich war sehr erfreut, als meine zukünftigen Mitarbeiter der »Einweihung durch das Feuer« begeistert zustimmten.

Wie es sich in einem solchen Fall geziemt, hatte ich selbst mich dieser Art von Einweihung schon aufregende neunzehn Mal unterzogen. Um mir die Latte etwas höher zu legen, schwor ich daher, daß ich als erste über das Feuer gehen würde. Mein Lehrer in puncto Feuerlaufen hatte mich davon unterrichtet, daß es eine besondere Herausforderung darstelle, als erster über das Feuer zu schreiten, weil unser Gehirn, alles was es sieht, unter die Kategorie »möglich« einreiht, während, wenn kein Bezugsrahmen vorhanden ist, der Verstand diese Verführungskunst einbüßt, so daß die Konzentration entsprechend höher sein muß. Ich setzte mir nicht nur diese höhere Konzentration zum Ziel, sondern nahm mir auch fest vor, dieses Mal scheinbar mühelos über das Feuer zu »gleiten«, anstatt wie früher »durchzustapfen«. Ich wollte auch nicht darüber hinweghasten – als ließen sich die Auswirkungen der Angst durch Schnelligkeit vermeiden. Ich wollte meine Furcht auf Null reduzieren, um mit vollendeter Grazie über das Feuer zu schlendern.

Zu unserer Vorbereitung vollzogen wir alle die hierfür vorgesehenen Übungen. Wir waren eine Gruppe von ungefähr 45 Teilneh-

mern, darunter auch drei meiner Kinder: Karin, die sich als künftige Mitarbeiterin der Einweihung stellte, und meine beiden Töchter Megan, dreizehn und Teo, sechs. Es war das heißeste Feuer, daß ich je gesehen hatte. Die Flammen reichten fast fünf Meter hoch, und ihre Hüter hielten gehörigen Abstand. Es dauerte drei Stunden, bis das Feuer herabgebrannt und genügend Glut vorhanden war, um ein mehr als fünf Meter langes Bett aus glühenden Kohlen auszubreiten. Einen Augenblick lang ergriff mich die Sorge, ob sich meine kleine Teo auch lange genug würde konzentrieren können angesichts dieser Strecke.

Hand in Hand standen wir in einem Kreis um den glühenden Kohlenteppich, dessen gelb-weiße Farbe mich erkennen ließ, daß die Kohlen den höchsten Grad der Hitze erreicht hatten. Und obwohl ich das wußte, erschienen sie mir sanft und zärtlich und von fast magnetischer Anziehungskraft zu sein. Ich hatte das Gefühl, als bestünden wir alle aus demselben Stoff. Ich verließ den Kreis und trat auf den Teppich. Der aufflackernde Schein eines noch nicht ganz zu Kohle verglühten Scheites zuckte mir übers Gesicht. Ich fixierte mit meinen Augen einen Punkt am anderen Ende und begann mich auf ihn zuzubewegen. Gleich einer sanften Brise fühlte ich mich darüber hinweggleiten, einen zeitlosen Augenblick später hatte ich das andere Ende erreicht. Ekstatische Freude und Heiterkeit erfaßten mein ganzes Wesen. Ich mußte meinen Körper davon abhalten, wilde Luftsprünge zu vollführen – schließlich war jetzt der nächste an der Reihe. Zu meiner Überraschung trat Megan an den Rand. Ich erinnere mich noch gut daran, wie mir der Atem stockte und der Herzschlag aussetzte. Ich sah zu, wie sie voll jugendlicher Grazie über das Feuer schritt mit einer Sicherheit, die mir die Tränen in die Augen trieb. Dann beschrieb sie einen kleinen Kreis, um sich neben mich zu stellen und sagte mit klarer, fester Stimme: »Mom, ich werde nie an Krebs sterben müssen. Vielleicht werde ich überhaupt nie sterben!«

Die Tiefe und Schnelligkeit, mit der sie die Übung des Feuerlaufens aufnahm, verschlugen mir den Atem. Immer mehr Leute strebten jetzt dem Feuer zu, und ich fühlte, wie sich ein freudig erregtes Energiemuster aufzubauen begann. Teo ergriff plötzlich meine Hand und zog mich zum Feuer. Wir betraten gemeinsam den Feuer-

teppich. Als etwa zwei Drittel des Weges hinter uns lagen, jammerte Teo: »Mom, es wird heiß.« Ich antwortete: »Du schaffst es, Teo, du kannst es!« und wir erreichten das Ende und sprangen in das bereitstehende Wasserbecken. Ich konnte es nicht fassen, vor Überwältigung stieß ich einen Schrei aus. Die anderen teilten meine überschwenglichen Gefühle und fingen an, Hand in Hand über die Kohlen zu schreiten.

Obwohl einige Leute Blasen davontrugen, hatten wir alle das Gefühl, Bäume ausreißen zu können. Wir waren tatsächlich eine Gruppe von »Unberührbaren«. Meine ersten Tage beim Peace Corps fielen mir wieder ein, als wir alle dieses Gefühl der Unberührbarkeit hatten. Es war das frohe, heitere Gefühl, einer guten Sache zu dienen, einer lichten Kraft anzugehören.

9 Manifestation

Das Höhere Selbst ist das Megaphon der Seele, es kann die Gefühle mit dem Hauch der Seele erfüllen.

Wir stehen jetzt an einem Wendepunkt, und es gilt, eine Brücke zu errichten, um das Formlose, das Nicht-Manifestierte zur Manifestation zu bringen. Wir haben die Pläne, unser eigener Körper ist der Beweis, daß wir über den Bauplan des Lebens verfügen. Wir kamen aus dem Nichts und dann war Flüssigkeit da und dann Anziehung zwischen dem Männlichen und dem Weiblichen. Sie vereinigten sich und schufen die erste Zelle. In dieser ersten Zelle befindet sich die Kodierung, und aufgrund dieser Urkodierung sind du und ich heute hier. Wir haben uns den genetischen Kode ausgesucht und all die Erinnerungen aus unserer Vergangenheit und die gegenwärtigen und zukünftigen Erfahrungen, die in diesem sich immer weiter ausdehnenden Bewußtsein gespeichert sind, haben wir uns gleichfalls ausgewählt. Empfängnis ist eine Meditation, eine große Weisheit.

Wir sind jetzt auf der Erde an einem Punkt angelangt, von dem aus wir unsere Konzentration auf die Empfängnis richten und eine Blume zur Manifestation bringen können. Es ist dieselbe Energie. Es ist ein Herabziehen der Energie aus dem Formlosen in die Form. Das ist unser Geburtsrecht. Es war immer vorhanden, und wir selbst sind auf diese Weise entstanden. Die Aufzeichnungen darüber sind in unseren Zellen gespeichert. Meditieren wir über eine Zelle – meditieren wir über den Augenblick der Empfängnis, als das Göttliche Zeit und Raum betrat, und das Nichts zur Materie wurde. Dieser Punkt der Empfängnis bildet den Mittelpunkt der Zahl Acht, er ist das Zentrum des Universums. Wir müssen uns darauf konzentrieren, damit wir das Nicht-Manifestierte ins Bewußtsein bringen. Wir können das Kind in unserem Inneren die Brücke überqueren lassen, hinüber und wieder zurück, denn das Kind ist nicht an seinen Namen gebunden. Es ist nicht gebunden an die äußere Welt. Es bewegt sich frei.

Vor vielen Jahren hatte ich in Galisteo eine zweisprachige Sommerschule, und wir führten einen Versuch mit der »Silva-Mind-Control-Technik« durch, da viele Kinder in der Stadt schlechte Schulergebnisse hatten. Es interessierte uns, was Kinder sehen, wenn sie andere Menschen anschauen. Also blickten wir aus dem Fenster und sahen uns den Körper irgendeines Fremden an, und dann fragte ich: »Was seht ihr denn?« und sie antworteten: »Oh, dieser Mann hat einen merkwürdigen kleinen schwarzen Fleck dort drinnen.« Sie kannten zwar nicht das Wort dafür, aber sie wußten ganz genau, was sich bewegte und was nicht, weil sie immer in diesem »Seherzustand« waren. Sie konnten Krankheiten im Körper »sehen«! Sie waren imstande, den Brückenschlag zu vollziehen und andere Wirklichkeiten zu sehen. Wir Erwachsenen haben diese Fähigkeit tief in uns noch immer vergraben, und wenn wir etwas wissen wollen, brauchen wir nur zuzulangen und werden gleichfalls andere Realitäten wahrnehmen. Wir sind vollkommen.

Es gibt nichts von dem, was ich Ihnen sage – oder was ein anderer Ihnen je erzählen wird – was Sie nicht schon wissen. Sie haben es vielleicht bloß vergessen. Es ist nur das Echo Ihres Höheren Selbst, so daß Sie sagen können: »Ich weiß das.« Und was bedeutet wissen? Wissen heißt leben, erfahren, verschmelzen, ganz sein. Wenn wir mit dem Kind in uns verschmelzen, haben wir Zugang zu allem, was ist, und bringen es in die Form. Dabei steht es uns frei zu wählen. Wenn es uns gelingt, von unserem Ego und unserem Be- und Verurteilen Abstand zu nehmen, können wir das Wissen als reine Energie empfangen, es formen und daraus die Wirklichkeit erschaffen.

Dieses Konzept – die Realität der Empfängnis – können wir

dazu benutzen, um Erdbeben zu verhindern und den Atommüll loszuwerden. Wie sollen wir den Atommüll loswerden? Unsere Technologie ist nicht vollkommen genug. Wir sind in einer Sackgasse gelandet. Wir haben etwas getan, das wir nicht wieder gutmachen können, wie zum Beispiel Tschernobyl. Was sollen wir jetzt tun? Es dematerialisieren, weil das unsere einzige Möglichkeit ist. Materie kann sowohl in der einen als auch in der anderen Richtung die Schwelle zwischen der manifestierten und der nicht-manifestierten Welt passieren. Wir befinden uns nun in einer Lage, in der wir entweder von unserem höheren Verstand Gebrauch machen müssen oder nicht überleben werden. Wir alle sind uns dessen bewußt.

Wir leben in einer aufregenden Zeit, einer großartigen Zeit. Jetzt ist für jeden von uns der Augenblick gekommen, für den wir geboren wurden. Wenn jemand vielleicht glauben sollte, er wäre schon zu alt – mitnichten. Keiner wird abtreten, ehe er nicht alles vollendet hat. Wir sind jetzt an einem Punkt angelangt, an dem wir mit den Verhaftungen an unser persönliches Karma so schnell wie möglich aufräumen und anfangen müssen, uns auf die Vereinigung mit dem großen Pulsschlag zu konzentrieren, der das Leben erschafft. Das ist das kosmische Gesetz. Wir sind bereit für die Manifestation, weil sie der Grund ist, aus welchem jeder einzelne von uns sich entschlossen hat, in dieser Zeit zu leben und die karmischen Bedingungen von Geburt, Mühsal und Tod zu durchbrechen.

Wir besitzen bereits das Geheimnis, Altern und Tod zu ändern. Wir verstehen nun genug von der Molekularstruktur, doch haben wir sie noch immer nicht durch das Hologramm erfaßt, weil unser begrenzter Verstand ständig damit beschäftigt ist, lediglich von links nach rechts zu funktionieren. Wir denken nie darüber nach, was uns das Leben eigentlich sagen will, worum es im Leben geht. Wir müssen den Kreis schließen. Wir müssen endlich begreifen, daß die Information, die wir bis jetzt bekommen haben, genügt. Es ist genug.

Es ist Zeit. Jetzt ist es bloß notwendig, einen neuen, lebendigen Zugang zu dieser Information zu finden, was bedeutet, daß es nichts außerhalb von uns selbst gibt, an dem wir nicht teilhaben, das wir nicht erschaffen oder verändern können.

Wir brauchen nicht zu verhungern oder unter Dürre und Umweltverschmutzung zu leiden. Doch mit Maschinen, mit unserer Atlantis-Mentalität, werden wir es nicht in den Griff bekommen, sondern nur durch den Einsatz der reinen göttlichen Energie, die in uns brachliegt und darauf wartet, von uns genutzt zu werden. Wir müssen einen Zugang zu unserem ganzheitlichen Bewußtsein gewinnen, damit wir die für uns und unsere Zeit lebenswichtigen Entscheidungen treffen können.

Im Jahr 1985 nahm ich eine 82 Jahre alte Frau aus dem Stamm der Hopi-Indianer mit nach Afrika, um dort Regen zu machen, weil in Afrika eine große Dürre herrschte. Die in Arizona beheimateten Hopis rufen dort seit 4000 Jahren den Regen herbei, um ihren Mais anzubauen. Sie leben in einem sehr trockenen Land und bauen Mais an, dieselbe blaukörnige Sorte seit etwa 4000 Jahren. Sie verfügen noch immer über das nötige Wissen. Sie bestreiten ihren Unterhalt selbst, sind friedlich und lauschen dem Universum.

Es geschah zum ersten Mal, daß eine Frau dieses besondere Ritual vollzog. Ansonsten blieb es den Männern vorbehalten. Ihr Bruder war der letzte Sohn des letzten Sonnenhäuptlings der Hopi und sagte: »Ich bin ein Hopi-Medizinmann und darf die Erde im Hopi-Land nicht verlassen, daher werde ich dich senden.« In Somalia angelangt, begab sich die 82jährige Hopi-Frau auf ein Maisfeld und sagte: »Ich bringe euch diesen Samen, den ich selbst gezogen habe, damit ihr wißt, daß ihr nie mehr zu hungern braucht. Und ich werde jetzt den Regen rufen, damit ihr wißt, daß ihr nie mehr ohne Wasser zu sein braucht.« Sie betete, und der Regen rauschte hernieder. Drei Tage lang regnete es so stark, daß wir nicht zu ihrem Gebetsschrein zurückkehren konnten, um die vorgeschriebenen Opferungen mit gesegnetem Maismehl durchzuführen. Es gibt einen Hopiausspruch, der besagt: »Wenn dein Herz rein ist, wird es regnen.« Sie wollte kein Aufsehen machen, sie wollte auch keine Fotografen dabei haben, sie wollte einfach nur Regen machen und nach Hause zurückkehren, und genau das tat sie.

Die internationalen Wetterstationen verfolgten den Sturm auf ihren Monitoren. Er kam aus einer Richtung, aus der für gewöhnlich nie Niederschläge kommen und überquerte, ausgehend von Somalia, Äthiopien und den Sudan, genauso wie die Hopi-Frau ihn lenkte. Wir sind sehr stolz auf unsere Technologie, und doch sind wir hilflos, da wir von den lebensspendenden Kräften dieses Planeten abgeschnitten sind. Diese Frau, dieses Wesen, zeigte uns die Lösung. Brauchst du Regen, dann ruf ihn herbei! Stimm dein Herz auf die Jahreszeiten ein, auf die Erde, auf die Wesen, auf den Himmel! Der Himmel ist ein lebendiger Organismus genauso wie der Ozean ein lebendiger Organismus ist. Erlaub es dir einfach selbst, und du kannst Regen machen!

In unserer Sommerschule pflegten wir die Kleinsten der Kinder hinauszuschicken und auf Blechdosen schlagen zu lassen, und sie brachten immer den Regen. Manifestation hat nichts mit Magie zu tun, sondern mit der harmonischen Einstimmung unseres Bewußtseins auf höhere Dimensionen. Bei vielen von uns haben die Erfahrungen mit Manifestationen innerhalb früherer Lebenszeiten so starke Schuldgefühle hinterlassen, daß sie eine direkte Teilnahme ablehnen. Ein Beispiel dafür sind die Atlanter. Sie lernten es, mit Manifestation zu arbeiten und endeten damit, daß sie ihre Kristalle dazu benutzten, ihre gesamte Zivilisation in den Untergang zu stürzen. Das gleiche kann auch uns passieren, wenn wir nicht bereit sind, unsere Lektionen über den Umgang mit persönlicher Macht besser zu lernen. Wir befinden uns jetzt in einer Evolutionsphase, die entweder unsere Vernichtung herbeiführen wird, weil wir auf der Gefühlsebene keine Beziehung mehr zu unserer Umwelt haben, oder unseren Aufstieg in eine höhere Frequenz. Nur die Einstimmung unseres

Emotionalkörpers auf ein Niveau, das uns die Verquickung unseres persönlichen Lebens mit der ganzen Welt erkennen läßt, gibt uns die Möglichkeit, eine neue und kraftvolle Ausrichtung auf unsere Mitte zu erleben. Daß wir nur zehn Prozent unseres Gehirns nutzen und zwar hauptsächlich der linearen linken Gehirnhälfte, muß sich ändern. Um zu manifestieren, reicht dieser Teil nicht aus. Wir müssen lernen, unser Gehirn auf holographische oder ganzheitliche Weise zu gebrauchen, dann wird es eine umfassende Harmonie auf unsere gesamte Umgebung und das Universum ausstrahlen.

Wenn wir unsere Mitte spüren können, dann können wir alles mit dieser Energie manifestieren. Bei unserer Arbeit im Light-Institute wenden wir unser Hauptaugenmerk dem inneren Kind zu, weil es uns ermöglicht, zu einem Punkt vorzustoßen, an dem wir diese Brücke ertasten können – das Kind und die Multidimensionalität. Diese Bewegung ist möglich, außer wir sind dermaßen erstarrt in unserer »Wer-wir-glauben-sein-zu-müssen«-Vorstellung, daß wir da nicht herauskommen können, um den restlichen Teil unseres multidimensionalen Selbst zu erforschen.

Von der Warte der beschleunigten Frequenzen aus können wir die Struktur des Hologramms reorganisieren. Dies beseitigt unser Beharren auf einem linearen Gesichtspunkt. Linearität kann man als ein Beharren des Gehirns ansehen, nur zehn Prozent seines Potentials zu nutzen, unter Ignorierung der restlichen neunzig Prozent, die diese lineare Energie zum Hologramm abrunden könnten, das uns ermöglichte, alles zu sehen. Es ist das Gesetz des Kosmos, daß alles pulsiert – ein und aus, aus und ein, Leben und Tod, Tod und Leben. Unsere Wirbelsäule pulsiert, unser Körper pulsiert, unsere Organe pulsieren, unsere Drüsen pulsieren. Alles, was wir zu tun haben, ist, unser Bewußtsein dazu zu bringen, sich auf dieses Pulsieren zu konzentrieren, anstatt es damit zu beschäftigen zu sehen, ob wir o. k. sind oder nicht. Dann werden wir beginnen die Brücke zu überqueren und das Göttliche auf dieser Stufe zu erkennen. Auf diese Weise werden wir uns selbst als reines Bewußtsein wahrnehmen, als eine Kraft der Seele, die weder Gut noch Böse unterliegt noch dem »Du sollst« oder »Du sollst nicht«.

Das Kind ist die erste Welle der Brücke zum multidimensionalen Selbst. Die nächste Welle aus dem Kind ist das Erkennen des Höheren Selbst. Das Höhere Selbst ist, in einer Weise, die Quelle, aus der alle Dinge fließen. Es ist der Ort, wo wir hingehen können, um in unsere Mitte zu kommen, um zu wissen: »Das ist es, ich bin es.« – um unsere Wirklichkeit zu schätzen und mit uns selbst in Kontakt zu kommen. Das Höhere Selbst ist das mit dem Göttlichen verschmelzende Selbst. Es setzt sich aus der persönlichen Seele und aus der universalen Seele zusammen. Das Höhere Selbst hat jederzeit Zugang zum Gesamtwissen innerhalb der göttlichen, schöpferischen Kraft und kann dieses dem persönlichen Selbst vermitteln.

Das Höhere Selbst ist keine Wesenheit im eigentlichen Sinn. Ich bezeichne es als das »Megaphon der Seele«. Es ist der Mechanismus, mit dem wir das Nichtmanifeste zur Manifestation bringen und damit eine Gedankenform schaffen, eine Antwort erhalten und den Weg erkennen können. Das Höhere Selbst gibt uns eine Form. Es kann zum Verstand sprechen und sagen: »Ja, das ist es.« Oder es kann zum Gefühl sprechen und die Gefühle mit Gottesahnung erfüllen. Oder es kann zum Körper sprechen und dem Körper erlauben, leicht und grenzenlos zu sein. Es ist der Punkt, in dem wir und die Gotteskraft verschmelzen. Es ist der Mittelpunkt der liegenden Acht, des Symbols der Unendlichkeit. Dieser Punkt ist die Schwelle zum Höheren Selbst, von dem aus wir alles Wissen erreichen können, das uns ermöglicht, uns selbst zu erleben – ob physisch, emotional oder mental – als Teil der universalen Liebe, so daß die höhere Kraft durch unsere verschiedenen Aspekte fließen kann und wir uns selbst als Schöpfer unseres Lebens erfahren.

Das Höhere Selbst hat keinen verführerischen Aspekt, es ist kein Bestandteil der astralen Dimension. Das Wunderbare an ihm ist, daß es immer da ist. Wenn wir die ersten Kontakte mit dem Höheren Selbst knüpfen lernen, spiegelt das Ausmaß unserer Zweifel den Grad unserer Trennung wider. Der Umgang mit diesem Megaphon der Seele ist eine Kunst, in der wir immer besser werden, je mehr wir unser Vertrauen entwickeln, unsere Hingabe, unseren Bezugsrahmen für ein Verschmelzen mit dem Kosmos.

Die Kontaktaufnahme mit dem Höheren Selbst ist unsere schönste und wichtigste Aufgabe im Light-Institute. Sobald jemand auf einer Oktave seines Wesens einen Zugang gewinnt, gleichgültig wie wenig oder wie viel sonst blockiert ist, erkennt und erlebt er diese Verbindung mit seinem Höheren Selbst. Damit hat er ein Werkzeug, das ihm ermöglicht, den Schwenk vom Opfer zum Schöpfer zu vollziehen. Und indem wir im Institut den Leuten helfen, mit ihrem Höheren Selbst in Berührung zu kommen, statten wir sie buchstäblich mit einer Art Überlebensmechanismus aus, weil sie vielleicht wirklich nicht fähig sind, die Wahrheit zu erkennen oder zu irgend etwas Vertrauen zu haben, das außerhalb ihres eigenen inneren Wesens ist. Sie müssen diese Brücke zum göttlichen Selbst finden, damit sie den Absprung wagen und ihre Bestimmung erfüllen können – jedoch nicht von einem Ort des Karma aus, sondern von einem Gottesort, frei vom karmischen Zyklus.

Ich spreche vom Höheren Selbst als von einem Megaphon, einer Brücke, damit wir gleich von Anfang an zu verstehen beginnen, daß, obwohl wir abgeschieden in einem Abschnitt des Hologramms stecken, der das menschliche Selbst oder Ego genannt wird, dies nur eine Perspektive, ein Aspekt unseres göttlichen Selbst ist. Das ist sehr wichtig, weil es bei der ersten Kontaktaufnahme mit dem Höheren Selbst oft vorkommt, daß die Leute, da sie sich selbst als Mensch wahrnehmen und in dieser Selbst-Erkenntnis tief verwurzelt sind, das Höhere Selbst nur in der Weise zulassen oder erkennen können, die sämtlichen Hochreligionen gemeinsam ist, der Vorstellung nämlich, daß Gott ein Mann sei. Gott ist nicht auf die

Rolle eines männlichen Exemplares der menschlichen Gattung beschränkt. Aber wir sehen Gott als männliches Wesen durch den »Yang-Splitter« in unserem Auge – unsere menschliche, irdische Wahrnehmung in diesem Augenblick.

Der ganze Sinn unserer Arbeit ist, daß wir versuchen, uns selbst zu finden – heimzufinden, Gott in uns selbst zu finden. Aber solange wir Gott als männliches Menschenwesen sehen, begrenzen wir ihn. Wir versuchen, die spirituelle Essenz in uns zu finden, die uns von Vorurteilen und weltlicher Zerstreuung befreit. Die Klienten unseres Instituts sind häufig völlig in ihre weltlichen Probleme verstrickt, so daß wir ihnen zuerst einmal erklären, *daß es der Emotionalkörper ist, der in dieser Lebenszeit die Entscheidungen trifft.* Wir haben bereits damit angefangen, sie als multidimensionale Wesen zu beschreiben, weil wir von einem Emotionalkörper, einem spirituellen, einem physischen Körper und einem Mentalkörper sprechen. Das ist das Konzept, das wir ihnen zu Beginn der Sitzungen geben – um ihnen verstehen zu helfen, daß wir alle glauben, in unseren Mentalkörpern zu leben, tatsächlich aber auch diese feinstofflichen Körper haben – den astralen, den spirituellen usw. Was wir tun müssen ist, sie zu verschmelzen, damit wir in dieser Lebenszeit Entscheidungen treffen können, die uns zur Ekstase, zu höheren Oktaven führen. Es ist der Emotionalkörper, der uns bremst, wogegen unser Verstand und unser Intellekt sich ungeheuer erweitert haben.

Unsere physischen Körper leben jetzt länger, und wir fangen an, Ausschau nach unserer spirituellen Energie zu halten. Wir erkennen, daß es eine spirituelle Kraft gibt und suchen danach, aber der Emotionalkörper hinkt hinterher. Weil der Emotionalkörper außerhalb von Zeit und Raum steht, ist er es, der in Wirklichkeit unsere Entscheidungen trifft. Er ist maßgebend für die Ausstrahlung unserer Aura, die unsere Botschaft an die Außenwelt abgibt.

Es ist der Emotionalkörper, der alles Weltliche anzieht. Wenn zum Beispiel jemand eine bessere Arbeit finden will, im stillen jedoch das Gefühl hat, es nicht wert zu sein, dann sendet er oder sie die Botschaft aus, für eine bessere Arbeit nicht zu taugen. Welche Probleme kommen zur Sprache? Beziehungsprobleme, Arbeitsprobleme, Egoprobleme, spirituelle Probleme? Auf welche Probleme kam die Person zuerst zu sprechen? Dann können wir sagen: »Der Emotionalkörper strahlt die Prägung von dem, was Sie erhalten werden aus. Sie sind der Ansicht, daß Sie einen Tapetenwechsel brauchen, einen neuen Job, aber die Botschaft, die Sie unterschwellig ausstrahlen, besagt: ›Nehmen Sie mich bloß nicht, ich kann das eigentlich gar nicht.‹« Und so bleiben wir in der Tretmühle des Karma stecken, anstatt die Fortschritte zu machen, zu denen wir in Wirklichkeit fähig sind.

Das ist der Grund, warum wir mit unseren vergangenen oder früheren Leben arbeiten. Tatsächlich hat es mit Vergangenheit überhaupt nichts zu tun. Der Emotionalkörper sperrt uns Leben für Leben in diese Tretmühle, weil er bestrebt ist, die Verhaltensmuster fortzusetzen, nach denen er süchtig ist. Oft geschieht es in solchen Sitzungen, daß die Leute bereit sind, sich etwas näher anzusehen, was sie in diesem Leben nicht sehen wollen. Mit dieser Arbeit erreichen wir die Muster aus der Zeit, in der sie zwei Jahre alt waren, genauso wie die Prägungen aus früheren Leben, die der Emotionalkörper noch immer festhält. Diese Muster sind für ihre jetzige Lebensqualität verantwortlich.

Im Light-Institute beginnen wir den Emotionalkörper zu beschleunigen, ihn zu verändern, so daß die Menschen dann von selbst Botschaften ausstrahlen können, die ihnen erlauben, neue Leute und neue Situationen anzuziehen, die sie auf eine höhere Oktave heben. Das ist der Zweck der Arbeit, den Leuten zu der Erkenntnis ihrer eigenen Multidimensionalität zu verhelfen. Die Arbeit mit früheren Leben ermöglicht uns ganz einfach, ein größeres Repertoire zu entwikkeln. Es hat sich herausgestellt, daß die meisten kein Repertoire bemerken oder erhalten, das nicht auch für ihr jetziges Leben von Bedeutung ist, und normalerweise spielen sie dieses Repertoire mit den gleichen Leuten durch, die sie schon von früher her kennen. Das ist eine große Hilfe bei der Klärung von Beziehungen. Wenn sie es auf diese Weise sehen können – »Ich bin mit dieser Person in dieser Art von Beziehung. Ich habe sie aufgrund der Beziehung, die wir in einem früheren Leben zueinander hatten, angezogen, beziehungsweise aufgrund bestimmter Aspekte in meinem multidimensionalen Wesen, die zu ihr in Beziehung stehen«, – dann können sie es auf eine neue Weise sehen. Und wenn sie das einmal sehen, dann haben sie sich unwiderruflich verändert. Unser Emotionalkörper will nicht, daß wir uns verändern, es interessiert ihn nicht, ob wir glücklich oder ekstatisch sind, er hat nur Interesse an der Aufzeichnung und Wiederholung des Repertoires, die er bereits hat.

Hat der Emotionalkörper einmal begonnen, sich zu beschleunigen oder zu erweitern, dann machen die Menschen eine tiefgreifende Veränderung durch. Ihre Beziehungen werden sich ändern. Ihr Leben wird sich ändern, und das muß man ihnen sagen. Daß sie diese Arbeit machen, weist bereits darauf hin, daß sie dem Gebot ihres Höheren Selbst folgen. Ihr Höheres Selbst hat sie hierhergeführt, damit sie eine neue Erfahrung von sich selbst gewinnen, und jene Erfahrungen abstreifen, die ihnen jetzt nicht von Nutzen sind.

Wir sagen alle: »Ich möchte jemanden finden, der mich liebt. Ich möchte eine gute Beziehung eingehen. Ich möchte diese Dinge tun.« Und dennoch, wenn wir jemanden haben, der uns liebt und jemanden, der uns nicht liebt, fühlen wir uns ständig von dem angezogen, der uns nicht liebt. Wir finden den, der uns liebt, langweilig, ja, wir bemerken ihn nicht einmal. Wir nehmen die Liebe nicht zur Kenntnis. Warum? Weil der Emotionalkörper die Herausforderung und die Verführung liebt und das Spiel von dem einen, der uns nicht erwählen wird. Es ist ein destruktives Spiel, weil es uns in die Polarität hineinzieht und uns von unserem eigenen Selbst entfernt.

Sobald das Höhere Selbst hereinspielt, können wir uns als ein Ganzes erleben und erkennen, wer wir sind und warum wir dieses Leben gewählt haben, anstatt die Tretmühle ewig zu wiederholen: »Ich kann nur zu mir selber finden, wenn ich dich berühre, oder wenn du mich ständig bestätigst und mir sagst, wer ich bin.« Das verursacht Eifersucht, Abwehr und Angst und ruft Zorn etc. hervor. Wir holen das ganze alte Repertoire des Emotionalkörpers heraus. Jede Person, die jetzt an diesem geschichtlichen Wendepunkt auf der Erde weilt, muß diese Fesseln durchbrechen und zu dem werden, der sie wirklich ist. Die meisten haben bereits das Gefühl, daß sie etwas zu geben haben, daß es nicht bloß darum geht: »Wer wäscht heute ab?«, »Wer bringt das Geld nach Hause?« oder »Wer lebt allein, wer wird geliebt, wer wird nicht geliebt?« Viele tasten sich schon zu den tieferen Quellen vor. Wir sind der Spiegel für ihre Suche nach diesen Quellen und die Bestätigung, daß sie wissen, wonach sie suchen. Sie wissen es, weil es in ihrem Lebensplan vermerkt ist, sie müssen sich nur diesem Wissen überlassen.

Die Erleuchtung ist nicht irgendwo da draußen oder in den Augen eines Liebhabers oder sonstwo. Die Erleuchtung ist genau hier, wo wir sie jetzt erleben können. Das ist sehr wichtig, denn wenn die Leute den Behandlungstisch verlassen, was auch immer sie erfahren, das ist es, es ist der Weg zu verstehen, daß sie pulsieren und sich beschleunigen und ihren Emotionalkörper verändern. Durch das Sehen oder Fühlen dieser Dinge haben sie bereits einen Prozeß in Gang gesetzt, der sie verändern wird, gleichgültig was sie auch glauben mögen.

Wenn sie zur Tür hinausgehen, haben sie das Gefühl, verändert zu sein, und sie sind es auch. Wir sagen ihnen, daß sich ein Wandel in ihnen vollziehen wird, und sie können das als kosmischen Witz ansehen oder die Tatsache begrüßen. Selbst wenn sie zornig davonlaufen, werden sie plötzlich anfangen, auf ihren Zorn zu hören, sich mit ihrer Projektion auseinanderzusetzen. Wir stellen ihnen ein Vokabular und eine Umgebung zur Verfügung, die eine Verwandlung zuläßt, und dann tritt sie eben ein.

Das Höhere Selbst ist das großartigste Konzept der Welt, weil die Leute plötzlich über dieses vage Gefühl in ihrem Inneren etwas in der Hand haben, das eine Bedeutung, eine Form hat. Wie sieht es aus? Vielleicht sieht es wie ein Dreieck aus oder wie eine Wolke oder wie eine Gestalt, die in einen Umhang mit einer Kapuze gehüllt ist. Auf jeden Fall haben sie einen Anhaltspunkt, und es bedeutet etwas für sie.

Wir bringen ihnen unsere Sprache bei, weil sich unsere Sprache auf einer völlig neuen Oktave des Bewußtseins bewegt. Wir machen erst gar nicht den Versuch, was im Light-Institute vorgeht in das Sprachsystem von irgend jemand anderem zu übertragen, denn es gibt ohnehin keinen Bezugsrahmen dafür. Ob unsere Klienten Lehrer waren oder Heiler oder zehn Jahre lang meditiert haben, die meisten von ihnen haben so viele Trennungen gehabt, daß sie das Gefühl haben, eine Übersetzung zu brauchen. Sie beginnen zu erleben, wie sich ihr Emotionalkörper zusammenzieht oder ihr Solarplexus frei wird, sie machen ihre ersten »Crias«-Erfahrungen und spüren, wie die Energie durch den Körper fließt. Alle diese Dinge verleihen ihnen ein neues Bewußtsein, das ihrer Multidimensionalität die Möglichkeit gibt, in ihr bewußtes Leben einzudringen. Wenn die Leute auch glauben, sie wären zu uns gekommen, weil sie eine Beziehung loswerden oder etwas in ihrem Leben verändern müßten, so ist das nicht der Grund, warum sie hier sind.

Wir helfen ihnen, sich als multidimensionale Wesen zu erleben, und sie sind fähig, selber mit dem Göttlichen in ihnen in Verbindung zu treten. Wir geben ihnen einen neuen Bezugsrahmen, und sie sind imstande sich auszudrücken. Sie können es fühlen, erleben und wissen, wie sie wieder dahin zurückkehren können. Es ist nicht wie: »Jetzt hast du einmal dein Höheres Selbst gehabt, und damit ist es genug. Du wirst nie wieder dein Höheres Selbst bekommen.« Es ist nicht so, als würden wir meditieren und uns dabei fragen, ob dies nun wirklich eine Meditation wäre. Es ist eine funktionelle, praktische Art, Leute mit sich selbst zu verbinden.

Wenn die Menschen das Nichtmanifeste beschreiben, ist es, als ob sie von ihrer Heimkehr erzählten. Sie gelangen an innerliche Orte, wo sie Gott erfahren und keine Trennung mehr empfinden. Häufig erleben sie ekstatische Zustände, denn sobald man sich selbst nicht mehr im Weg steht, geht es geradewegs hinein in die Ekstase. Wir selbst sind uns im Weg – unser Ego, unsere Vorurteile, unser Emotionalkörper. In der Ekstase, diesem Zustand der Ganzheit, ist alles da und nichts fehlt. Die Menschen erkennen ihren Gott. Und wenn ich sie frage: »Warum hast du diese Trennung vollzogen?«, geben sie alle die gleiche Antwort: »Um Erfahrungen zu gewinnen.« Aus irgendeinem Grund entsteht der Wunsch, das Wissen auf bewußter Ebene zu manifestieren. Die Antwort lautet immer gleich: »Ich wollte mich abspalten, um etwas zu erleben, um auf der Ebene des Ich an der Manifestation teilzuhaben.« Kaum haben wir auf der materiellen Ebene Fuß gefaßt, treten jedoch deren Gesetze in Kraft. Die Gesetze der Materie werden wirksam. Und wir lassen uns hauptsächlich davon verführen. Wir werden mehr und mehr in den Emotionalkörper hineingezogen. Wir haben nicht in allen multidimensionalen Frequenzen Emotionalkörper und sind daher um so mehr von ihnen fasziniert. Wir sagen: »Ich will doch bloß sehen, was diese Kerle dort treiben«, und schon zappeln wir fester am Haken. Es war dennoch keine falsche Entscheidung von uns, hier in diese Körper zu kommen. Denn jetzt haben wir die Gelegenheit wie noch nie zuvor, das Göttliche mit uns in diese Dimension zu bringen und zu manifestieren. Aus diesem Grund hat jeder einzelne von uns sich gerade diese Zeit ausgesucht – um zu manifestieren.

Welche Aufgabe haben wir gegenüber dem Tierreich und dem Mineralienreich? Natürlich sind wir auch von ihnen nicht wirklich getrennt. Wir sind ein Teil des Tierreichs und genauso ein Teil des Mineralreichs. Wir haben diesen Tick zu sagen: »Das ist organisch und das ist anorganisch«, was im Grunde genommen absurd ist. Wir sind ein Teil von jedem dieser Reiche. Wir sind nicht getrennt und müssen dies erkennen. Die Delphine und die Wale sind uns diesbezüglich weit überlegen. Ihre holographischen Gehirne nehmen viel mehr wahr als unsere.

Bei unserer Arbeit im Institut gehen wir jedesmal tiefer, bis wir auf einer seelischen Ebene zu funktionieren beginnen, die weiß, wer wir sind. Wir brauchen nicht darauf zu warten, daß die laute Stimme einer männlichen Gottheit ertönt und zu uns sagt: »Du bist so und so.« Das holographische Selbst ist der vorzüglichste Apparat, der uns für unsere Erkenntnis zur Verfügung steht. Die Menschen, mit denen ich gearbeitet habe, haben mir mit ihrer Einstimmung und Konzentration auf ihr Höheres Selbst das größte Geschenk bereitet. Wir sind geneigt zu glauben, das Höhere Selbst wäre eine große Sache, aber das ist es nicht. Tatsächlich sind die Bilder, die in Vertretung des Höheren Selbst auftauchen, einfach ein Instrument unseres Bewußtseins, um uns auf eine bestimmte Verbindung, eine bestimmte Wirklichkeit einzustimmen.

Wenn die Menschen in ihr Höheres Selbst eintauchen, dann erzählt mir das Bild, mit dem sie hochkommen, eine Menge Geschichten über sie. Es erzählt mir, wo sich ihr Bewußtsein derzeit befindet, wo sie nachhelfen müssen, was sie erforschen sollten und was geschehen wird, weil das Höhere Selbst ihnen bereits die richtigen Anhaltspunkte liefert. Wir empfangen alle in den restlichen neunzig Prozent unseres Gehirns immerzu die Anhaltspunkte für die Wirklichkeit und Wahrheit. Wir wissen bloß nicht, wie wir darauf achten sollen, und das ist einer der Gründe, warum in den alten Kulturen und Gesellschaften dem Ritual eine solche Bedeutung zukam – es diente dazu, sich auf den Empfang dieser Anhaltspunkte einzustimmen. Sie waren uns diesbezüglich überlegen, denn sie verstanden sich darauf, die Botschaft herauszulesen, wenn der Blitz einschlug. Und es war von Bedeutung, denn es gibt nichts im Universum, das keine Bedeutung oder Synchronizität aufweist. Das Universum ist nicht chaotisch. Könnten wir unser jetziges Leben mit einem Schnappschuß festhalten, dann würde die Aufnahme vielleicht sehr chaotisch wirken, als liefen wir in die falsche Richtung, aber es gibt keine falschen Richtungen. Wir fügen ganz einfach nur eine Speiche oder ein Rad aus dem Hologramm zusammen, damit es zu pulsieren beginnt.

Das Höhere Selbst ist ein Grenzgänger, der uns das Nichtmanifeste übersetzt, das keine Symbole hat, keine Perspektive und keine Vorurteile. Unser Emotionalkörper möchte, daß wir das Höhere Selbst als eine Person sehen, aber das Höhere Selbst kann als ein sich drehendes Rad oder als Wind oder Dreieck in Erscheinung treten. Als welches Symbol es uns erscheint, hängt davon ab, was es uns auf einer bestimmten Bewußtseinsebene sagen will, zum Beispiel: »Öffne diese Tür.« Und wenn wir diese Tür geöffnet haben, dann wird dies zu einem besseren Verständnis auf der seelischen Ebene und zu einer Erweiterung unseres Bewußtseins führen. Wenn wir also meditieren und nach unserem Höheren Selbst Ausschau halten und statt dessen wir ein drehendes Rad oder ein Dreieck sehen, dann brauchen wir nicht enttäuscht zu sein. Wir müssen bloß aufhören, es kontrollieren zu wollen, und uns einfach der Essenz dieses Symbols hingeben, dann werden wir auf wunderbare Weise genährt werden. Unser Bewußtsein wird sich verändern. Unser Gehirn beginnt neue Muster und Wirklichkeiten aufzuzeichnen, die wir normalerweise nicht bewußt wahrnehmen, und diese Zusammenhänge bekommen eine neue Bedeutung für uns, die es uns ermöglicht loszulassen, uns zu öffnen und zu wachsen.

Das Höhere Selbst wird dann zum Megaphon für uns, zum Übersetzerwerkzeug, das uns hilft, uns dort zurechtzufinden, wo es keine Bilder mehr gibt. Wir können es nicht mit unserem linearen Verstand erfassen, denn es ist das multidimensionale Hologramm. Es besteht also kein Grund zu verzweifeln, wenn wir ein Symbol des Höheren Selbst bekommen und merken, daß wir mit einem Dreieck sprechen – Dreiecke können sich sehr klar ausdrücken. Jemand sagt zum Beispiel: »Ich habe meinem Höheren Selbst eine Frage gestellt und alles, was ich bekam, war dieses rosafarbene Licht.« Dieses Bild sagt uns, daß das rosa Licht der Auslöser ist, der Schleier durch den wir hindurch müssen, um auf der anderen Seite etwas wahrnehmen zu können. Rosa ist die Farbe der Liebe, die Farbe der Verjüngung. Das Höhere Selbst teilt uns mit: »Kleide dich in Liebe, erwache, erwecke deine Lebenskraft, dann wirst du den Mut haben, der zu sein, der du bist.« Die Antwort ist da. Sie wird uns nur einfach aus der Perspektive der anderen Seite des Hologramms erteilt.

Auf der irdischen Ebene kommt es zu einer starken Gewöhnung an unsere Art der Wahrnehmung und Beschreibung, und diese hat sich sehr verengt. Wir haben uns von unseren linearen Gedankenformen einfangen lassen. Es ist sehr wichtig für uns, daß wir einer erweiterten Wahrnehmung von uns selbst zustimmen. Wir haben uns von Ritualen verführen lassen. Frühere Kulturen haben in uns die Bereitschaft zur Verführung durch die Alchimie begründet. Es gibt einen Unterschied zwischen Alchimie und wahrer Manifestation. Die Alchimie zwingt der Materie ihren Willen auf, wozu wir sehr wohl imstande sind. Unsere Wissenschaftler tun es jetzt, wir haben es vor 5000 Jahren und vor 50000 Jahren getan, und unserem inneren Gedächtnis ist der Gebrauch dieser Macht eingeprägt. Doch diese Art von Alchimie hat ihren Preis. Es hat seinen Preis, wenn wir etwas zwingen, so zu sein, wie wir es wollen, und diesen Preis zahlen wir jetzt auf diesem Planeten. Und trotzdem ist es sehr schwierig für uns, dieser Verführung durch die Alchimie zu entgehen und unseren Willen und persönliches Machtstreben aufzugeben.

Das sind die Fallen, in die wir zur Zeit der Atlanter hineingerieten, als wir entdeckten, daß wir durch bloße Willenskraft Dinge geschehen lassen können. Wenn dieses Geschehen dann eintrat, spürten wir eine Erregung verbunden mit dem Gefühl persönlicher Bestätigung. Wir dürfen uns von dieser Erregung nicht mehr verführen lassen. Das ist zur Zeit eine der größten Herausforderungen auf diesem Planeten –

persönlicher Macht zu entsagen, damit wir die wahre Macht erlangen und mit dem Fluß des Universums verschmelzen können. Es hat damit zu tun, ob wir verstehen »Ist es richtig, heute den Regen zu rufen oder will ich manipulieren?« Wir müssen anfangen, das Hologramm zu sehen. Sonst bleibt es ein Pfuschen, und wir müssen den Preis für das Pfuschen bezahlen. Das ist uns schon einmal passiert, und wir erinnern uns alle sehr gut daran.

Es ist eine wichtige Zeit für uns, in der wir diese Trennung zu verstehen beginnen und anfangen, uns von diesem Streben nach persönlicher Macht und Kontrolle zu lösen. Wir sind dabei zu erkennen, daß wir uns auf eine höhere Frequenz einstimmen können, eine höhere Oktave, von der aus wir das manifestieren können, was für das Ganze gut ist und nicht bloß für das persönliche Wohl des einzelnen. Dann kehren wir zurück ins Licht, zurück zu jener universalen Ebene, von der aus diese ganze Welt, die gesamte Galaxie erschaffen wurde.

Das Höhere Selbst ist das Instrument der Übersetzung, das uns immer eine Antwort geben wird, aber es gibt Antworten, die wir nicht gerne hören wollen. Jedes Frage- und Antwortspiel gleicht dem von der Henne und dem Ei – Zeit ist eine Illusion. Das kann man sehr gut anhand des eigenen Verstandes sehen. »Ich habe eine Frage«, und in dem Augenblick, in dem wir bei dem »Ich habe eine Frage« festfrieren, ist es eine lineare Frage. Und der weitere Ablauf sieht dann so aus, daß wir die Antwort bereits gehört oder gewählt haben, die uns genehm ist. Jede Antwort, die nicht die gewünschte Antwort gleich einem Echo wiederholt, verwirrt uns oder macht uns zornig.

Wir müssen das Bild oder die Vorstellung, die wir von uns haben und mit der wir uns identifizieren, erweitern, und das ist sehr schwierig. Einerseits fordere ich Sie dauernd auf: »Finden Sie heraus, wer Sie sind, finden Sie Ihre Mitte«, und andererseits sage ich: »Lassen Sie ab von persönlicher Macht«, weil das Streben nach persönlicher Macht Ihnen immer zum Nachteil gereicht hat. Weg von dem »Wir gegen sie!« Konzentrieren wir unsere Aufmerksamkeit auf das Nichtmanifeste und bringen wir es in den physischen Körper. Es gilt, die Verantwortung für das Wissen zu übernehmen, daß wir, wenn wir Licht manifestieren können, auch Materie manifestieren können. Auf dieselbe Weise finden die Empfängnis eines Kindes und seine Geburt statt, durch die Erkenntnis des Ganzen, der Zahl acht. Die Elektronen bewegen sich innerhalb dieser Achterschleife und wenn sie befreit werden, beginnen sie zu spucken. Auf diese Art kam das Wunder überhaupt zustande, und jetzt können wir uns erlauben, zu dem Verhaltensmuster zurückzukehren. Wir können den höheren Aspekt des Verstandes dazu benutzen, es auf diese Weise wahrzunehmen, das Licht und das Göttliche darin zu sehen und auch einander als göttlich wahrzunehmen.

Wenn wir aus unserer Voreingenommenheit heraustreten und wirklich einem anderen ins Gesicht blicken, dann werden wir das Leid, die Mühsal und die Erfahrung sehen, die dieser Mensch in dieser oder in einer anderen Lebenszeit mitgemacht hat. Wir können unser Mitgefühl erwecken, das uns von unseren Vorurteilen, unserer Selbstgerechtigkeit und unserer Voreingenommenheit befreien wird. Das ist der Strom, der diese Begrenzungen überschreitet und höheren Oktaven zufließt.

Wir hegen immer die Vorstellung, wir müßten uns um etwas bemühen. Wir hätten zu fasten, zu beten, gut zu sein, um das Höhere Selbst zu erreichen, um Gott zu berühren. Wir müssen bloß die Nummer der Frequenz des Höheren Selbst wählen. Erst wenn es uns bewußt wird, welche Frequenzen wir verwenden, können wir wählen. Spüren wir, wie wir uns fühlen, wenn wir lachen und wie wir uns fühlen, wenn wir zornig sind, und wir werden den gewaltigen Unterschied zwischen den beiden Frequenzen erkennen. Wir haben die Wahl, wir müssen nur die richtige Frequenznummer wählen. Mit dem Höheren Selbst ist es dasselbe und mit dem göttlichen Aspekt auch. Es ist immer da, wenn wir es spüren wollen.

Bei der Einweihung geht es darum, die Aufmerksamkeit auf das Göttliche zu lenken und mit unserem Gewahrsam lange Zeit an diesem Ort zu verweilen, und das ist sehr schwer für uns. Es fällt uns nicht leicht, im göttlichen Bewußtsein zeitlich und räumlich zu verharren. Darum nehmen wir Zuflucht zu Ritualen, ziehen uns in Höhlen zurück und machen alles mögliche, damit unsere Aufmerksamkeit nicht zusammenbricht. Doch ist es jetzt an der Zeit, diese Rituale fallenzulassen. Wir müssen die Dinge, die unserem Verständnis im Weg stehen, fallenlassen. Niemand zwingt uns, die Fragen und Antworten in linearer Form zu stellen. Es genügt, wenn wir uns der Energie nähern und sie erkennen. Die Energie schlägt zurück. Es ist wie ein Stoß in die Luft, den wir bemerken können. Wenn ich meine Aufmerksamkeit darauf konzentriere, sehe ich, was dahintersteckt. Das ist alles, was wir tun müssen. Wir brauchen weder zu kämpfen noch vollendet zu sein. Die Erleuchtung ist in uns selbst, weil auch das Licht in uns ist. Wir fühlen uns einfach viel wohler im Dunkeln, in unserem Versteck.

Wir müssen nichts tun, um einen Teil oder einen Aspekt unseres Hologramms, unseres multidimensionalen Selbst wahrzunehmen, außer uns hinzugeben und zu sagen: »Führe mich.« Das ist alles. Es ist gar nichts Magisches dabei. Je mehr wir darum bitten, desto klarer kommt es, desto besser werden wir die Antworten unseres Höheren Selbst hören, desto besser wird die Übersetzung werden. Wir sind fähig, das Ganze wahrzunehmen, so daß wir wissen, wenn wir sagen: »Soll ich diese Arbeit aufgeben?«, oder: »Soll ich diese Person heiraten?«, daß die Antwort da ist und nicht ja oder nein, sondern in uns ist. Jeder von uns weiß, daß in jeder Frage ein Zuwachs an Sinn steckt, daß also die Antwort bereits in der Frage enthalten ist. Es ist eine ungemein feinsinnige Verquickung.

Wenn wir einen Blick auf die Akasha-Chronik werfen, auf

die Aufzeichnungen aller Zeiten in linearer Abfolge, dann sehen wir oft Formen, die Chromosomen ähneln. Manche sind L-förmig, manche geringelt, manche bunt, und das ist der Zuwachs an Sinn, an Erfahrung, an Wirklichkeit, der uns auf eine Oktave des Verstehens hebt, die wir mit unserem Verstand erfassen können. Aber wir müssen dazu unseren höheren Verstand einsetzen. Wenn wir uns weiterhin an unser Ich klammern, wird es nicht möglich sein, weil es uns ängstlich zuflüstert: »Hab ich dir's nicht gesagt, da draußen ist niemand.«

Wir sind unser Höheres Selbst. Das ist der kosmische Witz. Es gibt wenige Lehrer außerhalb von uns selbst. Die Gurus verlassen diesen Planeten in körperlicher Hinsicht und zwar deshalb, weil jetzt wir an der Reihe sind. Ehe wir nicht zu akzeptieren gelernt haben, daß sich unser spriritueller Lehrer nicht außerhalb von uns befindet, werden wir nicht imstande sein, die Kraft zu zeigen und zu manifestieren, die nötig ist, um diesen Planeten von der Verstrahlung zu reinigen, Krankheiten und Tod zu überwinden, die richtige Wahl zu treffen und um mit anderen Planeten, Dimensionen und Wirklichkeiten in Harmonie zu kommen. Es liegt bei jedem von uns, und es gibt keine Entschuldigungen und keine Hindernisse, wie: »Ich würde, wenn ich könnte, aber ich kann nicht.« Nein, jeder, der sich in dieser Vorstellung festgefahren hat, wird den Planeten verlassen. Das brauchen wir nur zu beobachten.

Es ist eine wunderbare Zeit, eine aufregende Zeit, und wir müssen sie spüren und berühren. Es ist in dir, in mir, in allem. Du kannst es dir so schwer machen, wie du willst. Wir schieben es immer außer Reichweite, um sicher zu sein, daß wir irgendwohin laufen müssen, um es zu bekommen. Wir wollen uns beweisen, daß wir es wert sind. Ja, das sind wir! Und wir haben auch alles Wissen. Wir brauchen nie und nimmer irgend etwas, was nicht in uns drin ist. Und was in uns drin ist, ist unendlich, weil es multidimensional ist.

Wenn die Menschen eine Lebenszeit nach der anderen

freisetzen und auflösen, dann tragen sie zur Klärung dieser Thematik bei, vollenden den Kreis und beginnen an einem anderen Thema zu arbeiten. Bald hören sie auf, ihre Leben auf diesem Planeten zu verbringen und finden sich in einer galaktischen Position wieder, auf einem anderen Planeten, in einem anderen Bewußtsein, einer anderen Dimension, und dann lassen sie los, weil sie ihre Multidimensionalität erleben. Dieses strahlende Bewußtsein, das wir die göttliche Kraft nennen, hat kein Ende. Auch wir sind endlos. Wir müssen bloß lernen, auf unsere Entscheidungen zu achten.

Unsere Emotionalkörper sind auf diesem Planeten auf einer sehr niedrigen, langsamen Schwingungsebene steckengeblieben. Wir müssen hinaufsteigen zu den hohen Frequenzen der Begeisterung und Verzückung, denn dies sind die Frequenzen des Göttlichen, in denen Leben und Tod, Materielles und Nichtmaterielles schwingen. Wenn wir uns darauf einstimmen können, dann werden wir diese Oktaven manifestieren, das Geburtsrecht unseres Körpers, das uns diese mitgebracht haben.

Wenn wir uns wirklich mit dem Gedanken tragen, daß wir multidimensionale Wesen sind, dann werden wir erkennen, daß es keine falschen Entscheidungen gibt. Wir brauchen weder uns noch sonst etwas festhalten. Wir können keinen falschen Weg einschlagen. Wir treffen einfach eine Entscheidung, die uns diese oder jene Lektion erteilen wird, doch jede wird uns wieder in unsere Mitte zurückbringen. Wenn wir unter dieser Voraussetzung Freiheit und Hingabe erleben und das Urteilen sein lassen, so daß wir in die bedingungslose Liebe eingehen, dann werden wir alles manifestieren können und sein, wie wir in Wahrheit sind.

10 *Das Hologramm*

Erst wenn wir unsere Intention zu schärfen gelernt haben, werden wir Göttern gleich auf Erden wandeln.

Erleuchtung ist die Fähigkeit zu anderen Oktaven und Dimensionen zu gelangen, um Informationen einzuholen, die es uns ermöglichen, über die Bewußtseinsebene des Genies hinauszuwachsen. Das ist eine überaus »erdnahe« Art und Weise, über unser multidimensionales Selbst zu reden. Es gibt andere Dimensionen, in denen Informationen und Energie vorhanden sind, und es gibt einen Zugang zu diesen anderen Dimensionen, die uns nähren und heilen können. Mit anderen Worten, Multidimensionalität hat weder etwas mit Science Fiction noch mit Esoterik zu tun, sie ist eine Realität und ein Grenzbereich. Der Verstand ist der Grenzbereich, doch der Verstand reicht weit über die Grenzen des Gehirns hinaus. Wir haben die Fähigkeit, durch unser Bewußtsein andere Dimensionen zu erreichen, die es speisen und erweitern und belehren können, hier und jetzt auf dieser Ebene. Im Light-Institute möchten wir den Menschen helfen, mit ihrer Multidimensionalität in Verbindung zu treten. Da die früheren Leben einen unmittelbaren Zugang darstellen, beginnen wir mit dieser Arbeit. Wie bei der Arbeit mit dem Emotionalkörper ist es auch in den Sitzungen, die der Erforschung der früheren Leben gewidmet sind, möglich, die Energie zu spüren, das Szenarium zu sehen und uns selbst darin zu erkennen. Das ist die erste Oktave, die erste Welle des sich ausdehnenden Bewußtseins.

Natürlich passiert es, daß wir, kaum haben wir unsere Vorstellung, wer wir sind erweitert, den Erinnerungen an frühere Leben sowie anderen Dimensionen der Wirklichkeit anheimfallen, weil das ein Teil der Kodierung ist, die in der Infrastruktur unserer Körper enthalten ist.

Wir müssen all die kleinen Dinge und Gewohnheiten loslassen. Jedes Ritual wirft uns zurück in die astrale Dimension, in das Bewußtsein, das wir zu der Zeit hatten, in der wir das Ritual einzusetzen begannen. Unsere gegenwärtigen Rituale sind uns langweilig geworden. Sie haben ihre Bedeutung verloren, und unser wunderbarer begrenzter Verstand hat seine Freude daran, sie zu zerpflücken, wenn sie in unserer Sprache abgefaßt sind. Also nehmen wir Zuflucht zu einer fremden Sprache, um uns selber zu verführen. Wir haben auch gern ein bißchen Kerzenlicht. Das ist großartig, denn es löst unsere Aufmerksamkeit aus. In der Sekunde, in der wir uns hingeben und unsere Aufmerksamkeit und Intention konzentrieren, können wir überall hingehen, wohin wir wollen. Es spielt keine Rolle, ob wir in ein früheres Leben gehen, in eine andere Dimension, in einen erweiterten Bewußtseinszustand oder in eine Wahrnehmung dessen, was auf der anderen Seite der Welt geschieht. Das Training der Intention ruft ein holographisches Pulsieren hervor, das von einem synchronisierten Gehirnzentrum ausstrahlt. Es ist wichtig zu verstehen, daß, wenn wir von Intention sprechen, dies nichts mit jenem Typus von Intention zu tun hat, der dem Willen verwandt ist, sondern ein absichtsvolles Hingeben an den natürlichen Zyklus der Bewegung sein soll, sobald wir einmal das Trägheitsmoment überwunden haben. Da wir in einer Dimension leben, in der das Gehirn visuelle Eindrücke, Geräusche und Gerüche aus der astralen Dimension aufzeichnet, müssen wir diese in der Frequenz unseres Gehirns klären. Wir brauchen einen Bezugsrahmen für diese Erfahrung, denn nur innerhalb dieses Bezugsrahmens ist ein Vorankommen möglich.

Wenn wir zu dem Kind in uns zurückgingen und sagten: »Ich kann fühlen, ich kann meine Hand auf dich legen und jemanden spüren«, dann könnte es sein, je nachdem ob unser Karma im Gleichgewicht ist, daß wir imstande sind, einfach aufzustehen und das zu tun. Wahrscheinlich wird es aber etwas geben, das uns davon abhält, dies tatsächlich zu manifestieren. Der Zweck der Arbeit mit den früheren Leben ist die Klärung dieser Energie, so daß das Kind in uns an die Arbeit gehen und das vollbringen kann, wozu wir hergekommen sind.

Die Rückkehr in die Kindheit ist ein Bezugsrahmen, in dem noch immer ein gewisses Maß an Ichbezogenheit enthalten ist. Das Ego ist uns sehr nützlich. Es ermöglicht uns, unser Karma zu vollenden. »Ich bin so und so, daher bin ich hier. So bin ich.« Und obwohl es uns neunzig Prozent unserer Zeit im Weg ist, hält es uns in dieser Dimension fest. Wir können erkennen, daß es Tag und Nacht gibt und wann Gefahr droht. Wenn wir anfangen, uns zu klären, befreien wir uns von jeglicher Begrenzung, und das ermöglicht uns, uns hier und jetzt zu manifestieren.

Ich manifestiere mich. Aus diesem Grund sind wir hier. Wenn wir in eines unserer früheren Leben zurückgehen, könnte es sich herausstellen, daß wir zum Beispiel in Atlantis unsere Kristalle dazu benutzten, um uns selbst in die Luft zu jagen. Auch heute sind wir wieder mit unseren Kristallen unterwegs. Vielleicht haben wir seinerzeit unsere Macht mißbraucht, aber wir hatten diese Macht und das heißt, daß wir sie noch immer haben. Nur unsere Schuldgefühle und unsere Selbstbeurteilung halten uns davon ab, von ihr Gebrauch zu machen. Es ist unser Emotionalkörper, der ständig wiederholt: »Ich bin ein Opfer«, und damit unsere Manifestation verhindert.

Wenn wir in ein früheres Leben hineingehen, beginnen wir wahrzunehmen, auf welche Weise sich unsere Seele bewegt. Es ist ein vollendeter Tanz. Manche von uns mögen ihre Arbeit als Heiler oder Musiker vollbracht haben, andere durch die Erkenntnis und Strukturierung physischer Organismen, wie zum Beispiel des Verstandes. Unsere Seele besitzt ein Hologramm für gewisse Dinge. Das ist wunderbar. Es gibt nichts Schöneres als herauszufinden, daß wir das nicht nur auf *diese*, sondern auch auf jene Weise tun können. Es eröffnet uns sämtliche Möglichkeiten.

Je eher jeder von uns die Oktave erreicht, wo er begreift, daß es nicht darauf ankommt, der Sieger zu sein, desto mächtiger werden wir sein. Wenn nur die Eltern und ihre Kinder dies verstehen könnten. Wenn die Eltern eines wilden, bokkigen Zweijährigen bloß begriffen, daß jeder von uns seine Macht ausleben und erfahren muß, und daß, je öfter man die Möglichkeit dazu hat, man um so eher lernt, sie zu verfeinern und besser zu gebrauchen. Und wenn wir hundertmal in Atlantis etwas verpfuscht haben, ist jetzt noch immer Gelegenheit, es nicht zu verpfuschen. Darum geht es jetzt. Wir können uns gegenseitig stärken, je mächtiger du bist, desto mächtiger kann auch ich sein.

Was das Kind betrifft, so ist die Kenntnis, die es von dieser Macht hat, weder verbal noch linear. Sie kann sich in Licht äußern oder in Blumen und Steinen, die zu ihm sprechen. Aber die Herausforderung und das Gebot der Stunde für alle Seelen dieser Zeit ist es, die Erfahrungen der rechten Gehirnhälfte zu übersetzen und in die dritte Dimension hereinzunehmen. Wenn wir in eine Erfahrung mit einer früheren Lebenszeit eintreten, dann arbeiten wir mit dem Gehirn eines Erwachsenen, das uns sagt: »Oh, das ist also geschehen«, oder: »Oh, das ist kosmischer Tod«, oder: »Ich erlebte das und dann geschah das«, oder: »Das ist also der Grund für all das.« Es ist das Erleben, was die Molekularstruktur des Körpers verändert. Wenn wir es nur im Kopf vollziehen, geschieht nicht allzuviel. Es wird zwar bis zu einem gewissen Grad helfen, aber unser eigentliches Ziel ist die Befreiung des physischen Körpers.

Oftmals kommen Leute mit chronischen Krankheiten zu uns und entdecken, daß sie jedesmal ihre Aufmerksamkeit auf ein bestimmtes Organ gerichtet haben und immer wieder auf ein und dieselbe Weise gestorben sind. In neun von zehn Fällen war die Ursache ihres Todes Herzversagen oder sonst ein Leiden, das ihnen auch jetzt zu schaffen macht. Und was passiert dann? Ich werde nicht sagen: »Setzen Sie sich mit Ihren früheren Leben auseinander, und Sie werden Ihre Krankheit loswerden«, sondern: »Ich möchte, daß Sie das Hologramm beobachten und begreifen, daß, sobald Sie das loslassen, woran Sie hängen, Sie automatisch alles los sind, was damit verknüpft ist.« Es hat mit einer Erkenntnis zu tun, die alle Dimensionen erfaßt und alle Frequenzen. Sie ist physisch, mental, emotional und spirituell.

Dann beginnen die Leute andere Dimensionen zu erleben, Beziehungen zu anderen Dimensionen und andere Wirklichkeiten, die ihnen Informationen liefern, die ihnen in ihrem jetzigen Leben von Nutzen sind. Ihre feinstofflichen Körper sind ein Teil ihres Informationssystems. Mit anderen Worten, wenn wir erstmals in den Lichtkörper hineingehen, ist die Ebene unseres Bewußtseins auf der Lichtkörperebene im Nirgendwo. Mit dem höheren Verstand ist es dasselbe. Der Mentalkörper, der diesen höheren Verstand umfaßt, ist einfach eine erweiterte Oktave des Bewußtseins, das uns diese Wahrnehmung erlaubt. Wir nehmen ständig alles durch den Filter unserer sechs Sinne auf, aber unsere Wahrnehmung gewinnt an Sensitivität. Wir begeben uns dort hinaus, ziehen diese Erfahrung herein und übersetzen sie in diese Dimension.

Viele Male kommt es dabei zu einer Verzerrung. Je öfter wir es tun, desto geringer ist die Verzerrung. Die Verzerrung steht im Verhältnis zur Dichte unseres Emotionalkörpers, unseres Mentalkörpers und unseres physischen Körpers. Wenn unser Bewußtsein die Tatsache nicht zulassen kann, daß es andere Kräfte gibt, die über die hier herrschenden Kräfte hinausgehen oder daß die Dinge nicht immer im Gegensatz zueinander stehen – daß zwei scheinbar gegensätzliche Dinge im Grunde dasselbe sein können – dann unterliegen wir einer Verzerrung. Diese Verzerrung nennt sich Selbstbeurteilung, Selbstgerechtigkeit und Einschränkung der Fähigkeiten unseres Verstandes, unseres Gehirns. Hat jedoch erst einmal diese Öffnung und Erweiterung unseres

Bewußtseins eingesetzt, dann wird der Filter klarer und klarer.

Wir finden neue Wege, um eine Anpassung an die strukturelle Wirklichkeit vorzunehmen. Aus diesem Grund sagen mir die Leute häufig: »Ich weiß nicht, was Sie gesagt haben und was geschehen ist. Aber ich weiß. Ich kann den Unterschied fühlen.« Sie fühlen tatsächlich oft den Unterschied in ihrem Kopf, wenn die beiden Gehirnhälften synchron zu pulsieren beginnen. Sie erkennen es und können zurückgehen und es wieder erreichen. Wir öffnen einfach nur die Tür, erlauben ihnen hindurchzugehen und schützen diesen Durchgang.

Der höhere Verstand hat die Fähigkeit, das Hologramm zu sehen, die Wahrheit, das Bewußtsein in erweiterter Weise wahrzunehmen. Das Höhere Selbst entspringt aus der Seele, es ist der aus der Seele entspringende Lebensplan. Der höhere Verstand ist der Übersetzer des Höheren Selbst und hilft uns, unser Bewußtsein vom Höheren Selbst zu organisieren. Die Seele ist göttlich. Sie begibt sich in das Höhere Selbst, das dieses umfassende Hologramm auf eine Ebene bringt, auf der wir es erspüren können. Das Höhere Selbst ist der Abstieg in die Materie. Würden wir es in dieser Reihenfolge betrachten, dann würden wir die Seele sehen, das Höhere Selbst, den höheren Verstand und dann die Körper.

Durch den höheren Verstand haben wir die Möglichkeit der Erkenntnis auf einer höheren Oktave. Er ermöglicht uns, auf der Stufe des Genies zu arbeiten, auf der es zur synchronen Funktion der beiden Gehirnhälften kommt. Er ist eigentlich selbst diese Genieebene. Der begrenzte Verstand ist in seiner Linearität verglichen mit dem höheren Verstand nur ein Punkt, während der höhere Verstand ihn gleich Ring um Ring umschließt. Der höhere Verstand ist in der Lage, die Lösung jedes Problems zu sehen, weil er das Ganze sieht. Er sieht die Wurzeln, die Zweige, die Blätter und den Baum in seiner Gesamtheit. Er sieht das Hologramm.

Die Blaupause der Seele ist das Diktat des Ganzen, das

sagt: »Ich will mich abspalten von dem Ganzen und in die Erfahrung hineingehen, um das Ganze, das Göttliche zu erkennen.« Wenn Menschen in seelische Erfahrungen hineingehen, haben sie keinen Körper. Sie sind reines Licht, sie sind alles, sie sind Gott, es herrscht vollkommene Einheit, es gibt keine Trennung. Dort wird die Seele erschaffen. Die Seele wird zum Konzept der Individualität. In dem Augenblick, in dem ein Aspekt des Göttlichen sagt: »Spalte dich ab und erfahre«, erstellt die Seele die Blaupause des Lebensplans und dieser lautet: »Damit du erkennst, daß du nicht getrennt, sondern eins bist mit dem Ganzen, wirst du diese Erfahrungen haben.« Jedesmal wenn die Seele in Geist und Materie eintritt, und wir Erfahrungen machen, schaffen wir die Prägungen und Vorurteile, aus denen der Emotionalkörper entsteht. Dieses Konzept ist schwer zu verstehen, weil wir nicht in allen Oktaven Emotionalkörper haben, obwohl wir in jeder Oktave Erfahrungen machen. Ein Körper ohne Nervensystem weist einen völlig anderen Bezugsrahmen auf. Darum haben galaktische und andere Wesenheiten manchmal keine emotionale Reaktion und geraten deshalb hier auf der Erde völlig aus dem Gleichgewicht. Ihr Bezugsrahmen schließt keinen Emotionalkörper, so wie wir ihn kennen, ein.

Wir sprechen jetzt über Materie innerhalb bestimmter Dimensionen. In unserer Dimension schließt die Materie den Emotionalkörper samt seinen Prägungen und Vorurteilen und seiner spirituellen Oktave usw. mit ein. Wenn der Emotionalkörper sich im Licht der Seele selbst erkennt, verliert er seine Voreingenommenheit und ist von seinem Be- und Verurteilen geheilt. Dieses Schema machen wir uns bei unserer Arbeit im Light-Institute zunutze. *Wir helfen den Menschen, den Emotionalkörper wieder in Kontakt mit dem Lebensplan der Seele zu bringen*. Und dann kommt es zu einem großen kosmischen »Aha-Erlebnis«, das noch weitergeht, wenn der Emotionalkörper endlich versteht: »Oh, ja, ich habe es gewollt.« Er erlebt im vollen Ausmaß, daß er diese Erfahrungen selbst gewählt hat.

Unser Intellekt bewegt sich nur an der Oberfläche dieser Konzepte, denn wir können nicht wirklich verstehen, was es heißt zu wählen. Es ist etwas, das wir nur bis zu einem gewissen Grad erfassen können. Immer wenn etwas schiefgeht in unserem Leben, sagen wir automatisch: »Das habe ich nicht gewollt.« Und dennoch haben wir uns diese Situation selbst ausgesucht, und wenn wir dieses Wissen zulassen, kommt wieder ein Stück mehr von uns in Kontakt mit der Seele und ihrem Lebensplan. Der Trick dabei ist, daß wir, sobald wir diesen versuchsweisen Kontakt auf der Seelenebene vollziehen, unsere Voreingenommenheit und unsere Vorurteile verlieren und vom Rad des Karma loskommen, weil wir es nicht länger tun müssen. So wie der große Meister, der nicht länger in das »Tun« verwickelt ist.

Erkennen wir diesen Abstieg in die Materie! Das ist der Grund, warum wir selbst in unserer Dimension vom Ausbrechen aus dem Lust/Schmerz-Prinzip sprechen. Wir können so süchtig nach Lust oder Schmerz werden, daß wir uns an diese horizontale Ebene der Erfahrung binden. Im Institut legen wir großen Wert auf die Arbeit mit dem Emotionalkörper, um ihn zu reinigen und zu beschleunigen, damit wir die Ebene der Ekstase erreichen können. Und wenn dies geschieht, wird ein weiterer Sprung in vertikaler Richtung erfolgen.

Die Ekstase benötigt im Unterschied zum Negativen keinen Bezugsrahmen, hingegen steht das Negative mit dem kollektiven Karma in seiner Gesamtheit in Beziehung. Wir erkennen Zorn, weil wir ihn in allen unseren Multi-Leben erfahren. Das Höhere Selbst ist latent – es ist zwar innerhalb des Emotionalkörpers, aber es ist der nicht-manifeste Teil des Emotionalkörpers. Mit anderen Worten, wenn der Emotionalkörper anfängt, Ekstase und Verzückung zu erleben, beschleunigt er sich selbst und befreit sich dadurch von der Dichte dieser niedrigeren Emotionen. Unter dem Druck der Sorgenlast beginnt er nach Selbsterkenntnis zu streben, und sobald sich der Emotionalkörper einmal wahrhaft selbst erkennt, endet der karmische Kreislauf und mit ihm Leben und Tod.

Das Höhere Selbst durchdringt alles, doch da es formlos ist, müssen wir den Zugangspunkt finden. Es nimmt seinen Weg durch diese unglaublichen Vehikel, die miteinander verkettet und verknüpft sind und sich zusammen bewegen. Wir schaffen das Fenster zum Himmel, diesen Zugang, diese Brücke, die uns erlaubt, das Höhere Selbst zu spüren, so daß es nicht einmal »ja« zu sagen braucht auf lineare Weise. Das Höhere Selbst ist einer Spirale, die sich dreht, vergleichbar und damit sehr verschieden von einer horizontalen Ebene.

Die Wirklichkeit des multidimensionalen Selbst manifestiert sich durch das Hologramm. Wir »erreichen« nicht das Hologramm, wir sind das Hologramm. Was passiert, ist, daß wir uns auf verschiedene Stellen im Hologramm fixieren und dann vergessen, daß es auf der anderen Seite des Kreises auch noch etwas gibt. Wir haben keine Ahnung, daß wir mit etwas auf der anderen Seite des Kreises verbunden sind, genausowenig wie wir vollkommen ahnungslos sind, daß wir eine Saite anschlagen und das Unbewußte anzapfen können. Wir sind uns dessen nicht bewußt, daß wir uns in einem flüssigen Medium befinden, das wir Körper oder Universum nennen können. Wir sollten lernen, es das »Hologramm« zu nennen.

Im Hologramm können wir erkennen, daß wir jetzt genau hier sind und doch gleichzeitig schon viele Leben gelebt haben. Wir können Zugang zu der Energie aus diesen Lebenszeiten gewinnen und sie erleben, und das ist der experimentelle Aspekt des Hologramms. Es ist das, was das Hologramm wirklich für uns bedeutet. Es ist nicht etwas da draußen, das gezähmt werden muß, sondern je mehr wir uns des Hologramms bewußt werden, desto mehr werden wir zu Gott.

Auf linearem Weg könnten wir nicht an die Stelle gelangen, wo wir Asche oder Blumen manifestieren können oder ein Erdbeben anhalten, ehe wir nicht imstande sind, das Hologramm wahrzunehmen. Innerhalb der Schöpfung gibt es Zerstörung, wir sind ein Teil von allem, was ist, sei es Mörder, Geliebter, Urwald oder Totes Meer. Öffnen wir uns dieser großen Wahrheit, und wir werden uns durch die Öffnung selbst heilen. Es ist das Zusammenziehen – das Einschließen von Energie – was Leid und Schmerz erzeugt. Wenn wir den kosmischen Fluß anhalten und unsere Aufmerksamkeit auf seine Zusammensetzung, die Einzelteile richten, empfinden wir das Chaos. Wir sagen: »Das ist unharmonisch.« Tatsächlich aber, wenn wir uns das ganze Konzert anhören, ist nichts unharmonisch, denn alles stimmt mit dem Netzwerk des göttlichen Planes überein.

Wir können lernen, unseren physischen Körper als Trichter dieses Hologramms zu erleben, wenn wir ihn in harmonische Übereinstimmung mit den feinstofflichen Körpern bringen. Je klarer unser physischer, unser Emotional- und Mentalkörper ist, desto besser werden wir das Hologramm wahrnehmen, die Verbindung zur Gotteskraft verstehen, anstatt Gott als etwas von uns Getrenntes zu sehen oder zu glauben, irgend etwas da draußen wäre von uns getrennt.

Im Light-Institute schaffen wir eine Schwelle, damit die Menschen Zugang zum Hologramm bekommen und erkennen, daß alles, was sie sehen oder erleben, ein Teil von ihnen selbst ist. Das ist ein Konzept, das die Menschen anfangs nicht verstehen, weil sie es nicht fassen können, keine Opfer zu sein, so sehr sind sie in ihren Vorurteilen gefangen, die ihnen sagen, wer sie hier sind. Sie erleben nicht ihr Hologramm. Wenn sie das Hologramm erfahren, erleben sie die ganze Verbindung.

Jedesmal wenn wir uns in einem Körper erfahren, in einem neuen Zyklus von Geburt und Tod, in einer neuen Beziehung, bringen wir das Hologramm in seine Ganzheit und haben Zugang zu diesem Ganzen. Selbst wenn wir nichts wahrnehmen können außer dieser Lebenszeit, außer unserer gegenwärtigen Situation, sind wir dennoch das Hologramm, weil es einfach existiert, ob wir es wahrnehmen oder nicht.

Was wir im Light-Institute tun, ist, unsere Fähigkeit zu erweitern, das Hologramm zu erkennen. Sobald die Menschen dieses Konzept zu leben beginnen, verändert es sie, weil die Trennung heilt. Es dreht sich nicht um: »Ich muß mich beeilen und mich endlich bessern. Ich muß das in Ordnung bringen, damit ich das und das haben kann«, sondern um Erleuchtung. Die Erleuchtung weiß, daß im Zentrum von allem Vollkommenheit herrscht. Das ist die erste Oktave der Erleuchtung – den Funken in der Flamme festzuhalten, so daß wir in der Mitte von welchem Chaos auch immer sein können und uns stets innerhalb des kosmischen Lachens fühlen.

Es ist ein großartiges Erlebnis innerhalb einer Beziehung, wenn wir uns plötzlich beim Schreien oder voller Zorn ertappen und gleichzeitig dieses Lachen weitergeht, weil wir wissen, daß wir nur spielen. Es geschieht simultan. Es ist nicht der Verstand, der sagt: »Oh, du weißt schon, daß du in Wirklichkeit nicht so bist.« Im selben Moment, in dem wir zu schreien beginnen, ist auch dieses wunderbare Lachen da, weil wir das Humorvolle an diesem Teil unseres Verhaltens erleben.

Sobald wir einmal in diese Art von Erfahrungen eintreten, wird unsere Verhaftung an den Zorn oder die Selbstgerechtigkeit oder unsere Vorurteile einfach gelöscht. Mitten in unserem Geschrei spüren wir dieses kosmische Lachen in uns aufsteigen, weil wir wissen, daß wir gerade eine Vorstellung für uns selbst abziehen. Wir können beginnen, der Vorstellung zu vergeben und sagen: »Nein, eigentlich muß ich das nicht machen.« Genau wie wir es mit dem Zweijährigen tun, schalten wir einfach den Körper auf etwas anderes um.

Wenn wir zu jenen Stellen der Auflösung kommen, und wir wissen uns nicht zu helfen, und der Ausgang wird tödlich sein, usw., dann brauchen wir nur das Hologramm dieser Wesenheit zu umrunden und einen Kontakt auf der Seelenebene herzustellen, außerhalb der Arena, in der diese Vorstellung stattfindet. Das ist das Schöne an der Arbeit mit früheren Leben, daß sie uns die Möglichkeit gibt, das zu tun.

Sie bietet uns einen Bezugsrahmen für all jene, deren Söhne, Töchter, Geliebte und Freunde wir gewesen sind. Wir haben sie schon früher gekannt und können uns daher aussuchen, wie wir sie jetzt sehen wollen.

Wenn ein Teil von jemandem zu Fall kommt, können wir sagen: »Laß mich dich auf der Seelenebene erfahren.« Und wenn wir uns das zu Herzen nehmen und bewußt Verbindung auf der Seelenebene aufnehmen, werden unsere Tränen zu fließen aufhören, weil wir wissen, daß sie unnütz sind. Wenn jemand als Alkoholiker oder als Opfer zu sterben wünscht, so ist das o. k., weil es nicht sein ganzes Wesen betrifft. Es gibt noch alles übrige von seinem Hologramm. Wir können durch unseren bewußten Willen, durch unsere Intention mit einem anderen Teil von ihm verschmelzen. Das nennen wir den Funken in der Flamme festhalten. Ich spreche jetzt über die Schaffung von Wirklichkeit. Das ist die Erfahrung, die Übersetzung des »Loslassens«.

Wie können wir loslassen? Nur durch die Erweiterung unseres Bewußtseins. Das ist die einzige Art und Weise loszulassen. Wenn sich das Bewußtsein erweitert, und wir die Menschen auf der Seelenebene erleben, dann kommt es zu einem Aufsteigen des Emotionalkörpers. Die Tränen hören auf zu fließen, der Emotionalkörper fängt an zu atmen, zu strahlen, und wir stellen die Verbindung her. Und in diesem Augenblick schaffen wir eine neue Wirklichkeit, eine Wirklichkeit voller Mitgefühl.

Unsere Kinder werden nicht unsere alten Wege beschreiten, davon wird nicht viel übrig bleiben. Sie werden fähig sein, sehr schnell Zugang zu den höchsten Oktaven zu erlangen. Das ist der Planet des Herzchakras, also müssen wir Gefühle haben, müssen wir das Herz spüren und verstehen, was Trennung und Verschmelzen heißt. Derzeit ist uns das Konzept des Verschmelzens noch völlig fremd, es ist nicht mehr als ein Aufflackern in uns. Wenn wir diese Oktave erreichen, dann wird der Emotionalkörper nicht mehr das sein, was er heute ist. Wenn wir unsere früheren Leben klären, dann klären wir sie für immer. Wir löschen die Geschichte aus! Die Seele kann dann zu Oktaven aufsteigen, für die wir jetzt noch keinen Bezugsrahmen haben.

»Versuchen« ist ein Wort, das wir nie benutzen, weil es die Bedeutung des Ankämpfens gegen einen Widerstand, des Schwimmens gegen den Strom in sich trägt. Das Zweifeln des Thomas steckt darin, der sagt: »Ich weiß nicht, ob ich kann.« Wir werden es vollbringen. Und es ist nicht irgendwo da draußen. Es ist einfach nur ein Erkennen, ein Hineinwachsen. Wir erweitern bloß die äußere Hülle. Der emotionale Inhalt wird dann hochsteigen, ob wir wollen oder nicht, oder versuchen ihn zurückzuhalten oder sonst etwas damit zu tun. Am besten ist es, das einfach anzuerkennen.

Es mag Orte geben, an denen wir das genaue Gegenteil von Ekstase erleben, denn wenn das Pendel höher hinauf zu neuen Oktaven zu schwingen beginnt, schlägt es auch entsprechend stärker auf die andere Seite aus. Doch von Mal zu Mal schwingt es weniger stark zurück und stärker hinauf, weil unser Zug auf der niedrigeren Seite schwächer wird. Der Emotionalkörper beharrt nicht mehr so stark auf seinem Anteil an Zorn und Wut, weil sein Interesse an der anderen, der höheren Seite erwacht. Er fängt an, neue Frequenzen zu spüren. Die höhere Seite übt keinerlei Verführung aus, daher versucht das Ego uns anfangs durch den Emotionalkörper zu fangen. Ich nenne das »Einweihung«, und alles was wir tun müssen, ist dies zu erkennen. In der Sekunde, in der eine Klärung eintritt, fühlen wir tiefe Liebe, und die erste Person, die uns begegnet, wird für uns zur Prüfung. Sie wird versuchen, unsere Angst, unser Gefühl der Trennung oder unsere Vorurteile zu stimulieren. Diese Person prüft, wer wir sind, und wir müssen loslassen. Wenn wir dieser Person begegnen, müssen wir mit ihr verschmelzen und sie sehen lassen, wer wir wirklich sind, dann werden wir zur Ekstase, zu der neuen Frequenz finden.

11 *Tod und Samadhi*

Schuld und Urteil halten uns im Körper gefangen und sind die Ursache dafür, daß wir im Körper wiederkehren und nur ihn tragen und nicht das Licht, das unsere wahre Frequenz ist.

Als meine Tochter Karin ungefähr zwölf Jahre alt war, machte sie in den Straßen unserer kleinen Stadt ihre ersten Fahrversuche mit dem Auto. Ich wollte sicher sein, daß sie, wenn sie sich zum ersten Mal auf die Autobahn wagte, keine ungeübte Fahrerin mehr wäre. Sie war vierzehn und ich hatte völliges Vertrauen in ihre Fahrkünste, als wir eines späten Nachmittags nach Hause fuhren. Wir waren mitten in einer heißen politischen Diskussion, als sie plötzlich die Kontrolle über den Wagen verlor, weil sie eine Kurve übersehen hatte. Wir kamen von der Straße ab, und eine Stimme in mir rief ihr zu, die Hände vom Steuer zu nehmen, da wir sonst getötet würden. Die Zeit schien stehenzubleiben, während ich diese erschreckende Möglichkeit in Betracht zog. Dann wurde ich hinter den Fahrersitz geworfen, und die Stimme befahl mir, mich zu entspannen und völlig schlaff zu werden. Ich konzentrierte mich darauf, und der abwegige Gedanke, daß dies eigentlich sehr komisch wäre, als ich wie eine Stoffpuppe zwischen dem Boden und der Decke des Wagens hin- und hergeschleudert wurde, durchzuckte mich. Der Wagen überschlug sich viermal und kam dann, während sich seine Kühlerhaube in den Boden bohrte, zum Stehen. Die Lenker der Fahrzeuge, die uns gefolgt waren, hielten an, um herbeizueilen und uns aus dem Wagen zu ziehen. Was nun folgte, war eine der erstaunlichsten Demonstrationen von multidimensionalem Bewußtsein, die ich je erlebt habe.

Als wir ausgestreckt auf dem Rücken auf dem Boden lagen, versuchten unsere Finger, einander zu berühren. Karin schluchzte und bat mich, nicht zu sterben. Ich sagte ihr, sie solle sich nicht fürchten und mich gehen lassen, denn ich fühlte ein starkes Bedürfnis, mich aus meinem Körper zu erheben. Etwas in mir stieß buchstäblich mit aller Kraft nach außen. Gleichzeitig sah ich einen Mann vor mir stehen, der mir voller Mitgefühl Ströme von heilender Energie zusandte. Ich bat ihn, seine Hand über die linke Seite meines Kopfes zu halten. Inzwischen war auch die Polizei eingetroffen, und ich begann in höchst umsichtiger Weise Instruktionen zu erteilen bezüglich meiner Einlieferung ins Krankenhaus – daß ich jede Art von medizinischer Versorgung oder Operation etc. ablehnte – und nannte außerdem fünf Namen und Telefonnummern von Leuten, die sofort zu verständigen wären.

Parallel zu diesem Geschehen ließ mich mein Bewußtsein zwei weitere unvergeßliche Erfahrungen erleben, die in einer anderen Dimension spielten.

Als ich meinen auf der Erde liegenden Körper verließ und aufwärts strebte, kam es zu einer Art Begegnung zwischen mir und einer Gruppe von Energiewesen, die mich mehr oder minder anhielten. Zu meinem Entsetzen schien es sich keineswegs um strahlende Lichtwesen, die zu meiner Begrüßung ausgeschickt worden waren, zu handeln, sondern vielmehr um dunkle drohende Wolken, die mir den Eintritt verwehrten. Als ich darauf beharrte, wurden sie zusehends aggressiver, ja fast zornig. Plötzlich spürte ich die Gegenwart einer jungen Frau, die während meines Aufenthaltes in Bolivien in meinem Haus gelebt hatte und vor einem Jahr bei einem Autounfall auf tragische Weise ums Leben gekommen war. Während sie sich mir näherte, fing die ganze Gruppe an zu rufen: »Geh zurück, du kannst jetzt noch nicht zu uns kommen!« Ich war so erstaunt, daß ich verwirrt und verzweifelt in mein Wesen zurückkehrte. Wo blieb der himmlische, liebevolle Empfang, von dem man uns immer erzählt hatte, fragte ich mich. Ich kann nur sagen, daß dies einer der schwärzesten Augenblicke meiner derzeitigen Existenz war.

Dann hatte ich plötzlich das Gefühl zu schweben oder aufzusteigen. Einige Lichtkugeln, die in den Regenbogenfarben schimmerten, erschienen. Ich befand mich in ihrem Strahlungsbereich und empfing – anscheinend mit Lichtgeschwindigkeit – Übertragungen, die sich auf die Quelle, den Sinn und die Gesetze alles Lebens bezogen. Jedes Atom meiner multidimensionalen Seele wurde gestreichelt und genährt. Ich badete in Segen und Gnade.

Drei Wochen verstrichen, ehe mein Haar, das mir in krausen kleinen Locken vom Kopf abstand, sein früheres glattes Aussehen zurückgewann. Die Leute schlugen über mein Aussehen die Hände zusammen und beharrten darauf, daß ich noch immer unter Schock stünde. Ich schien durchsichtig zu sein, das Funkeln meiner Augen störte sie, und auch mein Gesicht strahlte. Ich erschrak selbst, wenn ich in den Spiegel blickte, weil die Energie, die daraus zurückstrahlte, so stark war, aber ich wußte und werde immer wissen, was es war. Wenn ich das nächste Mal an die Schwelle komme, wird es zur rechten Zeit sein.

Die wesentlichste Lektion, die es hier auf der Erde zu erfahren und zu begrüßen gilt, besteht aus Tod und Samadhi. Zwei Energien, die unzertrennlich verschlungen und verkettet sind und miteinander tanzen. Eine fließt hinein in die andere, und diese fließt wieder zurück. Wir sind hier, um von dieser Seite des Schleiers her zu spüren, was es heißt, die Fähigkeit zu haben, durch den Tunnel des Todes zum Formlosen vorzudringen, zu dem, was unser wahres Wesen ist, zur göttlichen kosmischen Frequenz, zum Allwissen und Samadhi – zur Erleuchtung.

Erleuchtung ist die Gabe des Todes. Der Tod ist keine dunkle Energie, er steht nicht im Gegensatz zum Leben. Der Tod ist einfach ein Abschied. Solange wir uns in der festen Umklammerung unseres Emotionalkörpers befinden, sind wir unfähig, den Sprung ins Licht zu machen, das unserem eigentlichen Sein in seiner nicht-manifesten Form zugrunde liegt. Wir kommen in den Körper und nehmen die Aspekte, den Saft dieses Emotionalkörpers an, der von jeder Lebenserfahrung geprägt wird. Diese Prägung, die sich von Körper zu Körper fortpflanzt, schafft eine Spirale der Angst, die uns hinunterzieht und uns daran hindert, zur Meisterschaft zu gelangen und aus dieser Position den Tod freudig zu begrüßen.

Was mit uns dann hier verweilt, ist unsere Verhaftung an Erfahrungen, das Einsaugen der emotionalen Frequenz der Angst. Es hält uns davon ab, die Gabe, die der Tod darstellt, zu nutzen. Der Tod ist nur ein Übergang, ein Sich-Hingeben, das uns zur Öffnung geleitet, hinein in den Strudel der Erweiterung, der unser wahres Selbst ohne jede Belastung bildet. Und so verweilen wir. Wir verweilen in unserem Leben, in unserer Ablehnung, in unserer Angst, und wir werden davon besessen – wir werden zu unserer Angst. Wenn wir zu dieser Angst erstarren, verlieren wir unser Leben. Wir verlieren den Sinn, den Lebensplan unserer Wahl, der darin besteht hierherzukommen, um am Tanz des Lebens teilzunehmen. Die Angst breitet sich wellenförmig um uns herum aus, und wir meinen, daß wir nicht lieben, uns nicht bewegen, nicht frei aus unserem Herzen sprechen können, weil wir diese physische Prägung geschaffen haben, die uns von unserem wahren Wesen trennt, vom Flüstern unseres multidimensionalen, niemals sterbenden, göttlichen Selbst.

Tod ist das Wegzerren, das Ausbrechen aus dem, worin wir jetzt verwickelt sind. Wir erschaffen uns selbst ein Leben voller Widerstand – Widerstand gegen die Fähigkeit unserer Gabe. Und auf diese Weise wiederholt sich unser Karma, das Pulsieren, das sich jedesmal ein bißchen ändert, jedoch immer in der Frequenz, dem Thema verweilt, dem wir verhaftet sind. Wir erlauben der Seele nicht, ihr Suchen auszudehnen. Doch ihre Wahl, in einen Körper einzutreten, beruhte auf dem Wunsch, sich auszudehnen, sich zu öffnen. Das Göttliche wächst durch diese Dimension, durch unsere Inkarnation, durch unser physisches Selbst, wenn sich unsere Gottesnatur wellengleich ausbreitet. Was uns auf der anderen Seite dieses Tunnels des Todes erwartet, ist Ekstase, ist Freiheit, ist Samadhi.

Um mit der Energie des Todes zu arbeiten, müssen wir die Zeit beschleunigen. Wir müssen den Grad der Stockung im Tunnel beschleunigen zu dem Streben nach dem, was wir Heimat nennen. Die Wahl des Hin- und Herwechselns, die das unvermeidliche Pulsieren des Universums zwischen dem Manifesten und dem Formlosen darstellt, kann direkt ohne Widerstand und ohne Bruch erfolgen. Die Gabe, die jedem von uns, der dieser Arbeit begegnet, gegeben wird, ist, wieder und wieder zu jenem Augenblick des Todes zu gelangen, so daß wir erkennen und uns selbst von unserer Geschichte befreien können. Es ist möglich, einen Ort ohne Zeit zu erreichen, einen Ort des ewigen Jetzt, der ewigen Gegenwart. Jedesmal, wenn wir freudig eines unserer Leben begrüßen und uns selbst darin erkennen, können wir zu der Molekularstruktur dieses Körpers sprechen und ihr ermöglichen, diese Geschichte loszulassen.

Die Geschichte, die unsere Körper erlebt haben, schafft die Sucht, schafft die Angst, die uns eher auf diese Seite zieht, als auf die andere – die nur durch eine dünne Membrane von dieser Wirklichkeit getrennt ist. Es ist ein großes Geschenk, diese vielfältigen Lebenserfahrungen zu erleben, und sei es zu keinem anderen Zweck als dem, mit dem Tod vertraut zu werden. Das ist der Grund, warum uns im Light-Institute dieser Augenblick bei jeder Sitzung besonders interessiert – wegen der Wahl, die wir bei diesem Übergang treffen. Schuld und Urteil halten uns im Körper gefangen und sind die Ursache, daß wir im Körper wiederkehren und nur ihn tragen und nicht das Licht, das unsere wahre Frequenz ist.

Jedesmal wenn wir einen Tod sehen, den wir als unseren eigenen erkennen und annehmen, erleben wir einen Augenblick von großer Weisheit. Wenn wir in diesem Augenblick der Wahl innehalten, können wir uns öffnen und durch die Membrane hindurch ins Samadhi schreiten, ins Wissen, das die Vollkommenheit dieser Wahl erkennt. Könnten wir es wiederholen, dann würden wir sehen, daß in dieser Lebenszeit nichts mehr blieb als der Tod. Keine Zutat des Lebens blieb übrig, und wir waren daher frei zu gehen. Es ist nur die Prägung unseres Emotionalkörpers, die über diesen Tanz von Tod und Sterben entscheidet – ob wir uns selbst gegenüber Gewalt anwenden, ob wir die Meisterschaft besitzen, eine andere Seele zu verführen, Gewalt gegen uns anzuwenden, oder ob dieser Übergang großes Wissen und Licht birgt.

Der Körper trägt das Brandzeichen des Geistes. Wenn wir uns einen Körper ansehen, können wir die Geschichte des Geistes erkennen. Der Geist ist auf dieser Seite des Schleiers der Manifestation und enthält das Wissen, das Wählen, die Ablehnung. Der Geist trägt die Prägungen des Emotionalkörpers, wenn wir daher Tod um Tod abschälen und uns immer wieder das Drama unserer Wahl, unseres Sterbens, unseres Übergangs ansehen, erkennen wir die Essenz. Wir schreiten durch einen Tod nach dem anderen, und irgendwann geschieht es, daß wir dem Sterben aus Gnade begegnen. Wir kommen zur Befreiung und können Aufgabe, Tanz, Schule loslassen. Willkommen auf dieser Seite des Schleiers!

Dann sind wir imstande, das Samadhi, das Wissen auf diese Seite herüberzuziehen. Wir können die Ekstase auf diese Seite ziehen in die Manifestation. Das Bewußtsein registriert dann: »Ich bin am Ende, es gibt nichts mehr für mich zu tun, ich kann mühelos durchschlüpfen.« Wenn wir einen Tod erleben, bei dem uns das gelingt, bei dem wir den Körper voll Dankbarkeit und Liebe zurückgeben, eingedenk der Gabe, die er uns gebracht hat, des Geschenks an unsere göttliche Seele – dann werden wir für immer ein Meister sein!

In jedem Augenblick kann die molekulare Struktur des Körpers, den wir jetzt innehaben, geändert werden. In jedem Moment können wir unseren Widerstand so weit aufgeben, daß wir imstande sind, Licht einzulassen und ein erfülltes Leben zu führen, wie es uns von Geburt an zusteht. Es ist unser Geburtsrecht, durch Wände zu gehen und die Toten auferstehen zu lassen. Das bedeutet, das Anrecht jeder Seele auf freie Entscheidung anzuerkennen – ob es sich nun um ein Kind oder die geliebten Eltern oder um ein Wesen handelt, das sich für den Hungertod entschieden hat. Das bedeutet weiter, die Kraft und die Weisheit zu haben, um sich für ein Leben oder einen Tod voll Schönheit zu entscheiden.

Natürlich besteht die Schwierigkeit, die wir mit unseren Körpern haben, darin, daß sich unser Emotionalkörper an unsere Sünden klammert und umgekehrt wir uns an ihn. Dieser Übergang, den der Tod darstellt, und das Loslassen bereiten uns große Schwierigkeiten. Das Hauptaugenmerk unseres Bewußtseins liegt auf dem Sterben und nicht auf der Ekstase – nicht auf der Befreiung und der Öffnung. Die Energie, die im Augenblick des Todes entsteht, ist sehr tief. Wer sich vor dem Tod fürchtet, braucht bloß an der Seite eines Sterbenden zu verweilen, und er wird etwas Unglaubliches erleben. Es gibt keine Energieverschwendung im Universum. Es gibt keinen Gedanken, keine Bewegung, keine Wahl, die nicht zum Wohl des Guten ist. Nichts wird verschwendet – das ist innerhalb des kosmischen Gesetzes unmöglich. In der Gegenwart des Todes können wir eine Bewegung beobachten, eine Verschiebung der Aufmerksamkeit durch den Schleier auf die andere Seite. Es kommt zu einer gewaltigen Entladung von Energie, wenn die gesamte elektromagnetische Energie freigesetzt wird. Botschaften der Seele werden frei und es entsteht eine Bewegung, die hineinführt in diesen erweiterten Zustand und sich fortsetzt in ein Berühren und Verschmelzen, das kein Alleinsein mehr zuläßt.

Zeuge eines Todes zu werden, ist eine unglaubliche Erfahrung, weil es ein Augenblick der Befreiung ist. Unsere Angst betrifft immer die Erinnerungen des Körpers. Es ist ein großes Geschenk, Erfahrungen mit einer Vielzahl von Lebenszeiten zu machen, das Hologramm der Akasha-Chronik zu sehen, die eine Aufzeichnung unserer Erfahrung hier auf Erden ist. Wenn wir unsere Geschichte auflösen, dann trägt diese Wahl bereits den Keim für unsere Entscheidung für Licht, Gnade und Bewußtheit in sich. Wenn die Leute nach ihren Erfahrungen hier im Institut wieder ins Alltagsleben zurückkehren und sich ihrem eigenen Karma zuwenden, dann tragen sie in sich den Samen des Wissens, der es ihnen ermöglicht, völlige Freiheit zu erlangen.

Wie können wir uns vor dem Urteil eines anderen fürchten, wenn wir gestorben und wieder geboren worden sind? Wenn wir erkennen, daß jede Seele die Möglichkeit der Wahl hat, dann werden wir sehen, daß es jeder Seele freisteht, Opfer oder Täter zu sein, zu bleiben oder zu gehen. Wie kann das sein? Wenn es uns gelänge, den Funken des Bewußtseins zur Flamme zu entfachen und dieses Bewußtsein ins tägliche Leben mitzunehmen, würden wir dann noch Angst vor dem mißbilligenden Urteil unserer Eltern haben oder uns über ihre Ermahnungen ärgern? Sicher nicht, denn das Kind in uns ist immer bereit, sich ins Abenteuer des Lebens zu stürzen. Erkennen wir, daß, wenn wir den Körper mit dem Licht verschmelzen – Tod und Samadhi – wir vollkommen frei werden. Wir wissen, daß unser Emotionalkörper niemals diesen Tod wählt, weil er Angst davor hat, das Echo seines Namens nicht mehr zu hören. Er ist um seine Existenz bemüht.

Im Light-Institute lehren wir die Menschen, die Stille zu üben und sich darauf zu konzentrieren, die Anweisungen oder Lehren des Höheren Selbst zu empfangen. Das macht es ihnen möglich zu erkennen, daß die Zellen in ihrem Körper ununterbrochen sterben und sich wieder erneuern. Jede Zelle in unserem Körper stirbt innerhalb eines siebenjährigen Zyklus – auf dieser Ebene herrscht ein fortwährendes Kommen und Gehen. Wenn unsere Gewahrsamkeit mit dieser Ebene unserer Existenz verschmilzt, kann unser Ego loslassen. Wir müssen einen Schritt vorwärts tun und uns öffnen.

Bei unserer Arbeit haben wir herausgefunden, daß das Kind in uns immer bereit ist, weil sein Brennpunkt nicht im Karma dieses Körpers liegt. Das Aurafeld eines jeden Kindes funkelt und sprüht nach allen Seiten. Es ist nicht zusammengezogen und kann sich jeden Augenblick ins Formlose ausweiten. Das Gehirn des Kindes kann im Alpharhythmus pulsieren, was ihm die Kontaktaufnahme mit seinem multidimensionalen Selbst ermöglicht, so daß es sich von den ängstlichen Erinnerungen des Emotionalkörpers befreien kann, der ihm zuruft: »Gib acht, gib acht! Ich werde nicht mehr sein!« Wir werden immer sein. Wir sind immer gewesen. Wir werden sterben und sterben und sterben, und wir werden immer wieder aufs neue geboren werden.

Warum kommen so viele Menschen ins Light-Institute, um hier diese Arbeit zu tun? Die Gabe, die sie durch diese Erfahrungen empfangen, strahlt auf alle Wesen, mit denen sie karmisch verbunden sind, aus. Da sie mit Tod und Samadhi Frieden geschlossen haben, können sie zu ihrem Ego sagen: »Es ist alles in Ordnung, du kannst den trotzigen Zweijährigen und den rebellischen Teenager jetzt loslassen.« Sie können aufhören, sich selbst zu verleugnen und den ständigen Wechsel erleben, der sich in ihrem Leben vollzieht – dieses Pulsieren, das in jeder Oktave der Wirklichkeit existiert. Das Ausmaß unseres Loslassenkönnens bestimmt den Grad von Samadhi oder Wissen, den wir erleben können.

Jede Entladung von etwas, das wir festhalten, erzeugt Ekstase, sei es im Geist, im Gefühl oder im Körper. Das ist das Geschenk dafür, wenn wir etwas freigeben. Die dadurch entstehende Bewegung ist kosmisches Gesetz. Alle Dinge sind fortwährend in Bewegung. Der Trick besteht darin, dies auch dem Emotionalkörper beizubringen, der uns in den Beschränkungen dieses Vehikels festhält, den Beschränkungen unseres Verstandes und den Beschränkungen durch unsere Beziehungen. Der Trick ist, einfach über den Abgrund zu springen. Wir müssen zu dem werden, was vorwärts springt – das Kind, das dem Leben und der Wirklichkeit entgegenspringt.

Ehe wir nicht den Tod akzeptiert haben, können wir in dieser Dimension nicht zur Meisterschaft gelangen. Das Universum besteht nicht aus der Schöpfung allein – dies würde zur

Überfüllung führen. Schöpfung und Auflösung schaffen eine Bewegung wie bei der DNS. In dieser Lebenszeit Meister zu sein, ist der Zweck, für den jeder von uns hierhergekommen ist. Unser Seelenkollektiv befindet sich jetzt an einem Wendepunkt seiner Wahl. Wir sind hier, um der Erde unsere Gaben zu schenken, um unser Wissen freizulassen. Wir können nicht unser Wissen freilassen und gleichzeitig das Zeug des Emotionalkörpers festhalten, das eine dunkle Wolke der Verwirrung schafft und uns zuruft: »Ich bin hier und ich habe recht und ich bin ich.« Und dies bewirkt unsere Einsamkeit. Und daher müssen wir nun unsere Fähigkeit entfalten und den Meister freilassen, der in jedem von uns steckt und darauf wartet, innerhalb des bewußten Aspekts unserer Wirklichkeit geboren zu werden.

Wir müssen durch den Schleier hindurchgelangen. Wir müssen zurück ins Formlose und das Wissen, die Erkenntnis, die uns das Loslassen ermöglicht, hereinziehen. Eines geschieht nicht ohne das andere. Das Yin lebt nicht ohne das Yang, welches nicht ohne Yin lebt. Das Pulsieren im Körper, in den Zellen – katabolisch, anabolisch, katabolisch, anabolisch – geht ständig vor sich. Der Tod ist der Raum dazwischen, der weder in die eine noch in die andere Richtung sehen kann.

Wir müssen jetzt unsere Emotionalkörper klären, beschleunigen, erziehen und umarmen, so daß sie den Sprung machen und das Selbst loslassen können. Ob das auf der zellularen, der emotionalen, der persönlichen oder einer höheren Ebene des Bewußtseins geschieht, macht keinen Unterschied. Wir können uns in unseren Begrenzungen sehen, wir können uns in der Schwärze des Todes sehen oder wir können uns in einem lachenden Hologramm sehen. Wir müssen zu Licht werden. Das ist das Geschenk des Samadhi. Das ist das Geschenk des Todes. Denn es ist schon zum Lachen, zu sterben und uns wieder lachend vorzufinden! Und genau das passiert. Das Bewußtsein hüpft durch, und wir sind wieder da – und wieder und wieder.

Erfahrungen, die uns mit dem Tod konfrontieren, müssen wir suchen. Ob es sich um den Tod des kleinen Ego handelt – »Ich kann diese Aufgabe nicht bewältigen!« – wir können sterben! Welche Aufgabe gibt es, die wir nicht bewältigen können? Wir müssen jeden Augenblick des Todes begrüßen, und um das zu lernen, müssen wir in unserem Leben Raum dafür schaffen. Wir können unsere Aufmerksamkeit darauf einstimmen. Das größte Geschenk der Seele ist es, daß sie es uns ermöglicht, uns anhand von Erfahrungen zu entwickeln. Wir können in unseren Körper hineinhorchen und dem Sterben der Zellen zuhören. Und wir können diesen Vorgang überall hören und erkennen und umarmen. Wir können das mit großer Leichtigkeit tun, mit großem Humor. Und wir können uns diesem Prozeß in den Weg stellen, um ihn zu testen, damit wir stark genug werden, um zu leben. Haben wir einmal das Sterben der Zellen vernommen, dann sind wir bereit zu hören, wie die Zellen geboren werden. Es ist ein göttlicher Summton!

Ich habe diesen Kanal des Todes viermal durchquert. Ich habe sterbende Babys in meinen Armen gehalten. Ich habe den Geruch des Todes in meiner Nase gespürt und ihm ins Antlitz geblickt. Manchmal kann ich mich eines Lächelns in seiner Gegenwart nicht erwehren, weil ich meinem Bewußtsein gestattet habe, durch den Schleier zu schlüpfen und mich auf die andere Seite hinüberzuziehen. Wir werden uns alle mit diesem Vorgang auseinandersetzen, weil er ein Teil unserer Meisterschaft ist. Wenn jemand stirbt, den wir kennen – oder jemand, den wir nicht zu kennen glauben, ihn aber doch kennen – und wir bringen unser Bewußtsein auf diese Oktave oberhalb der Angst, auf die Oktave des Kindes, das sagt »Ich will es wirklich wissen. Ich will mit dir verschmelzen, und dann werde ich es wissen«, dann werden wir diese Wirklichkeit erleben, diese tiefe Weisheit, die in der Entscheidung jedes Wesens liegt, das sich in die Initiation des Todes begibt. Denn der Tod ist die Initiation des Lebens. Und wir müssen diese Einweihung zu praktizieren und zu nutzen beginnen.

Rings um uns sterben die Menschen. Wir brauchen nichts zu tun, als aus unserem persönlichen Karma herauszutreten, aus der Verkapselung jener Gedankenform, die besagt: »Ich bin allein«, um dem Strom des Bewußtseins zu erlauben, zum Ziel zu fließen, ob das eine Zelle, ein Freund oder ein Fremder ist. Machen wir diese Erfahrung! Wir werden eine tiefe Ekstase erleben, wenn wir unserem energetischen System die Möglichkeit geben, mit der Befreiung in Kontakt zu kommen. Wir können bei diesem Übergang helfen, der jetzt auf dem ganzen Planeten, den wir uns ausgewählt haben – du und ich –, vor sich geht, damit diese Energie freigesetzt wird und wir erkennen, daß wir teilhaben an diesem Prozeß, der es einem Wesen ermöglicht anzukommen. Ankommen ist Samadhi, weil es Erkenntnis ist, weil es das Wissen ist. Es ist jenseits des Widerstandes. Das ist Meisterschaft.

Wir können diesen Zustand spüren und stimulieren und ihn in unserem eigenen persönlichen Leben ausstrahlen, so daß jeder um uns, der sich in einem Zustand der Angst befindet, diese Beschleunigung, die bei uns eingetreten ist, fühlen kann. Er wird sie in unserer Gegenwart spüren und auf einer Oktave seines Wesens den Kontakt herstellen, der ihn zum Loslassen ermutigen wird. Hier loszulassen bedeutet dort willkommen zu sein. Dies gilt es, in die Praxis umzusetzen, denn es ist bereits ein großes Sterben im Gange, nicht nur in den Zellen jedes einzelnen, sondern innerhalb unserer menschlichen Familie. Und wir sind aufgefordert, diese Gerinnung innerhalb des Trichters freizusetzen, die die Ursache dafür ist, daß Wesen in der astralen Dimension eingesperrt sind.

Wenn wir auf eine Weise sterben, in der der Emotionalkörper nicht ebenfalls zur Entfaltung gebracht worden ist, sondern in Verwirrung, Selbstgerechtigkeit, Vorurteilen, Schuld oder Rache verharrt, dann ist der Prozeß nicht abgeschlossen. Wir verlassen zwar unser physisches Gefährt, bewegen uns aber nur um eine Sequenz weiter in die Frequenz des Astralen. Der Astralkörper und die astrale Dimension weisen

Masse und Gewicht auf. Sie sind wie Kleister und fangen uns in der Karmafalle und stecken uns wieder in Körper hinein. In dieser Zeit nimmt die Verschmutzung der astralen Dimension immer mehr zu aufgrund der Anzahl von Körpern, die diese Welt in einem Zustand von Verwirrung, Voreingenommenheit und Rache verläßt, so daß sie uns buchstäblich zu ersticken droht. Die Erde selbst droht zu ersticken und macht sich bereit, sich zu schütteln, um sich Erleichterung zu verschaffen, weil ihr die aufgestaute Spannung zuviel wird. Wir müssen uns dessen bewußt werden, damit wir unser Schicksal an diesem Punkt verändern können.

Da wir uns in unserer Kultur in jeder Hinsicht vom Tod abgewandt haben, beginnt er uns zu rufen. Das ist ein großes Geschenk, das uns zwingt, uns dem Tod zu stellen, damit wir uns unserem Leben, unserer Meisterschaft stellen, weil jedes Wesen, das in unserer Zeit geboren wurde, sich für diese Wahl entschieden hat. Die zunehmende Verdichtung der astralen Dimension wirkt sich auf den ganzen Planeten aus, auf dem wir leben. Sämtliche Prophezeiungen, die uns für diese Zeit gegeben worden sind, beginnen sich jetzt zu entfalten, damit wir aufwachen und erkennen, daß, wenn wir frei und unbelastet von unseren Prägungen hier auf dieser Erde leben könnten, wir die Möglichkeit hätten, die Toten zu erwecken, Erdbeben zu verhindern und den Atommüll zu beseitigen. Dann könnten wir am Tanz des Lebens in seiner ganzen Fülle teilnehmen.

Wir könnten diese Verwirrung an ihrer Wurzel beheben und das Leiden lindern, das uns infolge der astralen Erstikkung befallen wird, oder es verhindern, indem wir unser Bewußtsein dazu benutzen, die astrale Dimension von den dort steckengebliebenen Geistern zu reinigen.

Was wir jetzt tun können, ist, uns in die astrale Dimension zu begeben und diese gefangenen Energien ins große Licht zu ziehen, so daß sie in ihre Essenz kommen, die ohne Form ist. Hier ist die Übung dazu: Die Lichtfrequenz durch den Scheitelpunkt auf dem Kopf einziehen und durch den Solarplexus ausströmen. Licht einziehen und durch den Solarplexus ausströmen, so daß das Aurafeld sich weiter und weiter ausdehnt und wir ein Teil der Bewegung dieser Energie werden, des »Licht ein« und »Licht aus«. Identifizieren wir uns mit dieser Bewegung, mit der Lichtkraft.

Bitten wir unser Höheres Selbst, den Geist einer Person zu orten, dem wir helfen wollen, die astrale Dimension zu verlassen. Wenn wir fühlen, daß wir mit seiner Energie Kontakt aufgenommen haben, beginnen wir einfach ihm Liebe zu senden. Da »Rosa« die Farbe ist, die die Frequenz der Liebe hat, können wir diese Farbe dazu benutzen. Ziehen wir sie ein und lassen wir sie durch das Herz ausströmen. Wenn die Verbindung einmal fließt, ist es vielleicht von Nutzen, der Person zu erklären, daß sie in der Falle sitzt und es besser wäre, die Reise ins Licht fortzusetzen.

Natürlich können wir auch einer Gruppe von Personen Licht zusenden und sie bitten, an ihre Lieben zu denken, die sie erwarten, und beginnen das Licht zu verstärken, so daß sich vor ihnen ein breiter Pfad aus weißem Licht auftut, den sie benutzen können, um ins Licht zu gelangen. Für viele Seelen ist es sehr hilfreich, sich an die emotionalen Bande zu erinnern, die sie mit der »anderen« Seite verbinden. Es sind ihre negativen Gefühle, die sie an diese Seite binden und hier festhalten. Bitten wir sie einfach, an ihre Familien zu denken und heimzukehren.

Manchmal bedeutet »Heim« dann für diese Leute eine Lebenszeit, zu der wir keine Verbindung haben. Ihr Bewußtsein, ihre emotionale Energie muß sich auf eine für sie erkennbare Energie konzentrieren, weil die Angst so groß ist.

Achten wir darauf, daß wir innerhalb unserer molekularen Struktur die elektrische Energie, die durch diese Befreiung entsteht, erleben können. Geben wir uns die Möglichkeit, diese elektrische, orgasmische Frequenz kennenzulernen, und ziehen wir durch unser Wissen und unsere Schönheit dieses Licht durch uns hindurch, um es wieder auszusenden und diese Schönheit zu verströmen. Dann schaffen wir erneut einen senkrechten Pfad oder Strom aus weißem Licht, der die Energie hinaufträgt. Fahren wir einfach fort, uns nach oben und nach außen zu dehnen, solange wir keinem Widerstand begegnen. Warten wir wieder ab, bis wir diesen elektrischen Stimulus verspüren, und ziehen wir dann wieder das Licht in uns hinein, um es erneut auszustrahlen. Strahlen wir unser Licht bis zu jener ätherischen Oktave des Lichts aus, die alles verbindet. Wir werden merken, wann dies eintritt, weil uns dann ein überwältigendes Gefühl der Freude und Schwerelosigkeit erfassen wird. Wir werden auch eine räumliche Klärung rund um uns wahrnehmen, vergleichbar dem Unterschied zwischen einem von dunklen Wolken verhangenen Himmel und einem strahlend blauen.

Jeder von uns hat schon andere Dimensionen erlebt, die uns eine Bereicherung bieten, die in dieser physischen Dimension nicht möglich ist. Wir müssen unser Bewußtsein darauf ausrichten, an dieser Befreiung der astralen Dimension mitzuwirken, so daß diese Wesen und mit ihnen auch wir weitergehen können. Beginnen wir diese Fähigkeit jetzt einzusetzen, denn selbstverständlich ist das der Grund, warum wir hier sind. Immer stärker wird der Ruf an uns ergehen, die Wahrheit auszustrahlen, das Herz sprechen zu lassen, das Wissen zu leben, Meister und Samadhi zu sein.

TEIL IV

12 *Die Frequenz der Ekstase*

Erst wenn wir in uns genügend aufgelöst und geklärt haben, um uns selbst als Licht und Klang zu erleben, können wir auf den Wellen der ekstatischen Schwingungen reiten.

Ekstase als Wort schafft bereits mit seinem Klang ein Gefühl von Schwingung, von auf und nieder, eine konkav aushöhlende Bewegung. Wirbelnd erzeugt die Ekstase ein Bild, eine Empfindung des Vibrierens. Es ist ein Vibrieren, das sich ausbreitet und in unserer alltäglichen Wirklichkeit keine Wurzeln schlägt – ein Vibrieren, das nicht an unseren Verstand gefesselt ist.

Die Anatomie der Ekstase ist dem Klang verwandt, einer hohen stakkatischen Vibration, die energetisch das Gefühl einer schnellen Bewegung hervorruft. Die Ekstase bewegt sich durch die Gänge dieser Vibration mit großer Leichtigkeit zu den wogenden Strömen von Klang und Licht hin. Erst wenn wir in uns genügend aufgelöst und geklärt haben, um uns selbst als Licht und Klang zu erleben, können wir auf den Wellen der ekstatischen Schwingungen reiten.

Es gibt viele Oktaven der Ekstase, die mit den Frequenzen des Bewußtseins in Beziehung stehen. Jede ekstatische Reaktion ist zuerst einmal elektrisch. Wir können das elektrische System der Energieübertragung in unserem Körpergefährt ebenso benutzen, wie in unseren feinstofflichen Körpern, um von unserem Bewußtsein eine Brücke in ekstatische Bereiche zu schlagen. Um dies zu tun, müssen wir es nur zulassen, daß die Aufmerksamkeit selbst mit dieser elektrischen Frequenz verschmilzt. Wir werden selbst zur elektrischen Ladung, die von einer Synapse zur anderen springt und durch die Chakren und Meridiane des Körpers kreist und die Spaltung schafft, die zur Explosion führt und die 72000 Nadis des Körpers erweckt.

Ekstase entsteht, wenn das Bewußtsein in sich zusammenschmilzt, wenn sämtliche Teilchen und Quantenteilchen einander bombardieren. Mit der Reibung, die durch die Nähe der Teilchen zueinander hervorgerufen wird, entsteht eine Explosion der kreativen Kraft, die ekstatische Energie freisetzt und Licht trägt und schafft. Die Nahtstelle zwischen den ekstatischen Erfahrungen und unserer menschlichen Wirklichkeit befindet sich dort, wo wir die elektrische Ladung, das Bewußtsein, finden. Wenn wir unsere Aufmerksamkeit auf die elektrische Qualität unseres gesamten physischen Systems richten, beginnt es die Leiter hinaufzuklettern und sich entlang des Frequenzgitters zu entzünden, wodurch, wie bei der Verbrennung, mehr und mehr Energie entsteht. Wo diese elektrische Qualität in der Natur vorkommt, gibt es einen Zyklus der ekstatischen Frequenz, der in Einklang mit den Wellen des kosmischen Pulsierens steht. Das sind die Gipfel und Täler, die die Qualität der ekstatischen Frequenzen umreißen. Ekstase beginnt mit erhöhter Energie, die auf den Emotionalkörper eingestimmt ist. Diese Energie ist Verzückung. Verzückung entsteht, wenn sich die Aufmerksamkeit mit einem verschmelzenden Wesen verbindet. Es ist ein erhöhter Spannungszustand, der mit der Inhalation des göttlichen Atems – Prana – verglichen werden kann, wenn sich das Bewußtsein selber in Verbindung mit diesem Prana erlebt, der Nahrung, der Lebenskraftenergie. Es findet ein Einsaugen und Anhalten der Energie statt, gefolgt von einem Ausatmen, das von einem »haaa« begleitet wird, einem Laut der Glückseligkeit. Glückseligkeit ist das Tal – die wonnevolle, befriedigende Energie des Ausatmens, das von selbst dahinschmilzt und sich verströmt. Wenn sich Glückseligkeit und Verzückung zum göttlichen Pulsieren vereinigen, schaffen sie eine elektrische Ladung, vergleichbar jener, die bei der Empfängnis entsteht. Diese göttliche Hochzeit von Verzückung und Glückseligkeit bewirkt die Ekstase.

Ekstase stürmt himmelwärts, angefeuert von ihrer eigenen Triebkraft, dem ihr eigenen Wesen, und verwandelt sich so lange, bis sie zur reinen Energie ohne Quelle, ja zur Quelle selbst wird. Das ist die Quelle, die die Welten erschafft und das Verschmelzen in Gedanken, Licht und Form bewirkt. Das ist die Quelle, die die Supernovas erschafft. Dann löscht sie sich selbst aus, um wieder von vorne zu beginnen. Es ist das Anschwellen der Verzückung, gekrönt von Glückseligkeit, das wieder und wieder in die Explosion der Ekstase mündet. Es ist die Schöpferkraft, die das ganze Universum speist. Wir spielen diese Wortschattierungen untereinander aus, um die ekstatische Frequenz zu erforschen, die selbst ein Kraftfeld der göttlichen Energie ist, in dem wir unser Bewußtsein baden können, um darin unsere Wirklichkeit zu verankern und unseren Weg zu wählen. Die Quelle verströmt sich in alle Richtungen im Fluß der Ekstase, die keine Begrenzungen noch Trennungen kennt.

Da unsere eigene Schöpfung aus dieser schöpferischen Quelle entspringt, ist sie ein Flüstern der strukturellen Komponente, die das zellulare Gedächtnis umgibt. Doch ist es eine strukturelle Komponente, die latent bleibt, innerhalb des Bereichs der möglichen Zusammensetzungen. Durch eine Intervention des Bewußtseins wurde diese Komponente losgeschüttelt und ihr ermöglicht, eine Frequenz zu beginnen, die, nachdem sie sich manifestiert hatte und völlig erwacht war, die Zusammensetzung des Ganzen verändert. Darum müssen wir diese neue Energie, diese neue Frequenz suchen, weil ein ekstatisches Wesen eine Wellenbewegung verursacht, die unvorstellbare neue Wirklichkeiten speist – Mitschöpfung am Universum bewirkt.

Der Verstand kann diese Energie nicht zum Blühen bringen. Es ist ein Aufwallen, eine Beschleunigung unserer Frequenzen, die uns vorwärtsbringen muß im Rahmen dieser evolutionären Möglichkeit. Unser kollektives Bewußtsein hat nur sehr langsam auf das Echo einzelner ekstatischer Erfahrungen reagiert, das noch dazu oftmals von Wesen ausgelöst wurde, die sich dem menschlichen Alltag und einem Austausch entzogen. Diese wenigen ekstatischen Heiligen haben diese Frequenz erzielt, indem sie sich von jeder weltlichen Zerstreuung absonderten, aber sie haben ein Flüstern hervorgebracht, das gehört und von dem kollektiven Netzwerk des anderen Bewußtseins empfangen wurde. Stimmen wir unsere Frequenzen darauf ein, so daß wir beginnen können, die pulsierende Formel der Ekstase nachzuahmen. Diese Frequenz, die unbegrenztes göttliches Potential birgt, kann eine Mutation unseres physischen und unseres Emotional- und Mentalkörpers hervorrufen, so daß wir zu ekstatischen Lichtkörpern des Bewußtseins werden!

Die in das Medium des menschlichen Körpers verpflanzte ekstatische Frequenz transmutiert automatisch jede noch so dichte eingeschlossene Energie. Ekstase ist kein Ziel, das es mittels eines Systems der Selbstverleugnung zu erreichen gilt, noch unter irgendeiner Regel, wobei wir eine Projektion nach außen vornehmen, an einen Punkt, der in ferner Zukunft liegt, entlang eines Kontinuums unerreichter Wirklichkeit.

Ekstase hat ihren Keim in der Grundstruktur unseres Zellengedächtnisses. Daher müssen wir bloß zulassen, daß diese große kreidige Verkapselung, die wir durch unsere Isolation in der dritten Dimension um uns geschaffen haben, von selbst zusammenbricht und in den flüssigen Zustand unbeschränkter Möglichkeiten zurückkehrt. Um uns in der Verzückung, in den ekstatischen Frequenzen wiederzufinden, müssen wir uns lösen von unserer physischen linearen Auffassung, die unsere Erfahrung von Zeit auf den Ablauf von Geburt, Leben und Tod beschränkt. Es gilt einfach auf jede Art von vorgefaßten Denkschemata zu verzichten und die Aufmerksamkeit statt dessen auf die lichten Teile zu richten, die die Frequenz des Lichts benutzen. Diese Frequenz wohnt uns inne und durch sie können wir unsere göttliche Quelle wiederentdecken. Wir können uns immer wieder selbst auf diese Oktave bringen, wie kurz unser Verweilen innerhalb dieser ekstatischen Frequenz fürs erste auch sein mag. Schließlich werden die Zeiträume, in denen wir selbst zu ekstatischem Bewußtsein werden, immer länger werden. Indem wir einfach zu dieser unauslöschlichen, wenn auch fernen Erinnerung zurückkehren, können wir es zuwege bringen. Wenn wir uns nach Ekstase sehnen, dann könnte es tatsächlich zu einer ekstatischen Wirklichkeit für uns kommen.

Wir können dies stufenweise erreichen. Der erste Schritt besteht im Erlernen des Erlebens von Elektrizität, die in unserem eigenen Körper erzeugt wird. Wir können unsere Aufmerksamkeit auf die Elektrizität lenken, die in den Zellen unseres Körpers, in den Energiemeridianen und ebenso im Fluß des Chakrensystems entsteht. Wir können Energien nutzen, die es uns ermöglichen, aus den alltäglichen Verhaltensmustern in höhere Frequenzen auszubrechen und zu Musik oder zu Licht zu werden. Wir können es durch das Verschmelzen mit dem orgasmischen Zustand herbeiführen, indem wir selbst zu unserem sexuellen Pulsieren werden. Indem wir aufhören, an der linearen Form des von unserem Ego geschaffenen Modells festzuhalten, verbreitert sich der Bogen des Bewußtseins. Indem wir unsere Wahrnehmung auf einen beliebigen Punkt im Universum ausdehnen, auf irgendeine unserer unzähligen multidimensionalen Wirklichkeiten, wird der ekstatische Zustand für uns erreichbar. Wir werden ekstatisch, wenn unsere Energie befreit wird, wir werden ekstatisch, wenn wir eine Blockade in unserem emotionalen Verhaltensmuster auflösen. Jede Sperre in unserem Bewußtsein, die wir loslassen, ob sie physisch, mental oder emotional ist, bewirkt eine Beschleunigung, die es der Ekstase erlaubt, Fuß zu fassen.

Wenn einmal die elektrische Ladung durch die Synapsen, Chakren und Nadis des Körpers geströmt ist, nimmt das Gewahrsein bewußter Verschmelzung seinen Anfang. Wir erleben eine ekstatische Erfahrung, und die neue Reaktion in unserem Frequenzgitter verstärkt sich.

Wir können Erfahrungen als Durchgangspunkte, als

Schwellen zu ekstatischen Zuständen nutzen. Alles was erforderlich ist, ist die Entscheidung des Bewußtseins. Haben wir einmal einen ekstatischen Moment erlebt, dann können wir immer zu ihm zurückkehren, nicht unbedingt durch das Erinnern der Erfahrung, die die ekstatische Frequenz hervorgerufen hat, sondern durch ein laserhaftes Bündeln unserer Aufmerksamkeit auf die Frequenz selbst, die für immer aufgezeichnet ist, wenn sie einmal erlebt wurde. Das Bewußtsein unseres Zellengedächtnisses ist der richtige Ort, um die Begrenzung unseres Selbstbildes aufzulösen, weil wir automatisch schneller werden, wenn wir auf die Energie in den Zellen lauschen, auf das Surren der kreisenden Elektronen innerhalb der Zelle. Der Körper ist das Spielfeld unseres Zellengedächtnisses, und wir können ekstatische Zustände erleben, während wir von unserem Namen und Körper umgeben sind.

Wenn wir mit dem Höheren Selbst in Verbindung treten, kommen wir sofort in ekstatische Bereiche, und der Austausch zwischen unserem derzeitigen Namen und Körper und unserem multidimensionalen, unbegrenzten, göttlichen Sein kann beginnen. Die Ekstase ist die Ausdrucksform des Höheren Selbst, der Tanz des Höheren Selbst in unserem Wesen, die Vereinigung. Die Gegenwart des Höheren Selbst ist immer ekstatisch, wenn wir unsere Aufmerksamkeit auf dieser Frequenz festhalten. Ekstase kann weder durch Bemühen noch durch Disziplin oder Selbstgerechtigkeit erreicht werden, sondern nur durch Hingabe – Hingabe an müheloses, göttliches Pulsieren. Wir müssen bloß in unseren Ursprung zurückkehren, in die Empfängnis, um mit der ekstatischen Gotteskraft, die uns geschaffen hat, zu verschmelzen.

Der starken Öffnung während des ekstatischen Augenblicks folgt oft ein jähes Zuschnappen des »Fensters zum Himmel«. Das neue Selbst wird plötzlich von einem Gefühl der Nacktheit ergriffen. Seiner alten Persönlichkeit entblößt versucht es, durch einen Sprung zurück in die vertraute, verführerische Dunkelheit umzukehren. Diese Wende wird von der Umgebung zumeist mit Erleichterung und Zustimmung aufgenommen, denn wie sollen unsere Bezugspersonen ihr emotionales Verhaltensmuster uns gegenüber weiter aufrechthalten, wenn wir plötzlich unsere Unterstützerrolle in ihrem Film aufgeben. Umgekehrt klammern wir uns verzweifelt an die Illusion, wir könnten unsere Entwicklung ungeschehen machen und wieder wie früher werden. Bezögen wir einen Beobachterposten außerhalb von uns, dann würde sich diese Annahme wie ein kosmischer Witz ausnehmen. Ohne unser Wissen haben wir bereits den Sprung in den Abgrund getan, und alle unsere verzweifelten Versuche, wieder hinaufzuklettern zum Klippenrand, sind völlig nutzlos.

Verführung wirkt nur solange sie unbewußt bleibt. Sobald wir einmal den Schleier gelüftet haben, sind wir unwiderruflich ihrer Umgarnung entronnen. Nichts hinterläßt eine größere Leere als der Versuch, eine verflogene Leidenschaft oder Wirklichkeit, an die wir nicht länger glauben, wiederzubeleben. Wir halten uns für zu kraftlos, um weiterzumachen, doch die Hoffnung, den früheren Weg fortzusetzen, schwindet wie die Fußstapfen, die wir zurückgelassen haben, bis wir uns erneut am Rande des Abgrunds vorfinden.

Dann geben wir uns hin, ohne nachzudenken, und fallen und fallen – ohne Licht und ohne Vorher und Nachher. Wir schauen nicht zurück. Wir können nicht. Es liegt uns nichts mehr daran. In diesem wunderbaren Augenblick schenkt uns das Universum die Gabe des kosmischen Lachens. Wir entdecken, daß wir zwar fallen, es aber keinen Boden gibt! Das ist Samadhi, der kosmische Witz. Die Energie verwandelt sich, und das Hologramm reorganisiert sich selbst. Der Emotionalkörper hat sich aufgelöst und dann beschleunigt. Unser Aufstieg entlang der vertikalen Energieachse beginnt. Licht schleicht sich ein. Es ist die Dämmerung unseres Bewußtseins. Wir wissen! Jetzt müssen wir aufblicken und im Himmel Anker werfen. Wir sind strahlende, neugeborene Wesen.

Wenn das Summen der Ekstase die Lebenskraftenergie

durchdringt, kommt es zu einer spontanen Annäherung des Lichts und daraus entspringt die höchste Oktave des göttlichen Spiels innerhalb der manifestierten Dimensionen. Es ist die Energie der Strahlung. Strahlung ist das Resultat des ekstatischen Funkens, der einmal entzündet sich in allen Richtungen durch das gesamte Spektrum der manifestierten Dimensionen ausdehnt bis hinaus in die schwarze Leere des Formlosen. Die Energie der Strahlung läßt sich nicht aufhalten, noch kann ihr ein Widerstand geboten oder sie gar gezähmt werden. Wenn sie den Pfad überflutet, verwandelt sich alle Furcht sofort in Licht. Verwirrung und Sehnsucht, das Gefühl der Trennung hören auf zu existieren. Strahlung geht über die elektrischen und magnetischen Gesetze der dritten Dimension hinaus. Sie übt keinerlei Anziehungskraft aus, und nichts bleibt an ihr haften, doch sie durchdringt alles.

Unter dem dichten Schleier unserer linearen Existenz haben wir das Bewußtsein, selber strahlende Wesen zu sein, verloren. Doch das ist es, was wir wirklich sind. Wir brauchen nicht auf ein Wunder zu warten, das uns hilft, mit dem negativen Aspekt unseres Emotionalkörpers fertigzuwerden. Wir können die Strahlung jetzt anwenden – innerhalb des Bezugsrahmens unserer heutigen Wirklichkeiten.

Schließen wir die Augen, und beginnen wir das Prana rund um uns einzuatmen. Die Augen noch immer geschlossen, treten wir ins Zentrum unseres Raumes – wo immer er ist. Aufrecht in seiner Mitte stehend beginnen wir mit der anfangs beschriebenen Übung des Einziehens von Energie und des Ausstrahlens der Energie durch den Solarplexus. Stellen wir uns einfach vor, daß die Strahlung mühelos den Raum um uns erfüllt und sich von dort in das grenzenlose All verbreitet. Wir können uns mit ihr ausdehnen oder sie hinaussenden und ziehen lassen, als ob wir die Samen des Löwenzahns in den Wind bliesen.

Es ist sinnlos, uns in dem Bedauern über unsere eigene Wertlosigkeit zu suhlen, wir brauchen nur zu wählen. Je mehr wir die Strahlung in unser Leben einbeziehen, desto eher werden wir selbst zu strahlen beginnen. Das ist unsere Evolution zurück zum Licht. Die damit verbundene Erfahrung von Verzückung, Glückseligkeit und Ekstase ist unser Geburtsrecht, sofern wir unserer Geburt zustimmen.

Ich lehnte mich an die Schulter meiner Tochter, als die Sonne hinter dem Hügel verschwand. Ich befand mich in einem erweiterten Bewußtseinszustand. Mein Bewußtsein schien zu zerspringen aufgrund der Vielzahl von Informationen, die ich auf mehreren Ebenen empfing, selbst als mein Körper sich zusammenzog unter dem Ansturm der scheinbar nicht enden wollenden Wehen. Nach dem durchbohrenden Glanz der Sonnenstrahlen war das Licht jetzt ein sanftes wohltuendes Glühen. Selbst die Moleküle der Luft schienen mir lebendig zu sein und sich um mich zu scharen, um mir Mut zuzusprechen. Das kristallklare azurblaue Meer und ich waren eins, ich war in ihm, und es war in mir! Das auf dem Wasser tanzende Licht half mir, die Aufmerksamkeit zu konzentrieren, und als ich in dem hüfthohen Wasser und in dem Licht zu pressen begann, schien ich mich zu verjüngen. Nie zuvor war mir während einer Anstrengung ein solcher Trost widerfahren wie jetzt, als das Wasser sanft meinen Körper liebkoste.

Wie durch Zauber erschien eine kleine Hand. Ein Teil meines Bewußtseins freute sich über meinen Entschluß, im Wasser zu gebären, weil ich wußte, daß es mir von großer Hilfe sein würde. Ich lehnte mich vornüber in meinem schwerelosen Medium, und er glitt heraus, zwischen meinen Beinen rückwärts in die Arme seines Vaters gleitend. Als seine Nase die Oberfläche des Wassers berührte, nahm er einen tiefen Atemzug und begrüßte mit einem Schrei das Leben. Wie einen kleinen Fisch ließen wir ihn unter meinen Beinen hindurch in meine Arme gleiten. Sein Wesen machte mich atemlos. Obwohl er nach der Zeit geboren wurde, war er völlig mit weißem Schleim bedeckt, was ihm ein silbriges, transparentes Aussehen verlieh. Als ich ihn wieder ins Wasser tauchte, öffnete er die Augen und sah mich zärtlich an. Die Weise, wie sein Blick dem meinen begegnete – unermeßlich, allwissend, voller Liebe – durchbohrte meine Seele bis auf den Grund. Das Bewußtsein wich, und ich wurde von einer Welle der Verzückung erfaßt, für die ich niemals Worte finden werde, doch das Samenkorn ihrer Frequenz ist in meinem Wesen aufgegangen.

Die anderen hatten uns am Strand zurückgelassen, während sie die Vorbereitungen für unsere Heimkehr trafen. Mein Sohn Britt und ich saßen auf einer Decke und blickten aufs Meer hinaus, das neugeborene Wesen lag in meinen Armen. Die späte Nachmittagssonne glitt langsam, als wolle sie dieser Geburt ihre Hochachtung erweisen, ins spiegelnde Wasser. Die Luft und das Meer funkelten und tanzten. Es schien, als ob das Licht durch meine Augen ginge und gleich Hitzewellen, die im Sommer von der heißen Erde aufsteigen, sich nach allen Seiten verbreiten würde. Das neugeborene Baby war leuchtend rosa und schien noch immer in einem transzendenten Zustand von strahlendem weißen Licht zu sein. Wir saßen da und sonnten uns in dem Auge der Strahlung.

Inhalt